南京志

鼓楼街巷录

南京市鼓楼区地方志编纂委员会办公室
南京市鼓楼区档案馆 编

南京出版传媒集团
南京出版社

图书在版编目（CIP）数据

鼓楼街巷录 / 南京市鼓楼区地方志编纂委员会办公室，南京市鼓楼区档案馆编. -- 南京 : 南京出版社，2021.2

ISBN 978-7-5533-3164-5

Ⅰ. ①鼓… Ⅱ. ①南… ②南… Ⅲ. ①城市道路—介绍—南京 Ⅳ. ①K925.33

中国版本图书馆CIP数据核字(2021)第002622号

书　　名　鼓楼街巷录
作　　者　南京市鼓楼区地方志编纂委员会办公室
　　　　　　南京市鼓楼区档案馆
出版发行　南京出版传媒集团
　　　　　　南 京 出 版 社

社址：南京市太平门街53号　邮编：210016
网址：http://www.njcbs.cn　电子信箱：njcbs1988@163.com
联系电话：025-83283893、83283864（营销）　025-83112257（编务）

出 版 人　项晓宁
出 品 人　卢海鸣
责任编辑　张　龙　王晨冰
责任印制　杨福彬

印　　刷　南京顺和印刷有限责任公司
开　　本　787毫米×1092毫米　1/16
印　　张　25.75
字　　数　221千字
版　　次　2021年2月第1版
印　　次　2021年2月第1次印刷
书　　号　ISBN 978-7-5533-3164-5
定　　价　78.00元

用微信或京东APP扫码购书

用淘宝APP扫码购书

编辑说明

一、《鼓楼街巷录》是关于区域内道路街巷的地情书籍，以马克思列宁主义、毛泽东思想、邓小平理论、“三个代表”重要思想、科学发展观、习近平新时代中国特色社会主义思想为指导，汇集了鼓楼区范围内357条道路街巷的基本情况。

二、《鼓楼街巷录》以道路街巷名称为分类标准，共分15个类目，逐条记述，另外还有4个附录以及序、后记。

三、《鼓楼街巷录》每条道路街巷包括文字和图片两部分。文字分为基本情况和拓展链接，基本情况是记述道路街巷的现状和沿革，拓展链接则是挖掘与道路街巷有联系的历史文化、社会热点、先锋人物等内容。图片分为实景照片和位置示意图，实景照片显示路牌路标。

四、《鼓楼街巷录》参考引用了已出版书籍和内部资料，照片均为实地拍摄，示意图结合地图和现状绘制。

《鼓楼街巷录》编委会

前　言

鼓楼历史文化遗存和优秀文化传统是南京城市文化的重要组成部分。鼓楼区作为南京市的中心城区，其区位优势独特，区域文脉绵长，自然环境优美，文化资源丰富。人类历史的文明足迹，给鼓楼区留下了众多的名胜古迹和灿烂的历史文化，从新石器时期的北阴阳营文化遗址到战国时期楚威王建立的金陵邑；从孙吴时期修筑的石头城到诸葛武侯驻马坡，从乌龙潭边的颜鲁公祠到清凉山麓的崇正书院，从思想家魏源的"小卷阿"到"金陵八大家"之首龚贤的"扫叶楼"，从两江总督陶澍所建的"惜阴书院"到曹雪芹、袁枚的随园，从明代龙江宝船厂遗址、天妃宫到颐和路民国公（使）馆区，从开启中国近代史帷幕的静海寺到迎来渡江大军进南京城的挹江门等等，无不展示着鼓楼区悠久的历史传承和深厚的文化积淀。

道路街巷是城市的骨架，承载着使城市血脉流通的功能。历史悠久的道路街巷能展现一个城市的历史、文化和独特气质，中山北路、颐和路、大马路等莫不如是。即使是一些名不见经传的小街小巷，只要用心观察也能折射出地区的发展和风土人情。为介绍鼓楼道路街巷的地情地貌，挖掘其人文历史，《鼓楼街巷录》应时而出，必将进一步帮助人们加深对鼓楼的认识，了解鼓楼现代文明实践与历史文化神韵相交融的城区特色，对增强城市的综合竞争力大有裨益。

愿我们大家都能重视对鼓楼街巷现实使用功能和文化价值的发掘、保护及开发利用，结合现代街巷建设，讲好鼓楼事，彰显鼓楼情，凝聚鼓楼心。

编委会

2020年12月

目　录

前　言

一、省级行政区命名

北京西路 …… 002
上海路 …… 004
天津路 …… 005
江苏路 …… 006
江西路 …… 007
福建路 …… 008
湖南路 …… 009
湖北路 …… 011
云南路 …… 012
云南北路 …… 013
四川路 …… 014
山西路 …… 015
黑龙江路 …… 016
黑龙江路二巷 …… 017
广东路 …… 018
宁夏路 …… 019
热河路 …… 020
热河南路 …… 021
察哈尔路 …… 022
西康路 …… 023

二、市县级行政区命名

青岛路 …… 026
广州路 …… 027
哈尔滨路 …… 028
南昌路 …… 029
拉萨路 …… 030
汉口路 …… 031
汉口西路 …… 032
苏州路 …… 033
扬州路 …… 034
南通路 …… 035
镇江路 …… 036
承德路 …… 037
四平路 …… 038
四平中路 …… 039
宁海路 …… 040
山阴路 …… 041
多伦路 …… 042

三、名山大川、知名景点河流命名

珞珈路 …… 044
剑阁路 …… 045
武夷路 …… 046
天目路 …… 047
牯岭路 …… 048
普陀路 …… 049
赤壁路 …… 050
天竺路 …… 051
灵隐路 …… 052

琅琊路 …… 053
仙霞路 …… 054
峨嵋岭 …… 055
莫干路 …… 056
玉泉路 …… 057
石钟路 …… 058
钱塘路 …… 059
虎丘路 …… 060
匡庐路 …… 061
燕山路 …… 062
康藏路 …… 063
漓江路 …… 064
浦江路 …… 065
沅江路 …… 066
闽江路 …… 067
湘江路 …… 068
湛江路 …… 069
嫩江路 …… 070
汉江路 …… 071
润江路 …… 072
颐和路 …… 073
兴安路 …… 074

四、寺庙、道观命名

慈悲社 …… 076
紫竹林路 …… 077
洪庙巷 …… 078
洪庙一巷 …… 079
龙池庵 …… 080
南祖师庵 …… 081
北祖师庵 …… 082

东妙峰庵 …… 083
西妙峰庵 …… 084
张王庙路 …… 085
归云堂巷 …… 086
永济大道 …… 087
白云亭路 …… 088

五、城门、城池命名

汉中路 …… 090
汉中门大街 …… 091
定淮门大街 …… 092
清凉门大街 …… 093
草场门大街 …… 094
集庆门大街 …… 095
新民路 …… 096
新民门 …… 097
金川门外街 …… 098
金川门外小街 …… 099
钟阜路 …… 100
江东北路 …… 101
城河南路 …… 102
城河北路 …… 103
护城河南路 …… 104
东门街 …… 105
东门前街 …… 106

六、兵衙、官署命名

傅厚岗 …… 108
双门楼 …… 109
龙仓巷 …… 110

南阴阳营 …… 111
北阴阳巷 …… 112
司背后街 …… 113
水佐岗 …… 114
水佐岗48巷 …… 115
水佑岗路 …… 116
四卫头 …… 117
北四卫头 …… 118
平仓巷 …… 119
龙江路 …… 120

七、园林、宅邸、居民区命名

傅佐路 …… 122
东井亭路 …… 123
金碧路 …… 124
翠亭路 …… 125
新泉里 …… 126
清新巷 …… 127
荷花街 …… 128
三省里 …… 129
银城街 …… 130
乐业村 …… 131
胜棋街 …… 132
郁金街 …… 133
郁金东街 …… 134
郁金西街 …… 135
龙园中路 …… 136
龙园东路 …… 137
龙园南路 …… 138
龙园西路 …… 139
龙园北路 …… 140

明华新村 …… 141
鼓楼新村 …… 142
安怀村路 …… 143
安怀路 …… 144
安怀东路 …… 145
鲁民路 …… 146
五百村路 …… 147
锦江路 …… 148
工农新村 …… 149
中保街 …… 150
东宝路 …… 151
南秀村 …… 152
金达路 …… 153
金贸大街 …… 154
涌泉街 …… 155
涌泉北街 …… 156
金宁新路 …… 157
陶谷新村 …… 158
金城路 …… 159
惠悦巷 …… 160
双燕路 …… 161
翠平路 …… 162
凤熙路 …… 163
高鼓村路 …… 164
戎军路 …… 165
建材巷 …… 166
平安里 …… 167
义民路 …… 168
迎春街 …… 169
燕江路 …… 170

八、铁路、车站、桥梁命名

铁路南街 …… 172
铁路北街 …… 173
大桥南路 …… 174
车站东巷 …… 175
老道口巷 …… 176
桥洞路 …… 177
小粉桥 …… 178
狮子桥步行街 …… 179
丁家桥 …… 180
豆菜桥 …… 181
祁家桥 …… 182
虹　桥 …… 183
管家桥 …… 184
三步两桥 …… 185
回龙桥 …… 186
东瓜圃桥 …… 187
西瓜圃桥 …… 188
盐仓桥 …… 189
盐仓桥东街 …… 190
盐仓桥西街 …… 191
宝塔桥东街 …… 192
宝塔桥西街 …… 193
裴家桥 …… 194
花家桥 …… 195
西　桥 …… 196

九、周边山岭、河湾命名

石头城路 …… 198
石城巷 …… 199
郭家山路 …… 200
百步坡 …… 201
马鞍山路 …… 202
黄土山 …… 203
幕府东路 …… 204
幕府西路 …… 205
幕府南路 …… 206
象山路 …… 207
红山南路 …… 208
唐山路 …… 209
北崮山路 …… 210
扬子江大道 …… 211
江边路 …… 212
江边南路 …… 213
淮滨路 …… 214
金川河东路 …… 215
金川河西路 …… 216
金川河北路 …… 217
干河沿前街 …… 218
干河沿后街 …… 219
干河沿北街 …… 220
西流湾 …… 221
清河路 …… 222
清凉山 …… 223
古平岗 …… 224

十、周边建筑物、单位、行业命名

鼓楼街 …… 226
校门口 …… 227
铁院路 …… 228
体育馆路 …… 229
画苑巷 …… 230
渡江路 …… 231
树人路 …… 232
南瑞路 …… 233
橡胶厂路 …… 234
江海巷 …… 235
盔头巷 …… 236
金银街 …… 237
芦席营 …… 238
南东瓜市 …… 239
北东瓜市 …… 240
老菜市 …… 241
小市街 …… 242
正丰街 …… 243
北圩路 …… 244
环玉路 …… 245
有恒路 …… 246

十一、人物、典故命名

中山北路 …… 248
中山路 …… 249
沈举人巷 …… 250
沈举人巷后街 …… 251
华侨路 …… 252

马台街 …… 253
永庆巷 …… 254
郑和中路 …… 255
郑和南路 …… 256
郑和北路 …… 257
大方巷 …… 258
牌楼巷 …… 259
复兴街 …… 260
大铜银巷 …… 261
三牌楼大街 …… 262
豆菜巷 …… 263
龙蟠里 …… 264
虎踞路 …… 265
虎踞北路 …… 266
虎踞关 …… 267
虎踞里 …… 268
凤凰街 …… 269
凤凰东街 …… 270
凤凰西街 …… 271
驴子巷 …… 272
百灵街 …… 273

十二、姓氏、家族命名

戴家巷 …… 276
姜家圩 …… 277
姜家园路 …… 278
姜家巷 …… 279
黄家圩路 …… 280
童家巷 …… 281
孙家洼路 …… 282
高家酒馆 …… 283

麻家巷 …… 284
梅家塘路 …… 285
马家街 …… 286
马家街43巷 …… 287
童家山 …… 288
萨家湾 …… 289
于家巷 …… 290
方家营路 …… 291
许府巷 …… 292

十三、吉词雅语命名

中央路 …… 294
中央北路 …… 295
青云巷 …… 296
人和街 …… 297
厚载巷 …… 298
建宁路 …… 299
民生街 …… 300
永宁街 …… 301
公共路 …… 302
川江街 …… 303
模范马路 …… 304
新模范马路 …… 305
模范中路 …… 306
模范西路 …… 307
裕盛路 …… 308
北祥路 …… 309
关爱路 …… 310
集贤路 …… 311
颂德里 …… 312
福润巷 …… 313

永佳路 …… 314
龙翔街 …… 315
龙津街 …… 316
龙鼎街 …… 317
龙腾街 …… 318
复昌路 …… 319
复昌中路 …… 320
丽江街 …… 321
青年路 …… 322
凤羽街 …… 323
建行街 …… 324
行健路 …… 325
高云岭 …… 326
平家巷 …… 327

十四、数字、谐音命名

鼓楼头条巷 …… 330
鼓楼二条巷 …… 331
鼓楼三条巷 …… 332
鼓楼四条巷 …… 333
鼓楼五条巷 …… 334
大马路 …… 335
二板桥 …… 336
鼓楼二条巷一巷 …… 337
鼓楼二条巷二巷 …… 338
渊声巷 …… 339
和会街 …… 340
狗耳巷 …… 341
九家圩路 …… 342

十五、周边地名简称命名

和燕路 …… 344
金燕路 …… 345
幕燕路 …… 346
安燕街 …… 347
文云巷 …… 348
燕亭路 …… 349
幕欣巷 …… 350
幕云路 …… 351
云武巷 …… 352
幕盛路 …… 353
幕旭东路 …… 354
幕旭西路 …… 355
云载巷 …… 356
清江路 …… 357
清江南路 …… 358
金埂路 …… 359
金宝街 …… 360
郑淮路 …… 361
汉北街 …… 362
虹龙巷 …… 363
南惠路 …… 364
姜圩路 …… 365
玉宁路 …… 366
龙云路 …… 367
龙树路 …… 368
水吉路 …… 369
水吉南路 …… 370
宝燕中路 …… 371
宝燕南路 …… 372

祁佐巷 …… 373
金象路 …… 374
绿景路 …… 375
宁颐巷 …… 376
金铁巷 …… 377

附　录

附录一:南京市鼓楼区政区图 …… 380
附录二:各街道道路街巷名录 …… 381
附录三:废弃街巷名录 …… 385
附录四:街巷名称变更情况一览表 …… 387
主要参考文献 …… 389

后　记 …… 390

01

省级行政区命名

北京西路

始建于1933年（民国22年），当时为配合建设新住宅区，首先建成宁海路至西康路段，名北平路，新中国成立后改称北京路，历经多次延伸拓宽，东延至鼓楼广场，西延至草场门桥，长3400米，宽40米。1959年以地处鼓楼广场之西，且与北京东路相对，定名为北京西路。

北京西路作为主城区核心道路，沿线分布有江苏省委、省政府、省政协和多个省级机关，其中西段以民国时期原首都新住宅区为主要特色，东段建筑以现代建筑为主，民国时期多个国家驻华使团都曾在此驻扎办公。

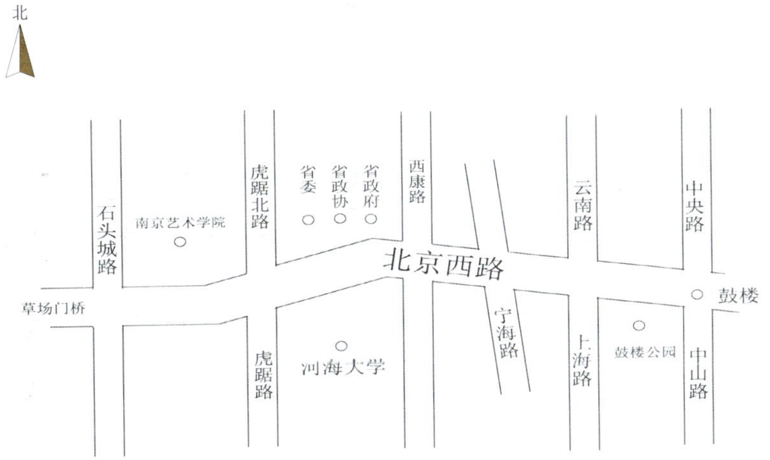

街巷链接

各国驻中华民国使团旧址一览表

	使馆名称	地　址	备注
1	埃及驻中华民国公使馆旧址	北京西路9号（原北平路59号）	
2	印度驻中华民国大使馆旧址	北京西路12号（原北平路42号）	
3	法国驻中华民国大使馆旧址	北京西路19号	
4	葡萄牙驻中华民国公使馆旧址	北京西路20号（原北平路54号）	
5	墨西哥驻中华民国大使馆旧址	北京西路27号	
6	荷兰驻中华民国大使馆旧址	北京西路35号	
7	澳大利亚驻中华民国大使馆旧址	北京西路66号	
8	美国军事顾问团公寓旧址（俗称“AB大楼”）	北京西路67号	
9	日本驻中华民国大使馆	北京西路1号（原北平路1号）	

上海路

位于中山路西侧，南起汉中路，北至北京西路，长1916米，宽30米。始建于1935年(民国24年)，以上海市命名。历经多次拓宽改造，由碎石路面提升改造为沥青路面。1995年，第三届全国城市运动会在南京召开，故对上海路的部分路段进行改造，降低了五台山山体。

街巷链接

促进南京大发展的盛会——“三城会”

全国第三届城市运动会于1995年在江苏省举行，这届城运会首次将全国城市运动会和全国青少年运动会合并举行，是仅次于全国运动会的大型综合性体育赛事，设16个大项，212个小项，共产生218枚金牌。南京作为最主要的主办城市，借助三城会极大地推动了物质文明、精神文明建设，使南京市向国际化大都市的目标又迈进了一步。自“三城会”进入筹备期以来，南京市投入了20个亿的资金进行道路和体育场馆建设。

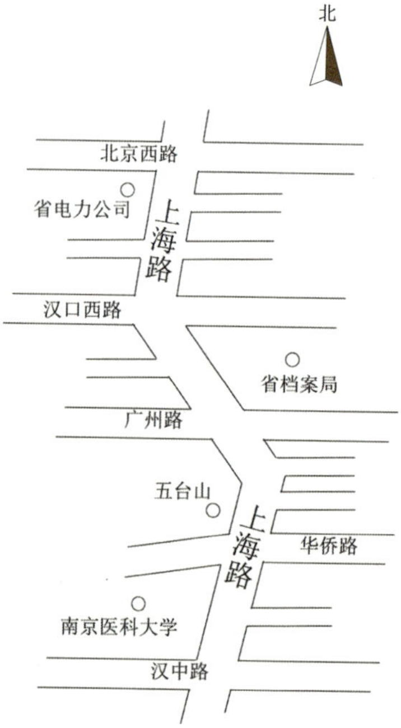

天津路

位于中山路北段西侧，南起汉口路，北至鼓楼，长470米，宽13米。1930年（民国19年），以当时中央直辖市天津市命名。原名小马路，东为鼓楼医院，南有拉贝故居，西侧为著名的南京大学，北面则有明清时期的古建筑——鼓楼。

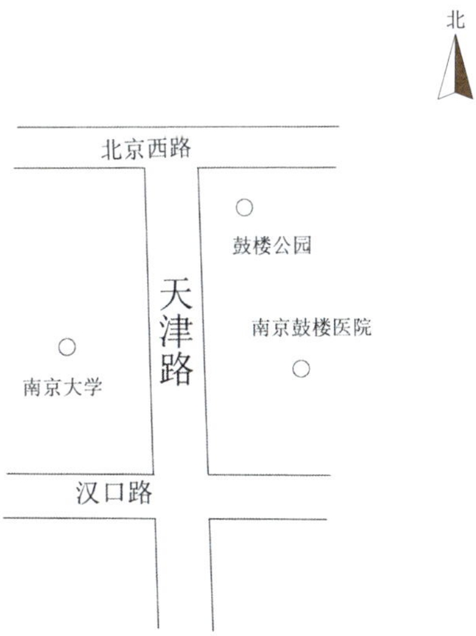

街巷链接

鼓楼和鼓楼元素

隋唐以来，多在城市中心筑鼓楼以用于报时报警，国内保存比较完整的鼓楼有:西安鼓楼、北京鼓楼、南京鼓楼。南京鼓楼始建于明洪武十五年，清代重建。随着时间的推移，鼓楼逐渐成为一个城市的地理标识和文化元素，全国有四个城区名鼓楼区（南京市鼓楼区、徐州市鼓楼区、福州市鼓楼区、开封市鼓楼区）。在本区范围内还有鼓楼医院、鼓楼广场、鼓楼公园、鼓楼隧道、鼓楼街、鼓楼新村、鼓楼实验学校等等，可以说鼓楼已经深深融入了区域经济发展和居民生活的方方面面。

江苏路

位于山西路西南端，西南起宁海路广场，东北与宁夏路交汇成直角，向北接祁家桥，中部与颐和路交汇，长814米，宽24米。1930年（民国19年）以江苏省规划命名。始建于1931年（民国20年），最初的江苏路自宁夏路东端起，东南方向至上海路南端止（北京西路与云南路交汇处），与中轴线中山北路平行。路周边分布有十多处名人旧居。

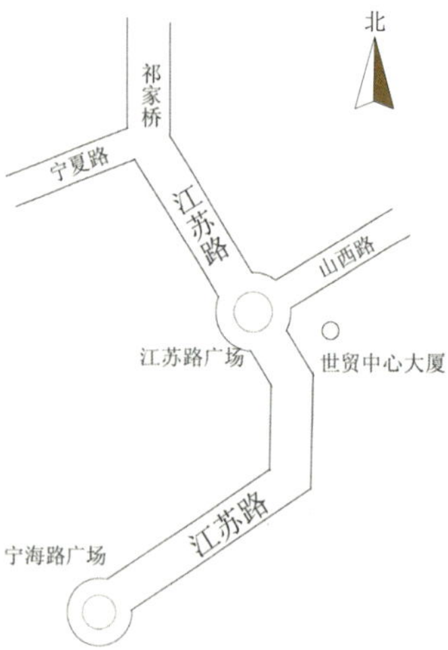

街巷链接

民主人士、史学专家光仁洪

江苏路31号是知名学者光仁洪的旧居。光仁洪，安徽省桐城人，历史学教授，1939年，毕业于中央大学法律系。1947年，赴美留学。回国后，他先后在上海法学院、安徽师范大学、安徽大学任教。光仁洪先生一生治学严谨，孜孜不倦，撰写的《世界近代史》曾用作多所高校历史系教材，主编的《世界史·近代史》《世界近代史词典》等专著在学术界具有广泛而深远的影响。他还是一位著名的民主人士，曾任农工党中央常委、第十届中央副主席、安徽省委主任委员等职，历任安徽省政协副主席、第六届全国人大代表、第七届全国政协常委等。

江西路

位于中央路西侧，南起南昌路，北至黑龙江路，长1000米，宽6米。1930年（民国19年），以江西省命名，1934年（民国23年）拓建。路侧有南汽集团、长江机器集团等企业。

街巷链接

从“一担挑”工厂发展起来的南京汽车集团

1947年，在山东临沂地区耿家王峪成立跃进集团公司前身——中国人民解放军华东野战军特种兵纵队修理厂，随军转战，称“一担挑”工厂。1949年，在南京接管“四〇一厂”，于1950年成立三野特纵后勤修配总厂。1958年，第一辆NJ130型2.5吨载重汽车诞生，经一机部定名为跃进牌。同年，一机部正式批准更名为“南京汽车制造厂”。

1964年，朱德同志来厂视察并题写“南京汽车制造厂”厂牌。1994年，南汽引进依维柯轻型汽车项目通过国家验收。1995年，国家经贸委批准南京汽车制造厂更名为跃进汽车集团公司。2003年8月28日，资产重组为“南京汽车集团有限公司”。2007年，上海汽车集团正式收购南京汽车集团。

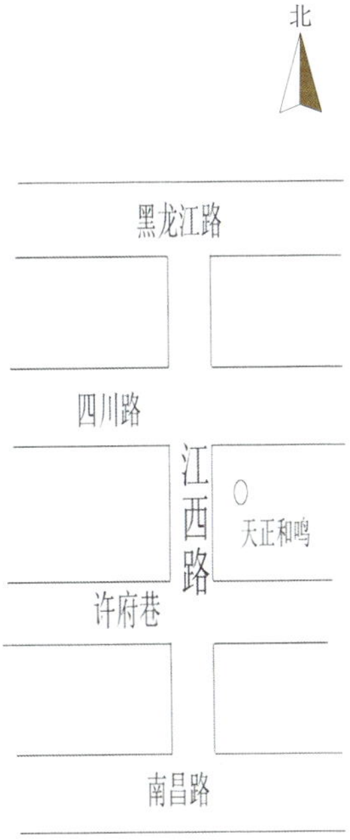

福建路

位于建宁路以南，东北起福建路桥，西南至中山北路，长690米，宽22米。始建于1927年（民国16年），1930年（民国19年），以福建省命名。原先东北起黑龙江路口，2019年调整至现状。

街巷链接

以保卫人民健康为使命

位于福建路西北方向的南京市第二医院始建于1933年，前身为原国民党中央国立传染病院。1996年，原南京市传染病医院与原南京市钟阜医院合并组建南京市第二医院。作为江苏省唯一一家三级传染病医院，每逢各种传染疾病袭来，医院总是作为主力军冲在第一线，非典如此，新冠疫情暴发以来更是如此，医院收治了南京市所有的确诊和疑似病例，140余位医护人员义无反顾冲上疫情防控第一线，夜以继日、连续奋战，为南京市打赢疫情防控阻击战做出了巨大贡献。

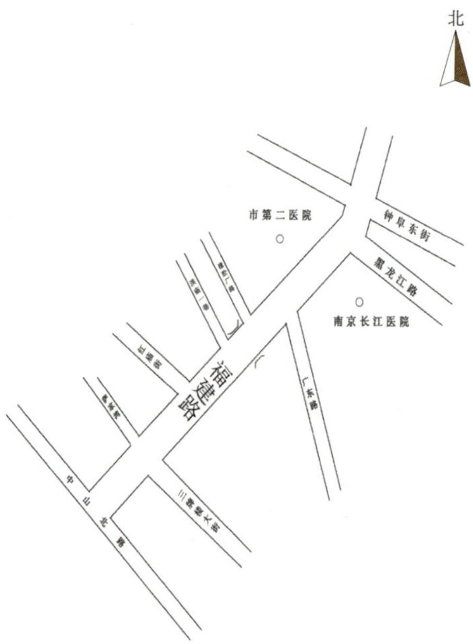

湖南路

位于鼓楼以北，东起中央路，西至山西路广场，长1100米，宽33米。1930年(民国19年)，命名为湖南路。始建于1927年(民国16年)，因路北曾为国民党中央党部，又名中央党部路。新中国成立前后该路多次拓宽改造，一度是南京最为现代化的道路和景观道路之一，是荣获多项国家级荣誉称号的文明街。

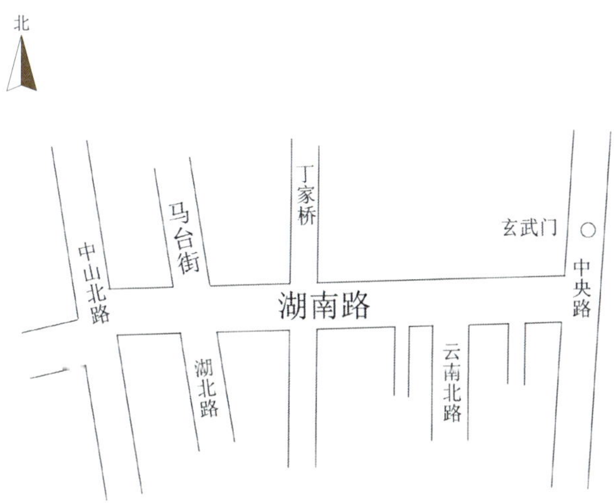

街巷链接

湖南路大事记

1927年，湖南路开始在原有道路基础上新建。

1930年，新拓建之路按照当时地名规则被命名为湖南路。

1997年，湖南路被中宣部公布为首批全国创建文明城市活动示范点。

1998年，湖南路被中宣部等四部委确定为首批全国“百城万店无假货”活动示范街。

1999年，中宣部在南京召开了“学习湖南路经验座谈会”。

1999年，国家质量技术监督局在湖南路召开了争创“购物放心服务满意一条街”工作现场会。

2000年，中宣部等六个部门在全国推广湖南路“教育与管理并重，创建促文明，文明促繁荣，繁荣出效益”的创建经验。

2000年，中宣部部长丁关根视察湖南路后说：“南京湖南路文明一条街是站得住、叫得响、传得开的两个文明建设典型。”

2001年，湖南路被国家工商行政管理总局授予“购物放心满意一条街”称号。

2006年，中宣部、中央文明办、国家发展和改革委员会、国家商务部等国家八部委授予湖南路全国“百城万店无假货”活动示范街先进单位称号。

2015年，湖南路地下商业街开始施工。

2017年，绿地紫金中心项目开工。

2019年，启动湖南路两侧建筑立面整治工程。

湖北路

位于鼓楼广场西北，南起中山北路，北至湖南路，长844米，宽25米。1930年（民国19年），以湖北省命名。始建于1927年（民国16年），1999年，狮子桥和新菜市部分并入。

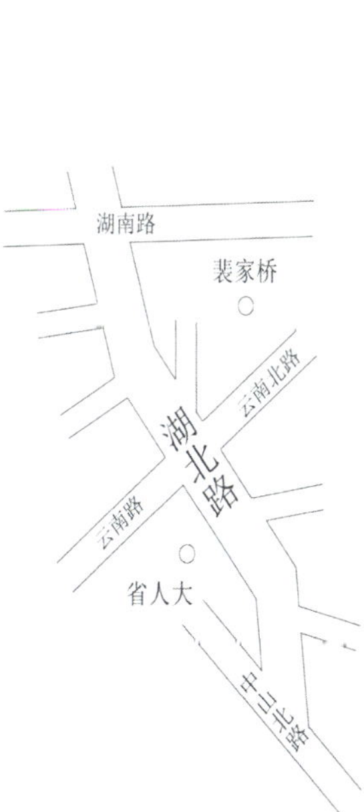

街巷链接

老字号美食——韩复兴

位于湖北路上的“韩复兴”食品店是一家百年老店。1866年由板鸭店起家，清末时有“贡鸭”美誉，与苏绣、镇江香醋并称“江苏三宝”，更有“北有全聚德，南有韩复兴”之说。韩复兴的主打产品是盐水鸭，以瘦型鸭为原料，当天现做，干净卫生。淡盐的口味，摆着皮白肉香，吃起来口感滑嫩，鲜而不腻，是南京人馈赠亲友的首选礼品。鸭油烧饼也是一绝，不仅价格便宜，口味更是有甜有咸，就着鸭肉的清香，吃完后回味悠长。

云南路

位于鼓楼西北，南起北京西路，向北再折向东北至中山北路，长718米，宽24米。1930年（民国19年），规划为干路，以云南省命名。

街巷链接

中美文化中心独特的学习生活环境

云南路南端的中美文化研究中心是由南京大学和约翰斯·霍普金斯大学共同创办的教学与研究机构，是改革开放以后最早的高等教育国际合作长期项目。在这里中国学生由美国教授授课，国际学生则由中国教授授课。中美中心具有非常良好的中英双语环境，中美教授各自用母语为学生讲课，也就是说学生要用外语听课、阅读和写作。学生与教师、学生与学生之间在课堂与课后有大量密切的交流，这些活动为他们掌握出色的双语能力提供了保证。

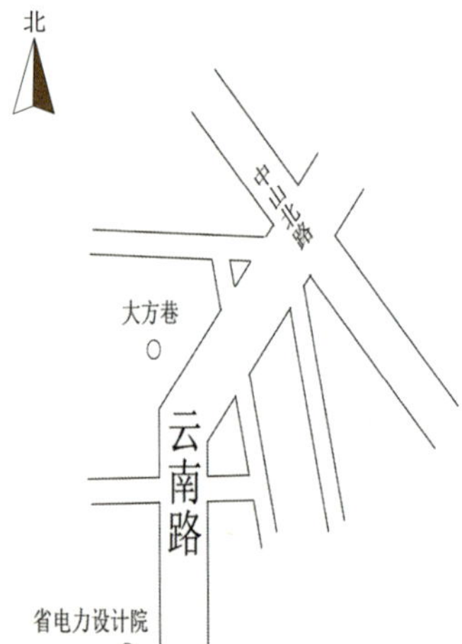

云南北路

位于中央路以西，北起湖南路，向南再折向西南至中山北路，长615米，宽21米。原为云南路北段。2000年，拓宽后划出，因与云南路相接，且在其东北，故名云南北路。

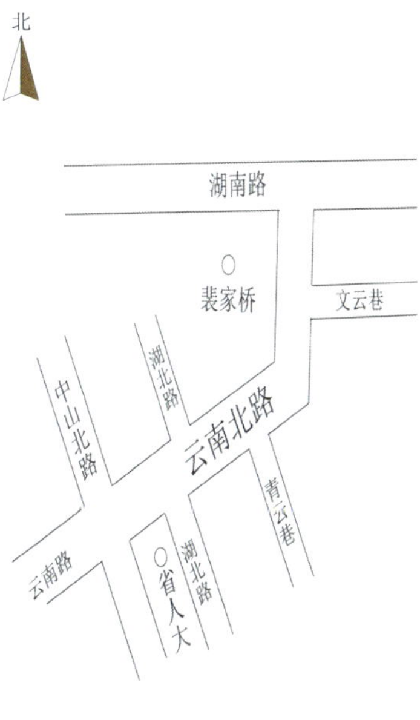

街巷链接

中国规模最大、实力最强的文化产业集团

云南北路以东的凤凰台酒店、凤凰书城、凤凰广场都属于凤凰出版传媒集团的产业。凤凰出版传媒集团起始于1953年组建的江苏人民出版社。2001年，在江苏省出版总社的基础上成立江苏出版集团，凤凰出版传媒集团由江苏出版集团更名而来。凤凰出版传媒集团是中国规模最大、实力最强的文化产业集团之一，产业领域涉及图书出版、图书发行、报刊印刷复制、网络出版物、文化酒店、文化地产、金融投资和艺术经营等多个产业板块。集团总体经济规模和综合实力评估连续多年保持全国同行业第一，名列“全国文化产业30强”出版发行类首位，是中国出版行业的龙头企业。

四川路

位于黑龙江路以南，东起中央路，西至金贸大街，长260米，宽18米。四川路是1930年（民国19年）国民政府规划的市区主干路之一，以四川省命名，计划东起中央路，折向西南至江苏路，未完全建成，加上新中国成立后南京汽车制造厂扩建，故仅剩现路。原长江机器厂就在路西侧。

街巷链接

飞不累的蝙蝠

上世纪8、90年代，南京原国营长江机器制造厂（军工代号“720厂”）生产的“蝙蝠”电扇曾红遍全国，不但在全国同类产品中名列第一，在1984年的世界博览会上，蝙蝠牌电风扇更因荣膺一等奖而闻名世界。720厂是新中国成立后我国第一家自行设计、制造并出口雷达的大型电子整机制造企业。改革开放之初，720厂开始转型生产民用品，蝙蝠牌电扇应运而生。因为当时的720厂主要生产雷达等军工品，雷达又是受蝙蝠的超声波启发而诞生的，所以电扇取名“蝙蝠”。为了打开市场，该厂租用南京新街口百货商店橱窗，让蝙蝠牌电扇在橱窗里昼夜不停运转，转了两年后，质量、性能还和出厂时一样，被人们称为“飞不累的蝙蝠”。

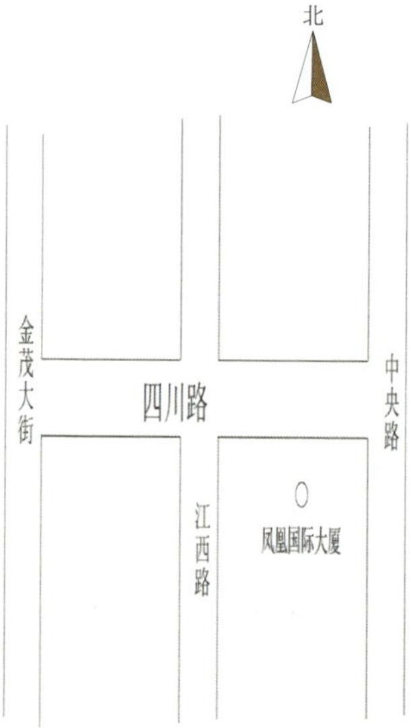

山西路

位于鼓楼西北，东北起山西路广场，接湖南路，西南至江苏路，长450米，宽33米。原名傅佐园路，1930年（民国19年），被国民政府列为干路，以山西省命名。该路所在地原为水塘和耕地，颐和路区域筹建新住宅区后，该路作为新住宅区的对外出路而辟建，又称新住宅区外第一干道。山西路124号为鼓楼区政府所在地。

街巷链接

鼓楼区建制区划沿革

1933年（民国22年），南京市划分自治区，城区分设8个行政区，原鼓楼区境内为第六区，原下关区境内为第七区，此为区建置之始。

1950年，南京市人民政府以旧第六区为基础成立第五区，以旧第七区为基础成立第六区。

1955年，根据国务院关于以地名命名的规定，第五区更名为鼓楼区，第六区更名为下关区。

1967年，市军管会将鼓楼区改称延安区，下关区改称东方红区。

1973年，根据市革委会决定，延安区复称鼓楼区，东方红区复称下关区。

2013年，根据国务院关于行政区划调整的文件要求，原鼓楼区、原下关区合并设立新鼓楼区。

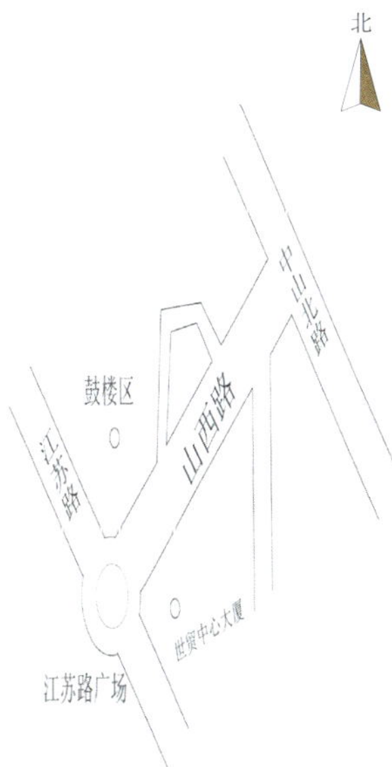

黑龙江路

位于护城河以南，东起中央路，西至钟阜路，长1240米，宽29米。始建于1929年（民国18年），次年以黑龙江省命名。黑龙江路两侧现已成为城北重要的居住区。

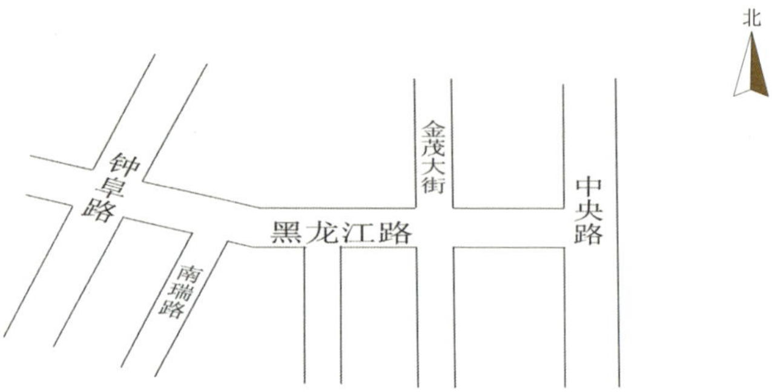

街巷链接

城墙遗址变身亲民绿地

在护城河南岸沿线有一段与黑龙江路平行的明城墙遗址，称为南京城墙城北段遗址或黑龙江路段遗址，长约1500米，为明初时平地砌造，内为夯土，外包砌城砖。1957年拆墙取砖，仅遗留内部夯土墙，后在夯土墙上种植了雪松。2011年，对该段遗址及周边环境进行整治，如今遗址沿线亭台接踵，水流潺潺，还有古朴的木制栈道，环境幽静，古树参天，非常适合休闲健身，现已免费对市民、游客开放。

黑龙江路二巷

位于黑龙江路北，北近护城河边，东起中央路，西至黑龙江路十二巷，长740米，宽3.5米。1953年以黑龙江路门牌2号得名。

街巷链接

第一个“全国文明汽车站”

与黑龙江路二巷隔着一条护城河即是中央门长途汽车站，该车站1967年正式开建，1969年建成，1970年交付营运，1984年，成为中国业务范围最大的车站，1986年，成为中国第一个拥有电脑售票系统的汽车站。上个世纪90年代，中央门长途汽车站获得第一个“全国文明汽车站”荣誉称号。2014年，车站正式关闭，同时位于小红山的南京汽车客运站正式启用，进入多种交通方式便捷换乘时代，铁路、地铁、长途汽车、出租车、公交在200米内可全部实现换乘。

广东路

位于三牌楼大街以东，南起模范马路，北至福建路，长820米，宽15米。1927年（民国16年）拓建，1930年（民国19年）以广东省命名。2013年，新门口并入。南京邮电大学老校区在道路东侧。

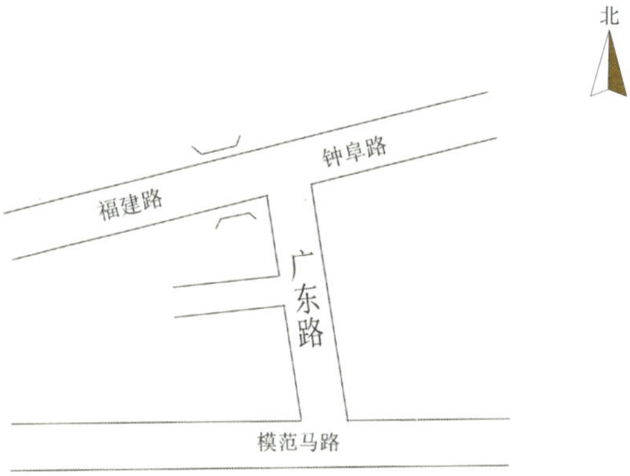

街巷链接

闯入双一流的南京邮电大学

南京邮电大学前身是1942年诞生于山东抗日根据地的八路军战邮干训班，是我党、我军早期系统培养通信人才的学校之一。1958年，经国务院批准改建为本科高校，取名南京邮电学院，2005年，更名为南京邮电大学。学校原为邮电部和信息产业部直属重点高校，2000年起，实行中央与地方（现为工业和信息化部、国家邮政局与江苏省）共建，2018年，成为教育部与江苏省共建的“双一流”建设高校，以江苏省管理为主。2013年，原南京人口管理干部学院正式并入南京邮电大学。2017年，南邮入选国家首批“双一流”世界一流学科建设高校名单。

宁夏路

位于古林公园东南，西起虎踞北路（马鞍山脚下），东至西康路，连江苏路，长280米，宽18米。始建于1927年（民国16年）。1930年（民国19年），国民政府国务会议决定以当时的宁夏省命名。

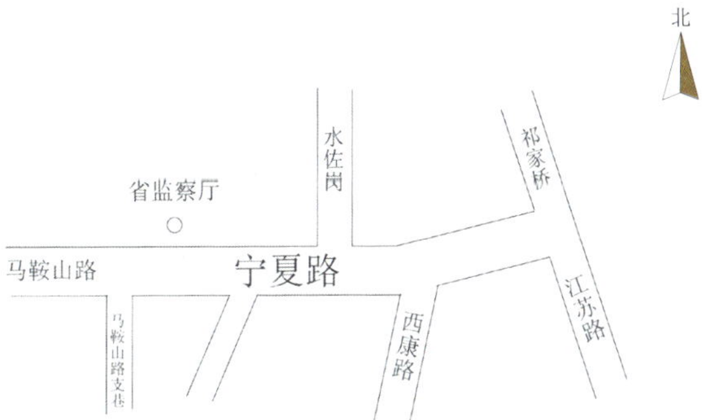

街巷链接

于右任与他的《望大陆》

宁夏路2号是著名书法家、国民政府监察院院长于右任在南京的旧居。新中国成立前，于右任被迫远去台湾，他深恨祖国处于分裂状态、自己不能叶落归根，深念失散多年的大陆亲人，遗憾而痛苦。1962年，八十三岁的他自知不久于人世，写下了感情真挚的诗作《望故乡》：葬我于高山之上兮，望我大陆；大陆不可见兮，只有痛哭！葬我于高山之上兮，望我故乡；故乡不可见兮，永不能忘！天苍苍，野茫茫；山之上，国有殇！

热河路

位于挹江门外，热河路广场北，南与中山北路相交，北至南京西站，长900米，宽20米，为下关地区中心主干道之一。1935年（民国24年），以当时热河省命名为“热河路”。初名黄泥路，其原址是护城河（又称“小南河”“小郎河”）；1914年，（民国3年）填河筑路；1930年（民国19年），下关火车站重建时辟黄泥路为干道，名“新马路”，从安全里（黄泥路南路口）处直接南延接通中山大道。之后该路又历经多次拓宽改造，路幅逐步加宽至现状。

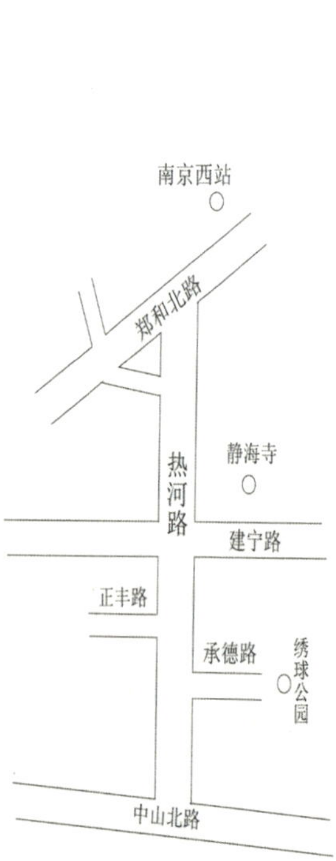

街巷链接

民国范儿的商业街

热河路在上个世纪40年代形成街市，它的兴起逐步取代了邻近永宁街的繁华。由于街道宽阔，永宁街里的许多饭店、酒楼纷纷把门面改开在热河路上，商铺也迁移至此。热河路上有中央合作金库下关分库、振南医院、热河路商场（今下关商厦）、老宝庆银楼、九龙布店、郑永和百货商店、荣春斋鞋帽店、得润泉浴室、天发池浴室、笑芳照相馆、大新旅社、东方饭店等一批较有规模和影响的商店和服务场所，使得热河路在解放前成为繁华的商业街。在南京火车站建成以前，热河路是下关车站（今南京西站）京沪铁路的咽喉、水路交通的枢纽，更是南京西北部最繁华的商业区。

热河南路

位于秦淮河以北，北起热河路广场，南至三汊河桥，长1630米，宽30米。因位于热河路之南，故名。1980年开工建设，1984年竣工通车，是下关地区主干道之一。

街巷链接

红色印记　胜利象征

热河南路北首就是著名的渡江胜利纪念碑，该纪念碑建成于1979年。1949年4月23日，人民解放军渡过长江，解放南京，为永久纪念这一伟大的历史事件，江苏省人民政府和江苏省军区兴建了渡江胜利纪念碑。渡江胜利纪念碑分为碑座和碑体两部分。碑座呈正方形平台，边长24米，座高0.8米，东西向各由5级踏步台阶伸至座面；碑体为帆船形建筑，由船体及船帆组成，中轴线与中山北路中轴线重合。纪念碑正面船体船头为邓小平手书“渡江胜利纪念碑”，船头向东，船体长方形，镌刻有毛泽东手书诗词《七律·人民解放军占领南京》。

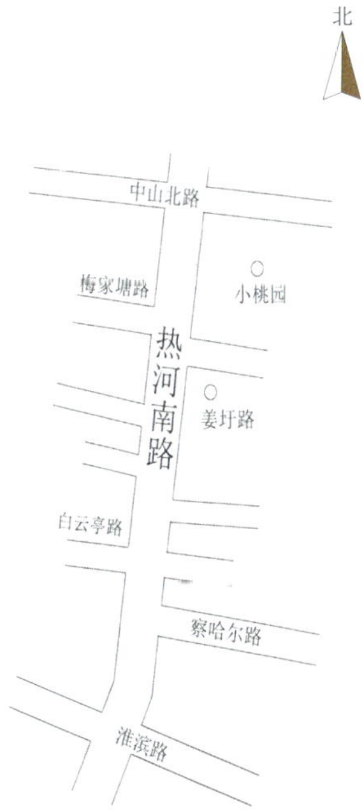

察哈尔路

位于中山北路以西，东北起中山北路，穿华严岗明城墙西南至热河南路，长2000米，宽18米。1930年(民国19年)，以当时的察哈尔省命名。始建于1927年(民国16年)。

街巷链接

南京明城墙

南京明城墙始建于1366年，全部完工于1393年，动用全国五省二十八府一百五十二州县共28万民工，历时达27年，耗费约3.5亿块城砖，终完成明王朝都城四重城垣的格局。南京明城墙营造时，一改以往都城墙取方形或矩形的旧制，根据南京山脉、水系的走向筑城，得山川之利，空江湖之势，形成由内向外“南斗北斗”的环套格局。其中京城城墙蜿蜒盘桓35.3公里，不仅是中国第一大城垣，还是世界第一大城垣，并成功入选世界纪录协会世界第一大城墙，而京城之外的外郭城墙更是超过60公里。1988年，南京明城墙全段被确认为全国重点文物保护单位。2012年，由南京明城墙作为牵头单元的“中国明清城墙”项目被列入中国世界文化遗产预备名单。

西康路

位于宁海路与虎踞路、虎踞北路之间，南起汉口西路，北至宁夏路，长1220米，宽16米。1930年（民国19年），以当时的西康省命名。西康路一带曾是民国时期使馆区之一，河海大学的大门就开在路西。

街巷链接

在校史馆回到昔日的河海

走进河海大学校史馆，这里展示了河海大学在老河海、华东水利学院以及新河海时期的珍贵文件、物件以及史料等，包括老河海时期的教科书、教学仪器，以及老河海时期的校服、华东水利学院时期第二任院长冯仲云的题字、旧照片以及新河海时期钱正英的信件、水杯等。其中人气最旺的是位于二楼展厅的一台名为“穿越华水”的时光打印机，校史馆复原了河海大学前身华东水利学院时期的校门，学生们争相站在“校门”前，上方的摄像头定格下一幅幅“老照片”。

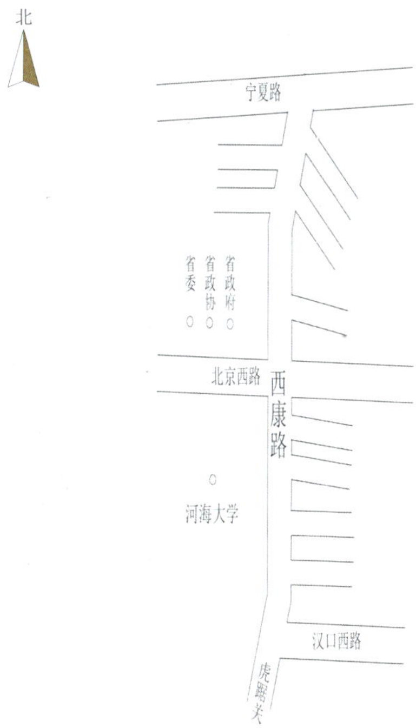

02

市县级行政区命名

青岛路

位于儿童医院西侧，南起广州路，北至汉口路，长360米，宽7米。1930年（民国19年），以民国十大直辖市之一青岛市命名。1953年，拓建成今路，仍沿用原定路名。江苏省档案馆位于青岛路1号，陈毅元帅也曾在青岛路居住，清代诗人袁枚的随园就在周边。

街巷链接

随园与随园主人

随园曾是江南最大的园林，原属曹雪芹家所有，曹家被抄家后，辗转被袁枚买下，取名随园，自号随园老人，并成就著名的《随园诗话》。袁枚一生花了大量精力财力在随园的规划设计和修建改造上，随园也是他交友授业和经营的主要场所，甚至为此编了一本《随园食单》，流传至今。袁枚从政时间不长，官位不高，但在当时影响很大，随园也随之名气大增，据说乾隆皇帝听到人们夸赞随园的布局和景色，曾派人来此画景送于宫中。

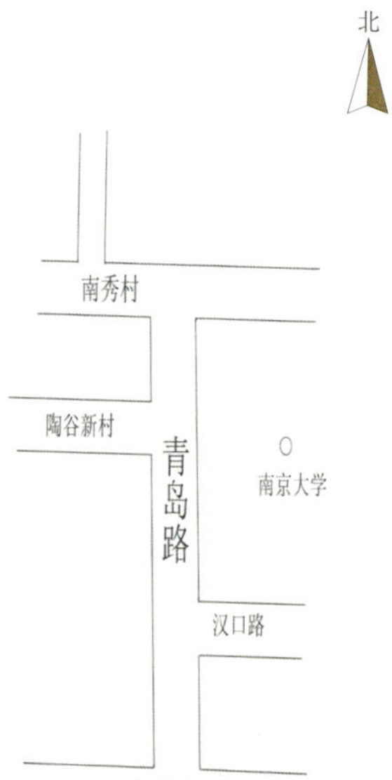

广州路

位于鼓楼和新街口中间，东起中山路，西接虎踞路，长2506米，宽40米。明代辟建，1935年（民国24年）改建，以广州市命名。东段为焦状元巷，西段为清凉古道，南东瓜市至虎踞关段曾命名随家仓，后统称今名。沿路分布有清凉山公园、乌龙潭公园、省人民医院、古南都饭店、苏宁环球大厦、南京儿童医院、南京大学等。

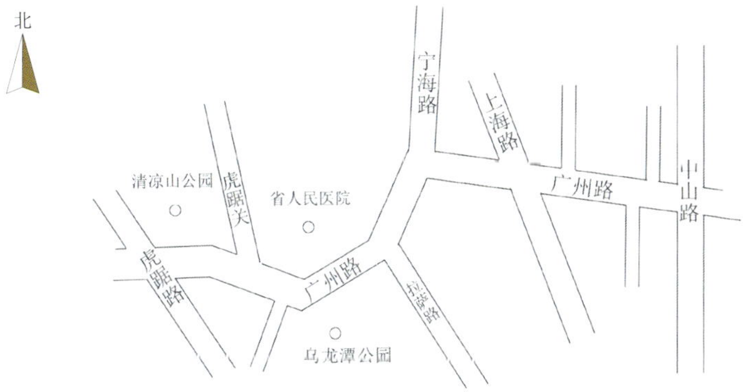

街巷链接

最美的书店

先锋书店于1996年在南京创立，位于广州路173号的是先锋书店总店。先锋书店是国内知名的民营学术书店，自创立以来探索出一条以“学术、文化沙龙、咖啡、艺术画廊、电影、音乐、创意、生活、时尚”为主题的文化创意品牌书店经营模式，搭建一座可供开放、探讨、分享的公共性平台。其为读者打造的具有建筑之元素、宗教之情结、人文之关怀的书店阅读空间，吸引了众多国内外读者聚集，成为南京重要的文化地标。先锋书店是南京的著名文化名片，也是江苏最大的人文社科专业书店，它铸造的不仅是先锋风格的人文品牌，更是南京人民的精神品格和思想品质。南京先锋书店被南京市民评为十二张文化名片之一，被誉为“中国最美的书店”，荣获“中国2009年度最美的书店”奖，附近南京大学的学生亲切地称她为“南大第二图书馆”。

哈尔滨路

位于江边路以东，南起公共路，北抵建宁路，长210米，宽16米。1931年（民国20年）“九·一八”事变后，有一批哈尔滨难民在此搭棚定居，名“哈尔滨村”，1954年定为现名。

街巷链接

滔滔江水述说侵略罪行

从哈尔滨路出建宁路往江边路方向可以看到中山码头遇难同胞纪念碑。1937年，日军在中山码头附近分3批屠杀了我遇难同胞1万余人。1937年12月16日傍晚，日军押来第一批5000多名青壮年，他们原本避居于原华侨招待所的难民营中，被日军以“有当兵嫌疑”为由，押解到中山码头附近，用机枪集体射杀，随后弃尸江中。现在每年12月13日这里都会举行公祭仪式，悼念遇难同胞。

南昌路

位于中央路西侧，东起中央路，西至紫竹林路，长722米，宽9米。以江西省南昌市命名。1931年（民国20年）初建，1934年（民国23年），拓建东段，曾名板井巷。1958年，西延至长江新村，2003年，再西延至紫竹林路。周边分布有工人新村小区。

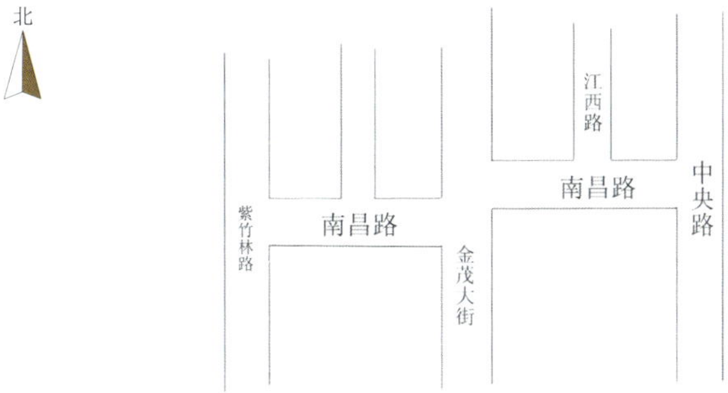

街巷链接

社区工作者中的优秀代表——谷宁丽

工人新村社区老书记谷宁丽扎根社区18年，在她的带领下，一个老社区成功变身为“全国文明社区”，为和谐社区建设积累了丰富经验。多年来，她把真情献给了社区，她把热忱献给了群众，即使现在退休了，仍然作为社区志愿者积极参与社区工作，得到了社区居民的爱戴，先后被评为鼓楼区十佳社区书记、南京市十佳社区工作者、南京市第四届“十佳好市民”、2005年“感动南京”十大新闻人物、南京市劳动模范、南京市道德模范个人、江苏省优秀党务工作者，是鼓楼区第十五届人大代表、南京市第十二次党代会代表、中国共产党第十七次全国代表大会代表。

拉萨路

位于乌龙潭公园以东，东南起永庆巷，西北至广州路，长480米，宽16米。以西藏自治区拉萨市命名，始建于1936年（民国25年）。

街巷链接

绝佳风景冠西城

乌龙潭风景优美，潭岸亭台楼阁错落，花木扶疏，一派诗情画意，被誉为“西城之冠”。三国时，乌龙潭名为清水大塘、芙蓉池。晋代传说潭中有四处泉眼，终年喷涌不息。某年六月十九日，四条乌龙环绕泉眼戏水，以后每年乌龙准时出现，乌龙潭由此而得名。若干年后四泉眼相继匿迹，乌龙亦不再现，然乌龙潭依旧风景优美，素有南京小西湖之美誉。公园以山光水色取胜，清幽典雅，布局和谐，让人流连。此外，园中400多年树龄的“清桂”，以及“中国象棋桥”等特有景观，都让游客叹为观止。

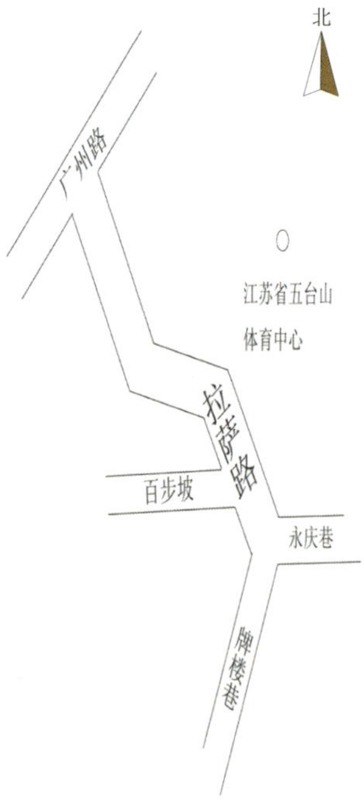

汉口路

位于南京大学教学区和生活区中间，东起中山路，西至青岛路，长560米，宽16米。1930年（民国19年）定名；拓建于1934年，以当时的直辖市汉口市命名。原西至西康路；1981年，西段分出为汉口西路。

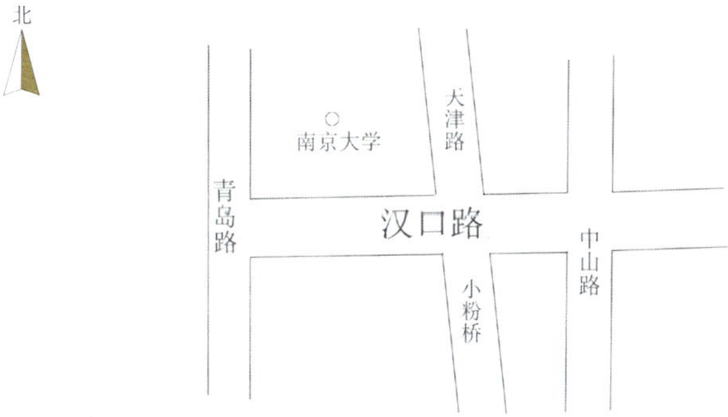

街巷链接

金陵大学

南京大学鼓楼校区原为创办于1888年的教会大学——金陵大学，她同美国康奈尔大学为姊妹大学，当时社会评价为“中国最好的教会大学”，享有“江东之雄”“钟山之英”之美誉。金陵大学文理农三院嵯峨，英语文学和中国文化研究成就卓著，闻名世界。尤其农林学科堪称中国之先驱，享誉海内外。其他方面亦有发展，如开创中国电影教育、首开中国医科七年制教育和博士教育。金大培养了大批优秀人才分布于海内外，在各个领域发挥所长，使金大饮誉国内外，在中国近代教育史上具有重要影响。金陵大学为中国现代大学教育的建立与发展、现代科学技术的引进、新的人才培养模式的开创、优秀人才的输送都做出了突出贡献。

汉口西路

位于河海大学东侧，东起上海路，西至西康路，长1105米，宽20米。始建于1935年（民国24年），时称汉口路，为汉口路西段。1981年，因其位于汉口路西侧而得名。

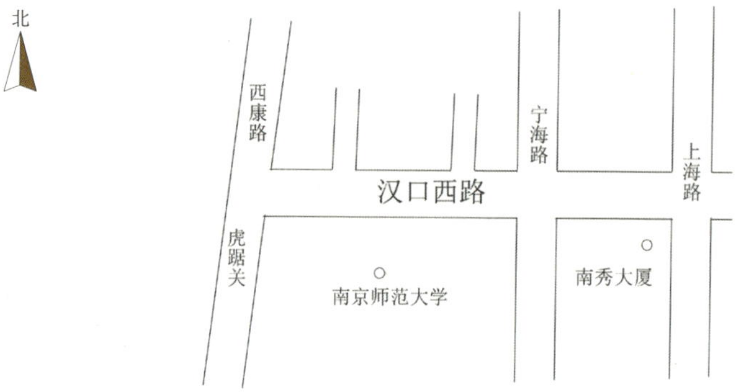

街巷链接

张闻天在河海

张闻天1917年考入河海工程专门学校（今河海大学前身），1919年考入上海留法勤工俭学预备科，在南京总共2年多时间。在河海求学期间，张闻天以文学表达他的心声，创作了一系列颇有影响的作品。作为新文化运动积极推动者和实践者的张闻天，不仅写诗，还创作了一些散文和杂文，这些作品充分反映了他追求光明的心路历程，也记录了他从一个单纯的热血青年逐步成长为站在反帝爱国斗争前沿的猛士。正是这种对光明的向往和坚定的信念，成为张闻天向旧世界发起进攻的支撑力量，表露出张闻天的远大志向：为全人类的解放事业奋斗终生。

苏州路

位于北京西路以南，东起宁海路，西至苏州路广场接扬州路，长220米，宽6米。始建于1929年（民国18年），以苏州市命名。

街巷链接

苏宁的起家之地

南京有两家叫苏宁的大型民企，分别是苏宁控股集团和苏宁环球集团。论其起家发源之地，就在紧挨着苏州路的宁海路60号。1987年，张桂平、张近东兄弟在此创办苏宁家电经营部，因此处有江苏路、宁海路故以“苏宁”命名。经过30多年的发展，当年小小的家电销售门店，现在已经成为总资产数千亿，横跨电商零售、金融投资、文化体育、地产开发等多个领域的行业巨头。

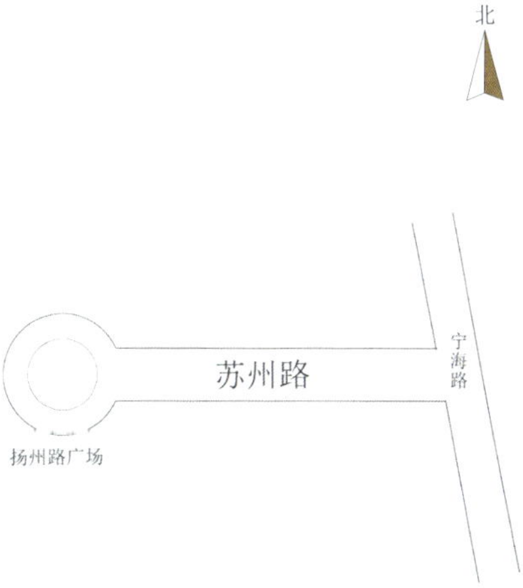

扬州路

位于北京西路以南，东起苏州路，西至西康路，长450米，宽7米。始建于1936年（民国25年），以扬州市命名。扬州路18号（原34号）是国民政府财政顾问童季龄旧居，1945年—1949年苏联大使馆曾租用。

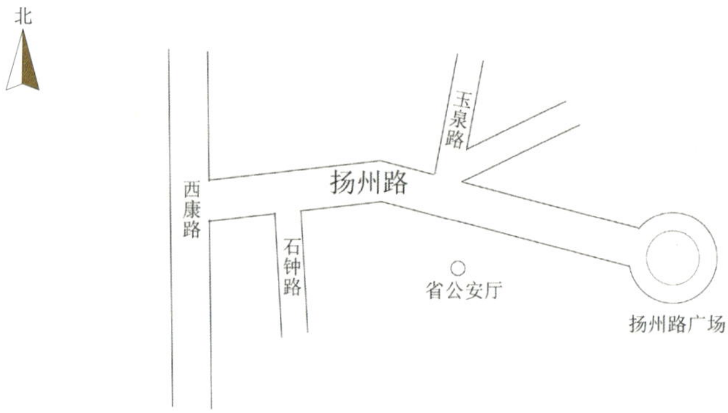

街巷链接

中国最早参加世贸组织的见证人

世贸组织前身是成立于1947年的关税与贸易总协定。1944年至1948年，国民政府积极参加创建关贸总协定的重要会议，和各有关国家进行了艰难的谈判，并签订了《关贸总协定》等一系列重要文件，中国是关贸总协定的创始缔约国，童季龄作为中国代表团成员出席过1944年在美国召开的布雷顿森林国际货币会议；1946年10月作为国民政府主要发言人，他还出席了世界贸易暨就业准备委员会会议。

南通路

东起郑和中路，西至江边南路，长550米，宽15米。横穿世茂滨江建设项目，将其分为一期和二期。始建于1935年（民国24年），是民国《首都规划》中南京市第一工商业区的交通枢纽路。因该路最初由南通商家出资修筑，故名“南通路”，沿用至今。

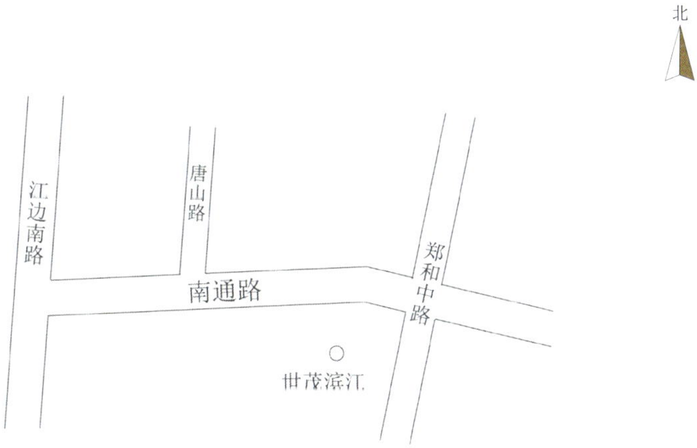

街巷链接

在历史与现代中穿梭

初建南通路时，惠民河尚在，当时东起惠民河，西至石梁柱大街。历经变迁，沧海桑田，惠民河早已填平，建成郑和中路高架桥，石梁柱大街也已名称不再。从前贫瘠的水上新村已找不到丝毫踪迹，现在的世茂滨江新城，高楼林立，与风景如画的江边美景一同构成了现代社会的生活美图。南通路犹如一老者，见证了长江边这些年翻天覆地的变化，漫步其间，常能体会到时代变迁的强烈气息。

镇江路

位于虎踞北路以东，东南起回龙桥，西北至察哈尔路，长720米，宽5米。以镇江市命名。1937年(民国26年)，原先西北至戴家巷，后虎踞北路以西并入戴家巷。

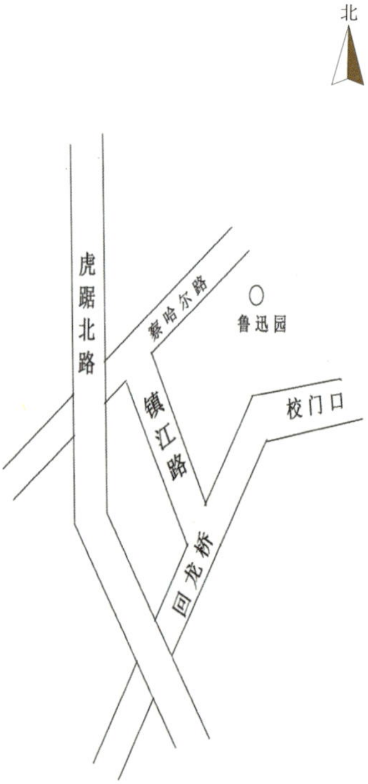

街巷链接

将军虽去，虎威犹存

镇江路39号、镇江路30号曾经居住着两位开国将军，分别是梁从学中将和常玉清少将。梁将军，安徽六安人，1929年，参加革命，1955年，被授予中将军衔，荣获一级八一勋章、一级独立自由勋章、一级解放勋章。因多次负伤，1964年，被批准离职休养，1973年，病逝。常将军，河南商城人，1928年，参加革命，1955年，被授予少将军衔和一级八一勋章、一级独立自由勋章、一级解放勋章，1988年，被授予一级红星功勋荣誉章，1991年，去世。

承德路

位于热河路东侧，西起热河路，东至绣球公园西大门，长155米，宽8米。因紧靠热河路，便以当时热河省省会承德命名。此处原为水沟，1946年（民国35年），拓建为马路。

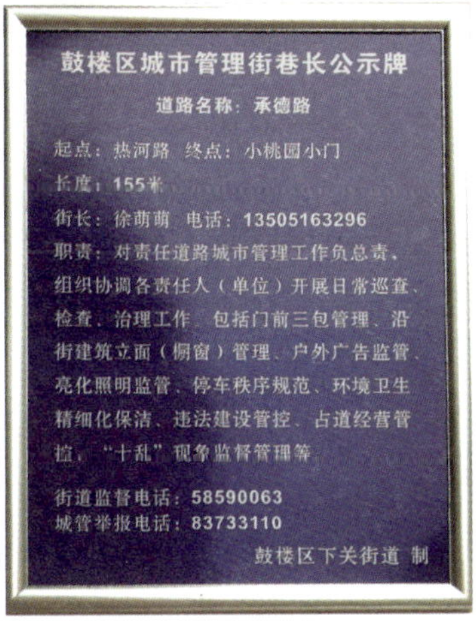

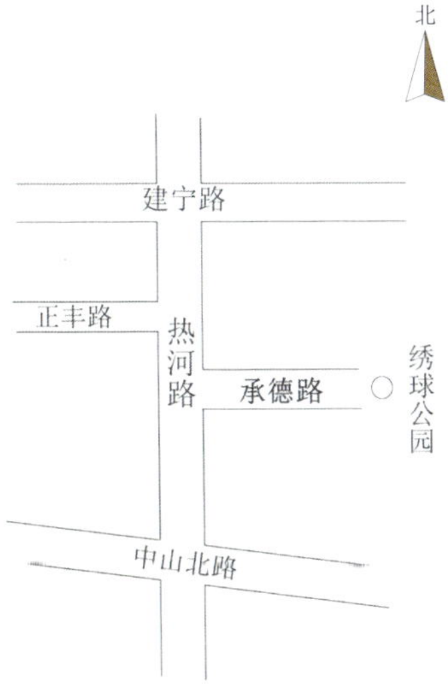

街巷链接

绣球公园与马娘娘

绣球公园始建于1952年，因园内有绣球山而得名。该山为狮子山余脉，独兀狮子山南，与之形成“狮子盘绣球”之势。山水城林，涵于园内，造景紧凑，明秀轻盈，是优雅的江南山水园林。园中最富传奇色彩的，当属绣球山西崖石头上长84厘米、宽31厘米、深25厘米的“马娘娘脚印”。相传朱元璋在狮子山指挥军队与陈友谅作战，当敌军迫近龙江时，朱元璋仍按兵不动，“大脚马娘娘”在此看得心切，急得狠跺一脚而留下这一印痕。更为奇特的是，这“脚印”中常年积水，大旱3年而不干涸。除此之外，园内还有一个有关马娘娘的传说。1360年，陈友谅亲率大军直扑应天，妄图消灭朱元璋。应天府内一片惊慌，马皇后力主智胜强敌，并亲率一群妇女在绣球山上凿了一个天下无双的石灶，为浴血奋战的将士们埋锅做饭，使将士们个个奋勇争先，终于击败了陈友谅，为明朝建立奠定了基础。此石灶被后人誉为“天下第一军灶”。

四平路

位于护城河以东，南起新民路，北至城河北路，横跨建宁路，长1600米，宽20米。以吉林省四平市命名，附近原有一简易城门即栅栏门。始建于1976年，后经多次扩宽改造。

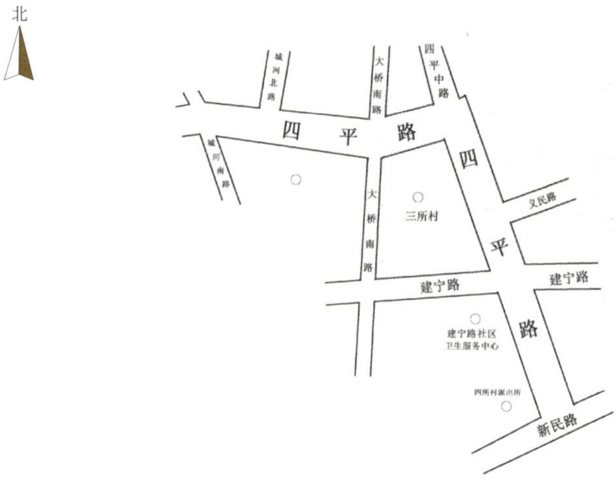

街巷链接

热闹的老城隍庙会

栅栏门属南京外城十八门之一，位于钟阜门北，今城河南路（卢龙山庄）一带，为晚明所开的外郭城门。因以木栅栏为门，故名。栅栏门附近古名叫“谢家塘”，1899年，上元县在此（栅栏门北口）兴建城隍庙，即以庙定路，名为“城隍庙街”，南起酱盐圩，北抵早街，长380米，宽6米，弹石路面。每年农历七月十五是城隍爷生日，这一天要举办庙会组织演戏，四方乡民都赶来参加庙会，整条街上人山人海，热闹非凡。民国后庙会逐渐消失。

四平中路

位于幕府西路高架下方，南起四平路，向北折弯向西至滨江花园东园小区东门，长180米，宽6米。因临近四平路而得名。附近驻有交警六大队。

街巷链接

交警的新职责

根据新通过的《江苏省电动自行车管理条例》，2020年7月1日起，电动自行车骑乘人员应当佩戴安全头盔，否则将处以警告罚款。交警六大队交通安全教育站的广播循环播放着关于佩戴头盔的安全提示，交警们也不定期组织现场执法，虽有个别不理解不配合的言行，但绝大多数骑行者都能意识到戴头盔与骑行安全紧密相关，遵守新要求，形成新风尚。

宁海路

位于上海路西侧，纵穿北京西路，北起江苏路，南至广州路，长2500米，宽16米。以浙江省宁海县命名。始建于1934年（民国23年），周边有10多处民国名人旧居和学校使团旧址。

街巷链接

马歇尔使华

宁海路5号曾是美国总统特使马歇尔在中国的公馆。1946年5月至1947年1月，马歇尔出使中国调解国共军事冲突，在宁海路居住了大半年的时间，这里也一度成为国共和谈的主要场所。抗战胜利，中国国内面临实现国内和平、施行宪政的历史机遇，同时也笼罩着国共内战的阴影。马歇尔来华就是为了调解国共军事冲突，避免中国爆发全面内战进而影响美国利益。由于国民党反动政权一意孤行，这次调解最终失败，马歇尔在郁闷中离开中国，返美就任国务卿。

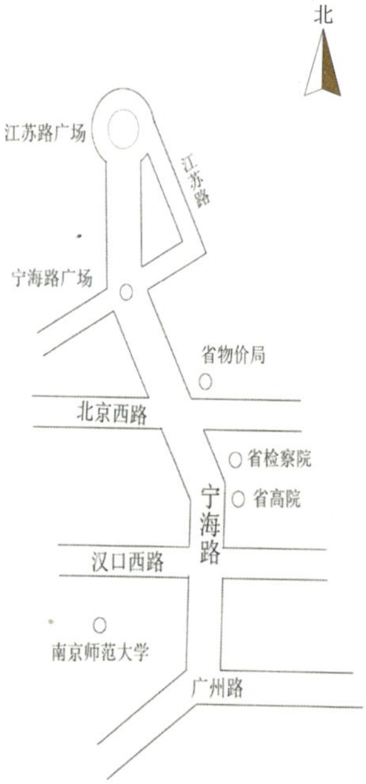

山阴路

位于汉口西路北侧，西南起汉口西路，东北至匡庐路，长400米，宽5米。始建于1931年（民国20年），以今浙江省绍兴市古名山阴县的“山阴”二字命名。傅抱石纪念馆位于路东。

街巷链接

在纪念馆感悟国画大师的艺术人生

傅抱石纪念馆为一座两层小楼，有附属平房和庭院；主楼西侧有傅抱石汉白玉雕像一尊；主楼旁边的会客厅、画室、卧室等仍有民国建筑的历史味道，室内布置恢复原有的整体气息。馆内主要以展览的形式陈列傅抱石从出生到筹建画院到逝世的生平事迹，还以高仿真画的形式展示其部分绘画精品，以及生前使用过的遗物等。在台湾，素有“三石（吴昌硕、齐白石、傅抱石）一大千（张大千）”之说。其中，傅抱石年龄最小，但声名不弱。1993年傅二石到台湾，一位老者特意赠他一张刻录数十年来台湾电视台播放的有关傅抱石的全部报道内容的光碟，让这位纪念馆的首任馆长感佩不已。

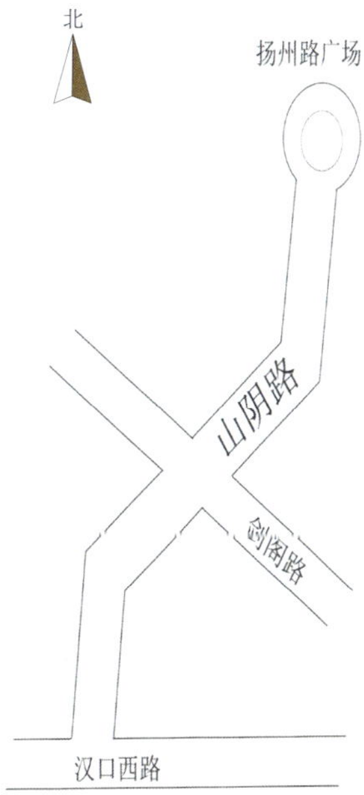

多伦路

多伦路南起花家桥，北至建宁路，长1300米，宽8米。始建于1935年（民国24年），以当时察哈尔省多伦县命名。最初为煤屑路面，下用碎砖石，后改为沥青路面，是城市西北部的一条交通要道。1954年自强村并入，附近有家乐福超市。

街巷链接

由洋变土的大超市

家乐福超市原为法资控股，是第二家进入南京的外资大超市，仅次于卡子门的麦德龙。1999年开业的盛况至今让许多南京人津津乐道，人们从城区、江北蜂拥而至，进场、选购、收银每个地方都是人头攒动，排队时间太长，小孩子饿得哇哇叫，大人只能把未付款的食品给孩子吃，营业员已经管不来了。随着周边超市、便利店越开越多，这种情景已经越来越少见了，而家乐福也经历了由洋变土的蜕变。2019年，苏宁易购收购控股家乐福中国业务，这家家乐福超市也相应成为苏宁旗下门店，门头店招和货品也都呈现出苏宁特色，给人以耳目一新的购物体验。

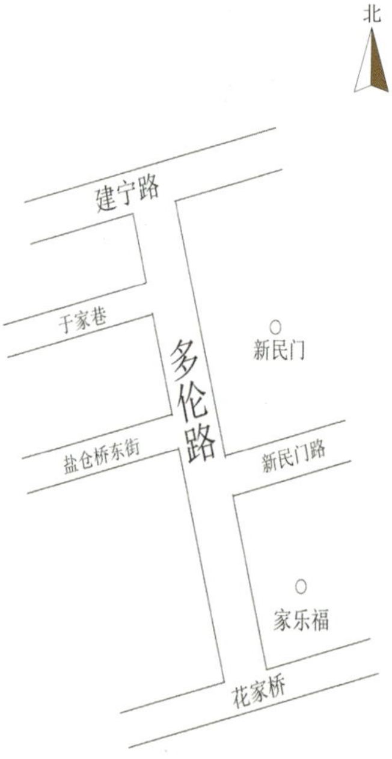

03

名山大川、知名景点河流命名

珞珈路

位于颐和路北侧，东起江苏路广场，西至琅琊路，长560米，宽5米。始建于1931年（民国20年），以浙江省珞珈山命名。

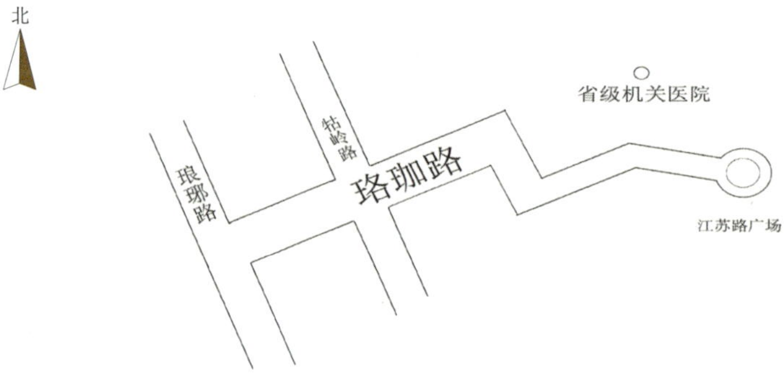

街巷链接

军政双优、文武兼备的全才

现已百岁高龄的彭勃将军居住在珞珈路附近。老将军17岁参加抗战，作为军人他每战必冲锋陷阵，历经枪林弹雨，成长为人民解放军优秀指挥员。他担任过南京长江大桥建设总指挥，按时按量完成了南京长江大桥的建设。在任八一电影制片厂革委会主任兼党组书记期间，组织拍摄了《红灯记》《闪闪的红星》《红色娘子军》《平原作战》等许多优秀影片。他一生酷爱书法，是著名的“将军书法家”，毛主席曾赞誉他和舒同、武中奇为“军中三支笔”。

剑阁路

位于汉口西路以北，东起宁海路，西至仙霞路，长550米，宽6米。始建于1931年（民国20年），以四川省剑阁关命名。南京市力学小学位于路南。

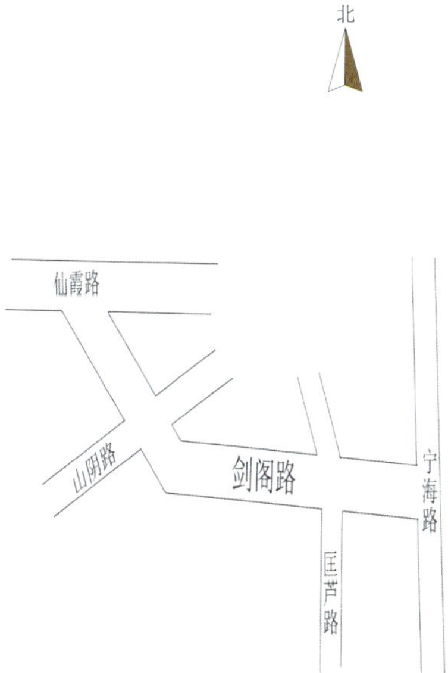

街巷链接

力学小学

力学小学始建于1947年，系著名民主人士邵力子先生及其夫人傅学文女士所创办，取两人姓名各一字为校名。70年来，力学小学得天地之厚泽，胸怀理想，不懈追求，坚持创新，文化底蕴日渐丰厚，教育硕果挂满枝头，“研究性课堂”和“小公民教育”成为学校两张烫金的名片。“力小”的社会美誉度和教育影响力如今日趋攀升，受到业内认可和百姓赞誉。

武夷路

位于西康宾馆以东，东起宁海路，西至玉泉路，北起天目路，南至扬州路广场，东西、南北路交叉，长400米，宽5米。始建于1929年（民国18年），以福建省武夷山命名。

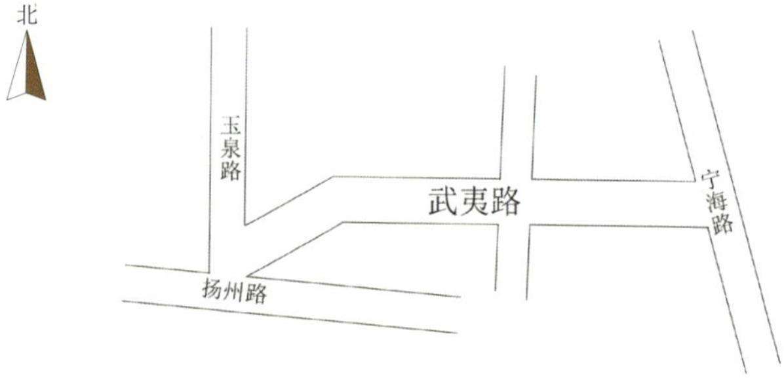

街巷链接

美军顾问团的职责与特权

西康宾馆曾是民国时期美军驻华军事顾问团驻地，“AB大楼”的“B楼”就在宾馆内。美军顾问团名义上是顾问，实际上是美国在华利益最直接的代表和维护者，这在1946年中美两国签署的相关协定里作了明确表述：顾问团之宗旨是协助中国政府并向其提供建议，发展现代化武装力量，确立对中国收复区包括东北和台湾之适当控制，期限五年；顾问团包括陆军和海军两部分，其职权系在陆海空及后勤问题上向中国提供必要的建议与协助；顾问团进口之物资、装备、供应及货物，应准予豁免关税；顾问团人员在中国可能犯之一切罪行由美国军事法庭行使专属管辖权，不受中国民事或行政法庭管辖；中国政府不得聘用或接受任何第三国政府之任何人员担负有关中国武装力量任何性质之职责等。

天目路

位于北京西路南侧，东起宁海路，西至西康路，长600米，宽5米。始建于1931年（民国20年），以浙江省天目山命名。天目路历史风貌区是民国公馆区的代表，风貌区内现存市级文物保护单位一处、重要近现代建筑一处以及建于民国时期的洋房十余栋。

街巷链接

深藏社区的将军馆和海洋馆

与天目路隔北京西路相望有两家面积不大、名气不小的社区展馆：宁海路街道将军馆与颐和路社区海洋馆。将军馆以实物、图片、影像资料相结合的形式，展示了在社区居住过的老将军们在战争年代及和平时期为人民军队建设立下的不朽功勋；以及他们在晚年生活中，坚持老有所学、老有所乐、老有所为的精神风貌。海洋馆分为海洋历史、海洋形势、海洋资源、海洋国策、海洋社区等部分，还开设了辽宁舰航母专题馆、岛屿战争理论研究馆等。两馆开放后，受到了社会各界的广泛关注，参观人员络绎不绝。

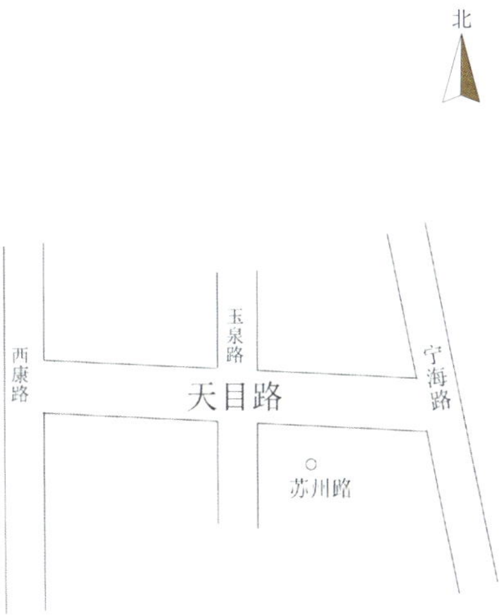

牯岭路

位于江苏路西南亦与之平行，东南起宁海路广场，西北至西康路，长540米，宽8米。始建于1931年(民国20年)，以江西省庐山牯岭命名。沿路现存有多处民国时期名人旧居。

街巷链接

军队政治工作的模范——傅奎清将军

原南京军区政委傅奎清将军现居住在牯岭路附近。1981年初，老将军升任福州军区政治委员，一上任就给自己立了五条著名的"规矩"：

1.努力工作和学习，不计较待遇，不搞特殊化，同军区副司令员、副政委乘一样的车；

2.不请客，不受礼，不用公款办私事；

3.多主动上门请教，决不能摆政委架子，办事要实在，不搞形式主义，要多发现周围同志的优点、长处；

4.不搞有疏有亲的那一套，一视同仁，更不得陷入派别之争，决不搞私人成见；

5.工作认真而慎重，不随便批文件，未弄清问题不要急于回答、表态。胸怀要宽广，不计较个人得失与个人"权威"。

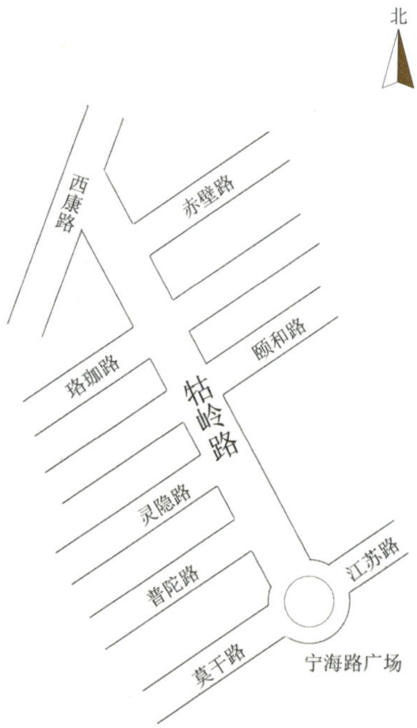

普陀路

位于北京西路以北，与莫干路平行，东北接牯岭路，西南连天竺路，长260米，宽5米。始建于1931年（民国20年），以浙江省普陀山命名。国民政府《首都计划》使普陀路一带成为外国大使馆的聚集区之一。

街巷链接

"上将义工"心系海洋教育

原南京军区司令员朱文泉将军居住在普陀路上，他退休后以身作则，积极开展海洋教育，牵头成立海洋强国铁军宣讲团，带领海洋专家进学校、进社区、进企业，为增强公众海洋意识奔走宣传，人们亲切地称赞他为宣传海洋的"上将义工"。在他的倡议和指导下，全国首个街道海洋国防教育馆在宁海路街道建成，吸引了大量的市民和游客，成为广大群众和青少年了解海洋知识、增强海洋保护意识的新载体。

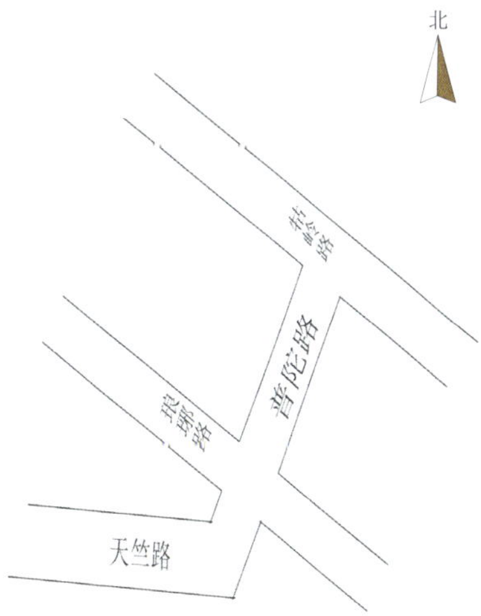

赤壁路

位于珞珈路西北，与颐和路平行，东北起江苏路，西南至牯岭路，长280米，宽6米。始建于1931年（民国20年），以湖北省赤壁命名，赤壁路3号是国民党元老钮永建的旧居。

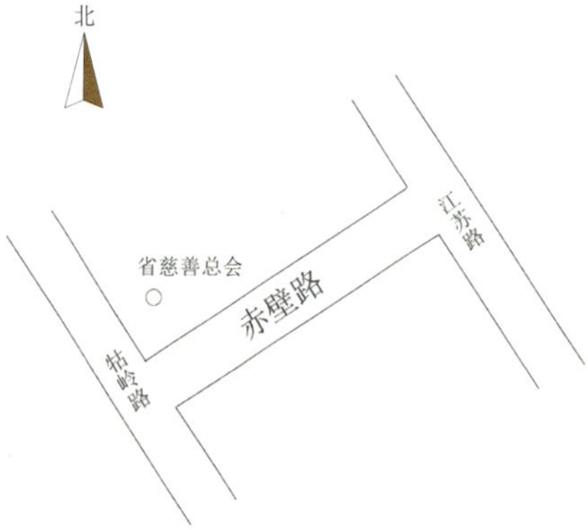

街巷链接

赤壁路上的公使馆

赤壁路5号是民国时期多米尼加共和国驻华公使馆。1946年，多米尼加政府与南京国民政府建交，任命古斯曼为首任驻华特命全权公使，并租用赤壁路5号为公使馆馆址。赤壁路5号建于1937年，为庭院式二层楼房，砖木混凝土结构。1948年10月，该楼租用给多米尼加公使馆，1949年6月，退租。2006年“赤壁路5号民国建筑”被评为南京市文物保护单位。

天竺路

位于北京西路以北，东起琅琊路，西至西康路，长281米，宽9米。始建于1931年（民国20年），以浙江省杭州西湖西天竺山命名。路两侧有多处民国建筑，天竺路3号、15号分别是加拿大、墨西哥驻民国大使馆旧址。

街巷链接

慈善将军的身后事

开国将军张玉华生前居住在天竺路11号，老将军自1986年离休后，20多年来投身慈善事业，用自己的收入先后向全国各地贫困群众、学校捐款40万元，捐赠大米两万斤。2012年，张玉华获得“中国好人”的殊荣，被人们尊称为“慈善将军”。老人在去世前留下遗言，不搞遗体告别，不设灵堂，不收礼款，不要献花圈，并要求把自己所有可用的器官都捐赠。将军辞世后，受其影响，所在社区慈善队伍不断壮大，慈善义举蔚然成风。

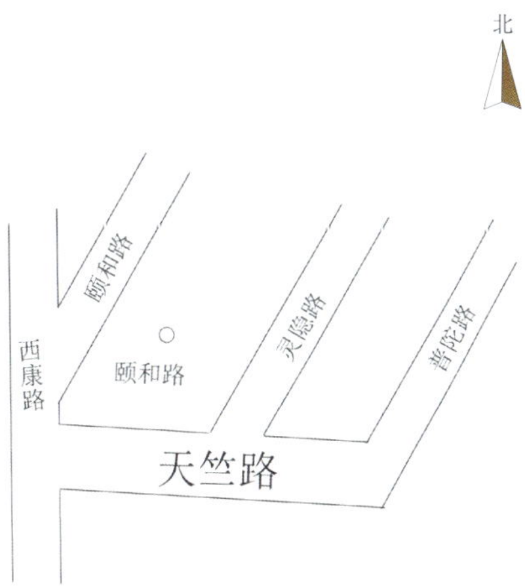

灵隐路

位于宁海路以西，东北起牯岭路，西南至天竺路，长280米，宽7米。始建于1931年（民国20年），以杭州灵隐山命名。沿路保存有大量名人故居，如宋希尚旧居、徐怀永旧居、张福堂旧居等。

街巷链接

向守志最得意的一仗

生前居住在灵隐路附近的向守志将军15岁参加红军，身经百战，立下了赫赫战功。老将军自言其在太行山打得最得意的一仗是八路军以3个主力团在响堂铺地段伏击日军运输线。向守志当时是机枪连连长，战前，他向全连指战员进行了战术安排，要求大家首先消灭汽车上掩护的敌人，其次打驾驶员，再打汽车的油箱和轮胎。战斗打响后，当日军汽车队驶入伏击区时，八路军突然出击。向守志用重机枪向日军车队猛扫，掩护兄弟部队指战员迅猛攻击。敌人被打得丢盔弃甲，汽车或相撞，或中弹起火。这次战斗共歼日军400余名，敌军汽车全被缴获。

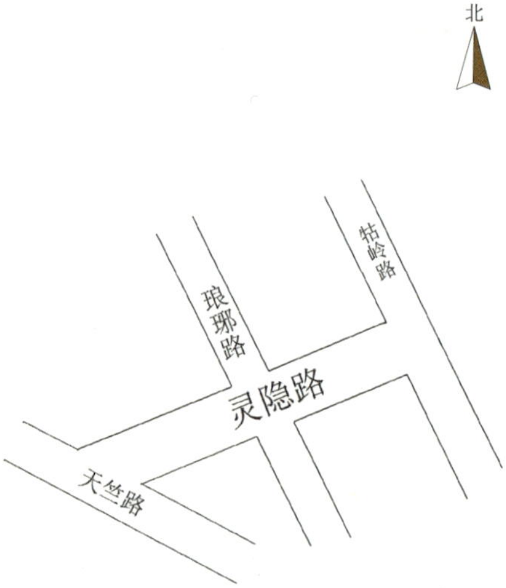

琅琊路

位于北京西路以北，东南起莫干路，西北至西康路，长586米，宽8米。始建于1931年（民国20年），以安徽省琅琊山命名，周边分布多所民国建筑。

街巷链接

琅琊路小学

琅琊路小学创建于1934年。1981年，被省教育厅授予首批江苏省实验小学称号。学校坚持以科研为先导，以培养学生学做"集体的小主人、学习的小主人、生活的小主人"为教育目标，实践愉快教育思想，培育自主创新的小主人，是全国愉快教育研究协作体学校之一。经过八十多年的努力，琅小的办学得到广泛赞誉和充分肯定，连续多届荣获"江苏省文明单位"称号。

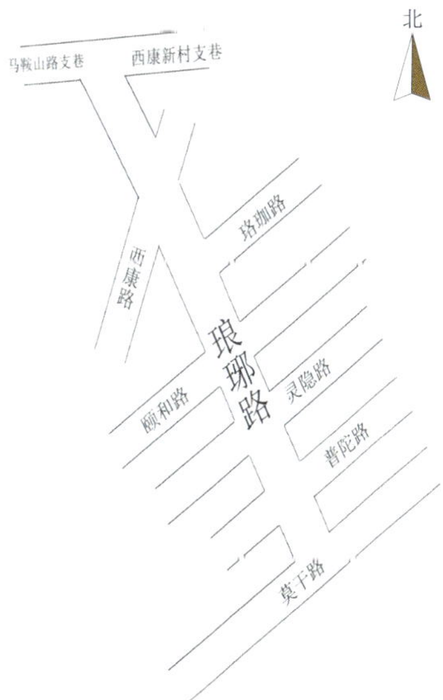

仙霞路

位于汉口西路以北，东起苏州路，西至西康路，长439米，宽5米。始建于1931年（民国20年），以浙江省仙霞岭命名，南京市实验幼儿园位于道路东侧。

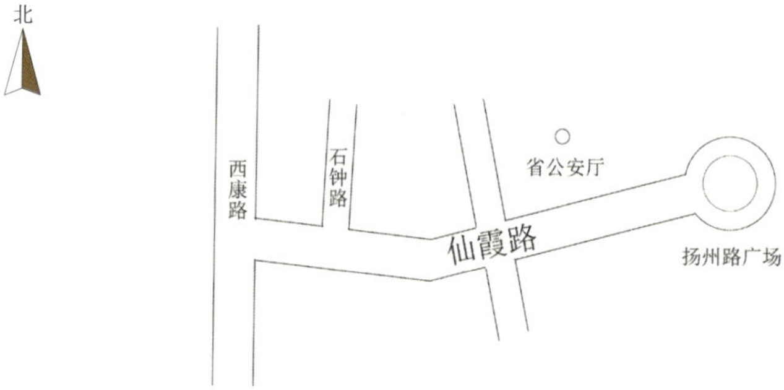

街巷链接

南京市实验幼儿园

南京市实验幼儿园创建于1955年，前身是陈鹤琴先生倡导创办的南京师范学院附属幼儿师范学校幼儿园，“文革”期间更名为南京市代代红幼儿园，1982年，被江苏省教委命名为南京市实验幼儿园。多年来“实幼”认真贯彻幼儿教育方针，坚持保育与教育相结合的原则，对幼儿实施全面发展的教育，并联合专业高校开展教育科研创新，取得了丰硕成果，是江苏省首批示范性实验幼儿园，曾为国家教委实施《幼儿园工作规程》试点园。

峨嵋岭

位于汉中路西段北侧，南起汉中路，北至百步坡，长679米，宽6米。清代有巷，传此处有小山岭，因岭上有峨眉道观得名峨嵋岭，巷以岭名。1948年（民国37年）拓修，俗称红土山，为五台山地区五座高地之一。

街巷链接

峨眉是佛还是道

现在提到峨眉，首先想到的是四大佛教名山，但其实峨眉山与道教也大有渊源。峨眉山最早是道教名山，自东汉年间，道教在四川境内鹤鸣山诞生以来，峨眉山一直是道教圣地，与鹤鸣山、青城山号称道教“蜀中三山”。两宋以后，峨眉山道教才逐步走向了衰落。东晋末年，相传普贤信仰已经在峨眉山一带传播，僧人在此建寺。从宋到明末的500年间，峨眉山佛寺高僧辈出，在佛盛道衰大环境的影响下，许多道侣弃黄冠而服缁衣，有的则离开峨眉另寻洞府，有的则弃道返俗，道家更显清冷。

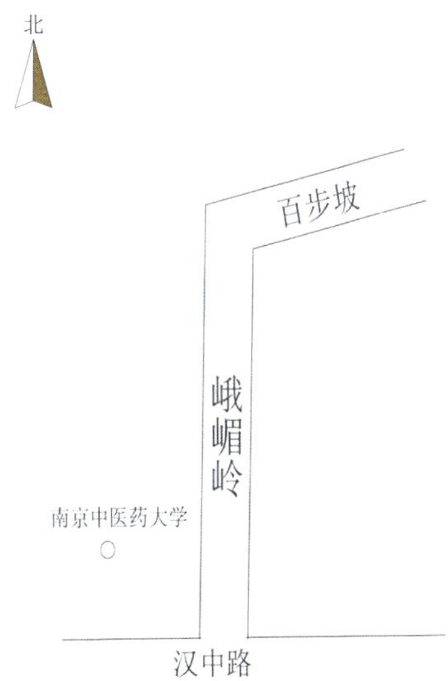

莫干路

位于宁海路以西，西南起北京西路，东北至宁海路广场，长235米，宽5米。始建于1931年(民国20年)，以浙江省莫干山命名。路两侧有多处民国建筑遗址。

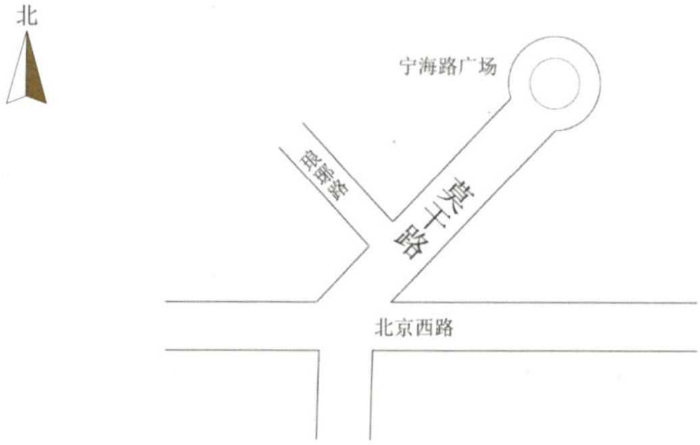

街巷链接

上甘岭的英雄营长

居住在莫干路的甄申将军12岁参军，历经抗日战争、解放战争、抗美援朝战争。在抗美援朝战争时期，他参加了著名的上甘岭战役，当时担任的是志愿军第12军31师93团3营营长。在1952年11月8日到11月18日这十天时间里，他带领全营战士共击退敌人64次进攻，歼灭敌军1500人。甄申将军曾在当时的日记中写道，“整个阵地经10多天的反复争夺后，好似用拖拉机耕翻了几遍”，战争的惨烈程度可见一斑。可就是在这样的环境下，甄申将军带领全营战士用顽强的战斗力铸成了敌军无法攻破的“堡垒”，打出了中华男儿的精气神！

玉泉路

位于西康路以东，南起扬州路，北至北京西路，长210米，宽5米。始建于1931年（民国20年），以浙江省杭州市西湖玉泉得名。玉泉路1号原是南京市第二十九中学本部，现已搬迁移交给琅琊路小学。

街巷链接

奥运冠军也是学霸

国家女排队长惠若琪是琅琊路小学和二十九中的校友。在两个学校学习期间，是惠若琪球艺与文化课学习成绩飞跃时期，除体育排球外，她的学习成绩、品德修养也为人称道，连续多年被评为“三好生”。她的文化课成绩，打破了世俗的偏见：不少人认为，搞体育的孩子文化成绩不好，然而她的学习成绩，绝不比她的同学逊色。江苏是教育大省，南京是教育名城，二十九中是省城数一数二的名校，但是她却获得过初三年级的学习冠军。因此，她入选国家女排时，学校老师既高兴又有几分惋惜。

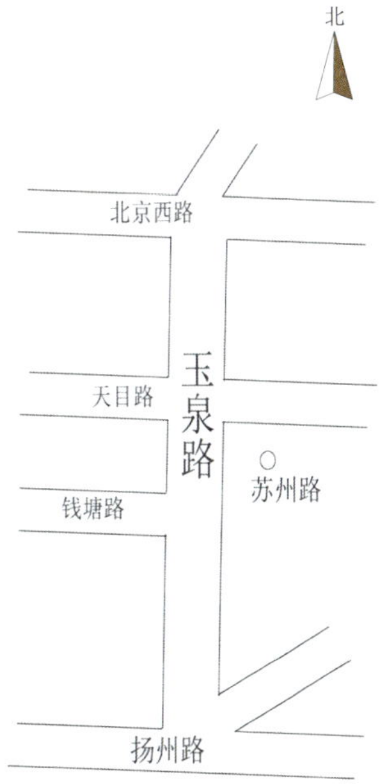

石钟路

位于西苑宾馆以南，南起仙霞路，北至扬州路，长144米，宽4米。始建于1936年（民国25年），以江西省湖口石钟山的“石钟”二字命名。

街巷链接

胡小石与金陵美食

石钟路15号曾是知名学者胡小石先生旧居。胡小石先生祖籍浙江嘉兴，出生于南京，长期在金陵大学、中央大学、南京大学任教，其诗文、书法、文学史造诣称绝一时，是一位有口皆碑的国学大家。胡先生不仅学术造诣深厚，还是一位美食家。他多次讲过：“平生有三好，一好读书，二好赋诗挥毫，三好东坡肉。”在上世纪40年代他自创了一道菜，人称“胡先生豆腐”，至今还载于《金陵菜谱》。南京多家知名餐馆如六华春中西餐馆、永和园酒楼的匾额都是胡先生所题。

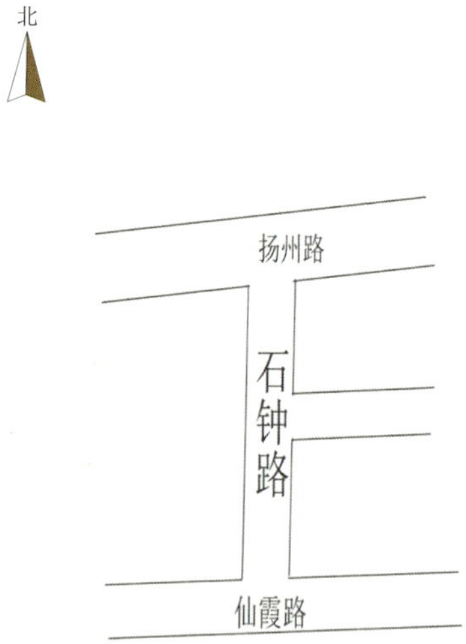

钱塘路

位于华东饭店以东，东起玉泉路，西至西康路，长250米，宽4米。始建于1931年（民国20年），以浙江省钱塘江“钱塘”二字命名。

街巷链接

环境优雅的华东饭店

在华东饭店行走常有一种于闹市和旷野之间穿梭的错觉。饭店外车水马龙，人来人往，走进饭店大门漫步其间，感觉却相当空旷，绿地、广场、亭台、假山、池塘应有尽有，甚至还有林荫大道，仿佛置身公园般惬意，一时会让人有点适应不过来。你可以先在标着“1951”字样的石凳上小憩，而后向前就会看到有名的AB大楼。大楼简洁明快的现代派风格会让人迷惑这是民国建筑吗……在这里，往往还没有就餐入住，就会让人开始留恋。

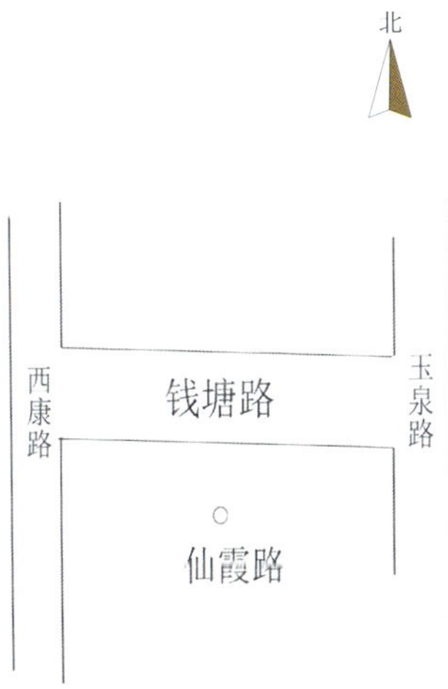

虎丘路

位于西康路以东，东南起仙霞路北侧，西北至石钟路，长190米，宽3米。路呈弧形，向西南一段无出口，路南是南京师范大学。1936年（民国25年），以苏州市虎丘山的“虎丘”二字命名。

街巷链接

吴贻芳的严与慈

吴贻芳先生曾担任南京师范大学前身金陵女大校长20多年，任期内定下严格校规：不收已婚学生，在校生结婚就得自动离校。一次，学校的一名女生和一名爱国军人偷偷结婚，被学校知道后，吴贻芳带着她最喜爱的一枚胸针到学生家，一方面向他们表示新婚的祝贺，一方面则委婉地告诉她不要到学校来了。后来这名女学生的丈夫在南京保卫战中牺牲了，她向吴校长表达了重回金陵女大的愿望，吴贻芳接受了她的请求，破例让她继续学习，她的子女也由学校共同抚养。还有一个例外，1925年，《孽海花》的作者曾朴的妹妹曾季肃写信给吴校长，希望来金陵女大学习。当时曾季肃已35岁了，育有两个孩子，为摆脱封建婚姻束缚，她有此想法。吴贻芳被她的执着感动，也破例录取了她。

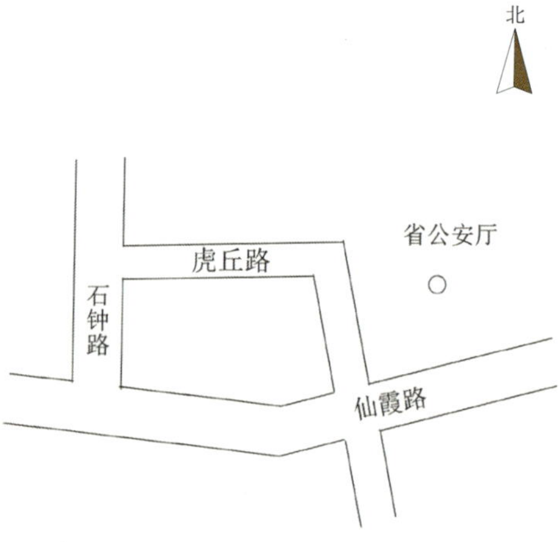

匡庐路

位于南京师范大学以北，南起汉口西路，西北至苏州路广场，长290米，宽5米。始建于1931年（民国20年），以庐山的别称“匡庐”二字命名。

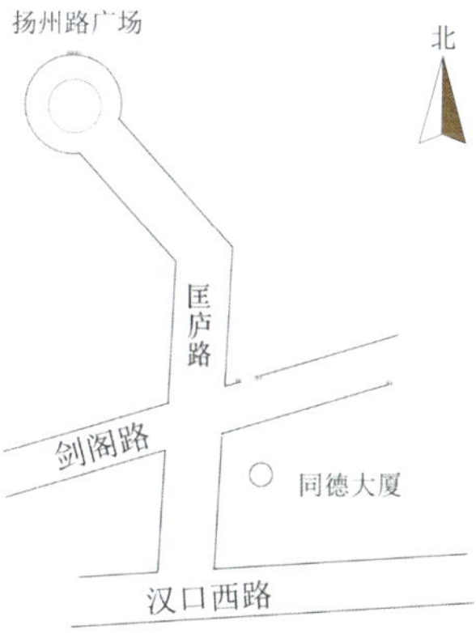

街巷链接

大屠杀阴影下的生命方舟——南京安全区

南京师范大学被誉为中国最美的大学，然而在84年前，这里却是南京人生命的庇护所。1937年年底，日寇攻陷南京，大肆屠杀平民百姓。当时留驻南京的外国人建立了一个“南京安全区”，给来不及撤退的中国难民提供庇护，南师大随园校区就是其中一个收容所。但日军占领南京后，并未遵守约定，多次强行闯入安全区，劫掠财物、奸淫妇女、大肆抓捕青壮年并予杀害。安全区的国际委员会就此多次提出抗议，要求按国际惯例对安全区予以保护。国际委员会及国际红十字会南京委员会的成员冒着生命危险，在日军对南京城长达数月的屠杀中保护了数十万中国难民的生命。

燕山路

位于江东中路以西，北起汉中门大街，跨奥体中心，南至金沙江西街，长6150米，宽20米。2004年以北京市燕山命名。

街巷链接

国际一流的广播电台

位于燕山路北首有两座非常显眼的发射塔，这就是南京国民政府中央广播电台发射台旧址。该台建于1928年，当时为扩大电波覆盖面，陈果夫牵头向德国订购了全套无线电广播设备、七十五千瓦功率的中波机、两座高一百二十五米的发射塔。它是中华民族历史上首次建立的现代通讯工具，其规模和功率当时被称为“东亚第一、世界第三”。新中国成立后改为江苏人民广播电台的发射基地，2018年入选“中国工业遗产保护名录”。

康藏路

位于古平岗立交以东，东起水佐岗，西至模范中路，长206米，宽5米。以康藏高原的"康藏"二字命名。始建于1957年，路西侧是我国城轨车门龙头企业康尼机电公司。

街巷链接

从制造走向"智造"

康尼机电公司从成立之初一个只有4间宿舍6名员工的民营企业，跃升为行业内的领导者，靠的就是创新——从仰人鼻息到自主创新，从"借船出海"到"自主远航"，从校企"联姻"到多元协同。凭借创新，康尼设计了国内首套完全自主的铁路客车塞拉门系统、城轨车门系统和高铁车门系统，实现了轨道车门完全国产化，被誉为"中国轨道交通第一门"；凭借创新，康尼研发了世界第一套高原列车门系统和外挂密闭门系统，产品销往北美、欧洲、南美等地，车门市场占有率高居全球前三。

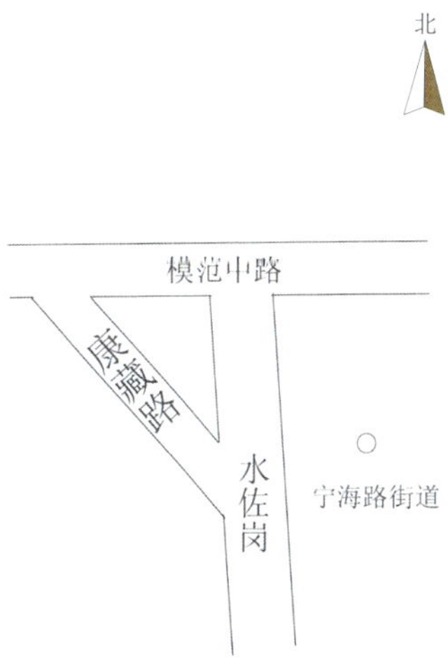

漓江路

位于江东北路以西，南起湘江路，北至定淮门大街，长1700米，宽20米。2000年，因地近长江边，取“江”字系列，以广西壮族自治区漓江命名，道路两侧有鼓教新村、宁工新寓、中保绿苑、海德卫城等居民区。

街巷链接

投身于公益事业的志愿者家庭

在鼓教新村有一对公益夫妻达人：马连平和孔蓉香。2010年，青海省玉树发生7级地震，马连平当即前往玉树救灾，并在救灾结束后留在玉树支教。他的初中同学孔蓉香受其感召也辞职奔赴玉树支教。支教的两年时间里，两颗年轻的心越走越近。2013年，两人结婚，同年，马连平注册成立南京市爱心传递社会工作服务中心，运作了10余个公益项目，为困难家庭少年儿童提供帮扶。2016年，马连平、孔蓉香家庭当选为全国“最美家庭”。

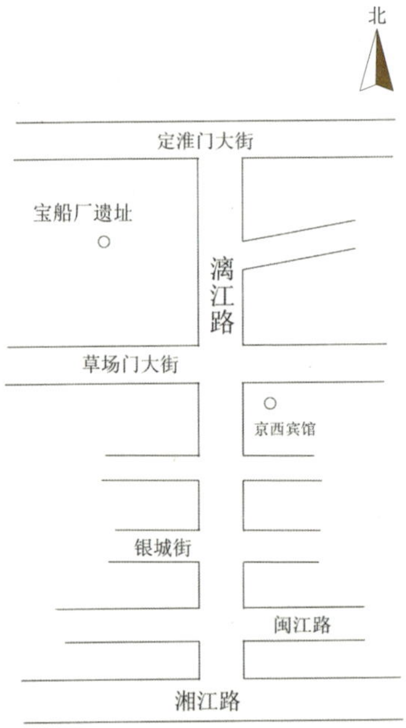

浦江路

位于江东北路以西，南起汉中门大街，向北穿东宝路至清凉门大街，长800米，宽20米。2003年，因地近长江边，取“江”字系列，以上海黄浦江的简称命名。南京信息技术研究院位于道路西侧。

街巷链接

成果斐然的尖端科研机构

南京信息技术研究院是国家部委直属的尖端科研机构，专业方向涉及计算机、电子、通信等多个领域。建院30多年来，研究院锐意改革、开拓创新，引领行业技术发展方向和需求，现已具备相当的科技实力，不仅在国内处于领先，国际上也有一定的影响力。建院以来，研究院紧紧围绕业务需求，先后完成重大科研项目500余项。其中，13个项目获国家科技进步奖二等奖，4个项目获国家科技进步奖三等奖，200余个项目获部（省）级科技进步奖。

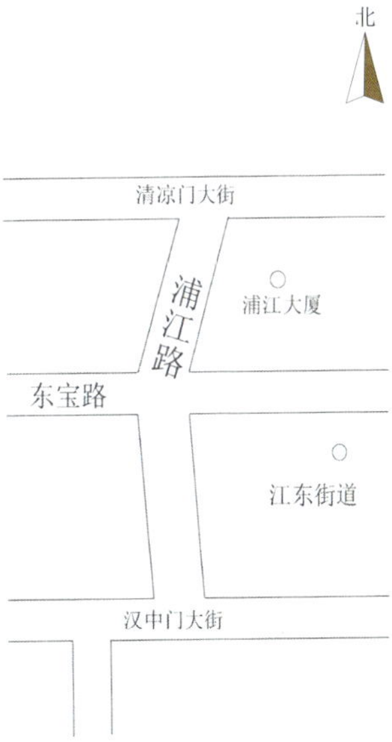

沅江路

位于扬子江大道以东，南起清凉门大街，北至草场门大街，长1200米，宽10米。2000年，因地近长江边，取“江”字系列，以湖南省沅江命名，周边分布多个居民小区。

街巷链接

生态节能的居民区——聚福园小区

沅江路两侧的居民小区，若论品牌意识和节能环保搞得最早的应该是聚福园小区。该小区1999年开工建设，通过技术整合在生态节能、智能便捷、绿色环保等方面连续拿了四个国家品牌：国家建筑节能试点示范工程、国家智能化技术示范工程、国家康居示范工程、国家绿色建筑创新奖，这使得开发商银城地产声名鹊起。

闽江路

位于银城街以南，东起江东北路，西抵扬子江大道，长940米，宽24米。2000年因地近长江边，取“江”字系列，以福建省闽江命名。银城小学位于闽江路28号。

街巷链接

“超级小学”的万人运动会

2019年，银城小学师生、家长近万人在奥体中心上演了一场超燃的运动会，以创意策划的“爱国”主题方阵出场秀和奋勇拼搏的运动姿态为新中国70周年华诞献礼。学校希望通过举办运动会，培养学生的爱国情感和奋斗精神，鼓励小学生锻炼身体，强健体魄，养成终身运动的习惯。银城小学创建于2001年，初期只有300多个学生，目前已发展为拥有5000多名学生的“超级小学”。

湘江路

位于清凉门大街以南，东起江东北路，西抵扬子江大道，长1000米，宽15米。2000年因地近长江，取“江”字系列以湖南省湘江命名。

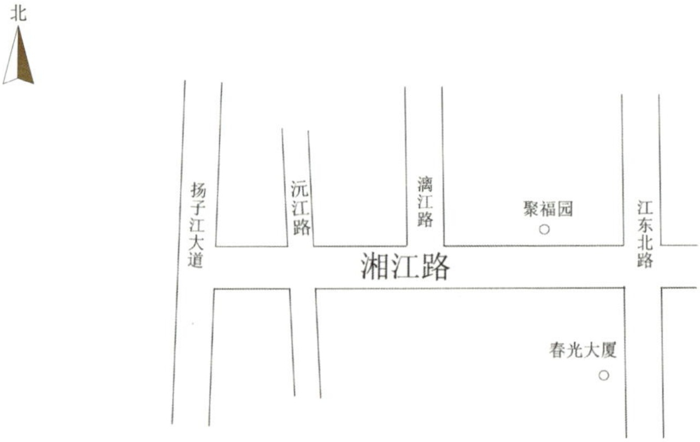

街巷链接

一起来保护我们的“微笑天使”

从湘江路往西的江面属于南京长江江豚保护区范围。江豚是生存在长江里的哺乳动物，属于国家一级保护动物，有“水中大熊猫”“活化石”之称，也因憨态可掬被誉为“微笑天使”。据2018年农业农村部发布：长江江豚仅剩约1012头。长江南京段稳定地生活着一个江豚种群，数量大约50头。南京长江江豚保护区成立于2014年，自长江大桥至长江新济洲与安徽交界水域，总面积86.92平方公里。2018年，保护区被列入国家级生态保护红线区域范围。

湛江路

位于清凉门大街中段北侧，北起龙园南路，南至汉中门大街，长1420米，宽20米。2000年，因地近长江边，取"江"字系列，以广东省湛江命名，凤凰花园城小学位于道路东侧。

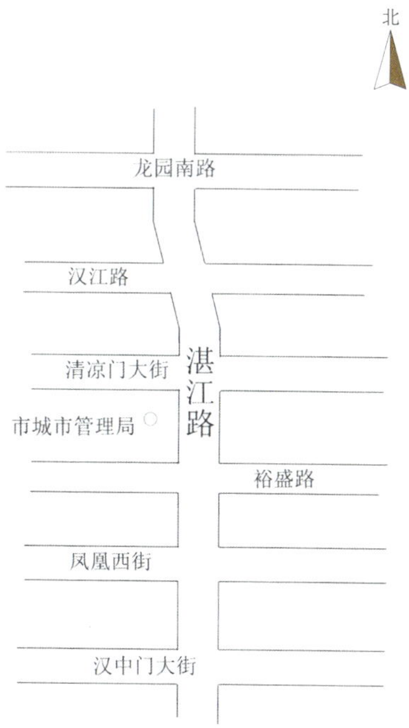

街巷链接

凤凰花园城小学

作为力学小学第一所分校，凤凰花园城小学创办于1999年。学校传承"力学"传统，确立了"绿色教育"办学理念，全力塑造"绿色教育"品牌，成为全国知名的绿色学校。学校的绿色课堂关注学生的主体地位，注重学生思维的发展，注重学习与生活的结合，注重学生个体的差异。一大批心洁慧明的阳光少年从这里走向南外、树人等高一级学校。

嫩江路

位于金信花园东，北起凤凰东街，南至汉中门大街，长1370米，宽20米。2000年，因地近长江边，取“江”字系列，以黑龙江省嫩江命名。

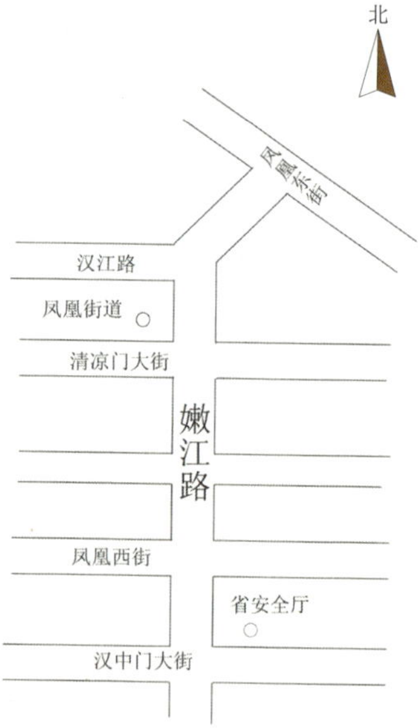

街巷链接

全市最大的职校

位于嫩江路北段的南京商业学校创建于1956年，师生员工7000多人，是南京市规模最大的职业学校。学校在全国率先开创职教、社教一体化办学先河，是全国创新管理品牌学校、新世纪中国教育事业10年十佳教育创新学校、江苏省四星级职业学校、江苏省高水平示范性职业学校。多年来，学校培养了一万多名高素质技能型专门人才，毕业生就业率均达99%以上，学生家长及用人单位的满意度和美誉度持续上升。

汉江路

位于清凉门大街以北，西起江东北路，东抵嫩江路，长850米，宽24米。2000年，因地近长江边，取“江”字系列，以湖北省汉江命名。

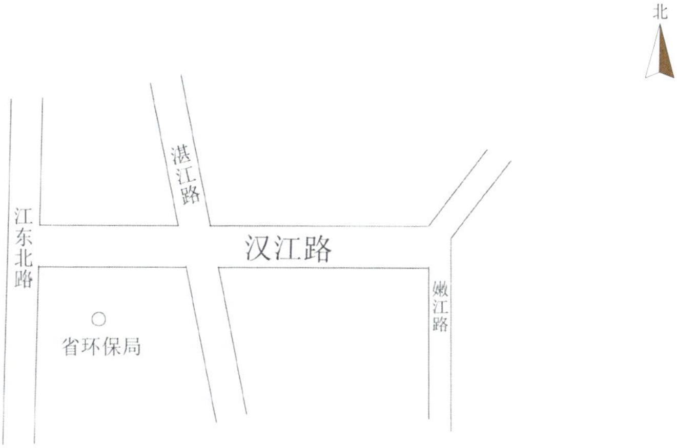

街巷链接

将“若水教育”做到极致

汉江路小学成立于2006年，作为琅琊路小学的分校，它秉承琅小愉快教育的思想，做若水教育，办向善学校，形成了鲜明的办学风格。学校以“水文化”为主线，以“上善若水”为基石，走进汉江园，若水教育的主旨融入到校园的每一寸土壤，使校园的山、水、园、林、路以及建筑、景观等成为校园水文化的有效载体，让“水文化”无处不在流淌，让“小水滴”快乐成长。学校被联合国教科文组织和教育部授予“中国水学校”项目实验学校，获得了江苏省平安校园、江苏省书香校园、南京市特色文化建设项目学校等荣誉称号。

润江路

位于燕山路以西，南起集庆门大街，北至集贤路，长290米，宽16米。睿城社区综合服务中心位于该路南端。

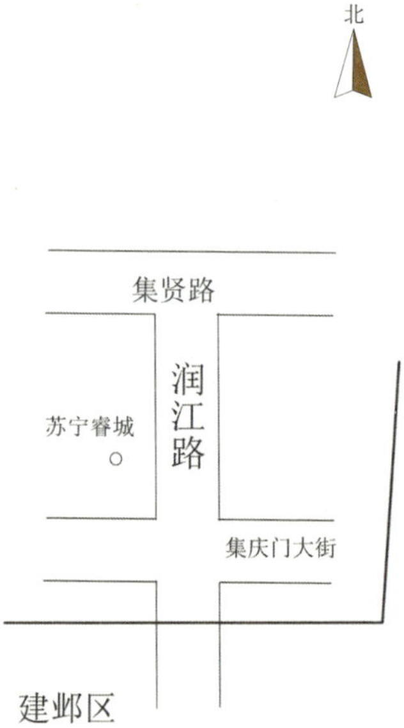

街巷链接

睿城社区综合服务中心

2015年启用的睿城社区综合服务中心，面积6000平方米，是当时全市最大的综合服务中心。在这里，几十项服务由20多个专业社会组织来提供。这20多个社会组织的日常运营管理，由一家社会组织通过竞标后进行总负责，社区被真正解放出来专心做群众工作，实现了“民管民，社管社”。政府由此前的“划桨人”变成了“掌舵人”。在这里从牙牙学语的孩童到满头银发的老者，每个人都可以寻找到属于自己温馨、惬意的空间。

颐和路

位于北京西路以北，东北连接江苏路，西南至西康路，长600米，宽10米。始建于1931年（民国20年），以北京颐和园命名，地处公馆区中心地带，有诸多民国名人旧居在道路两侧。

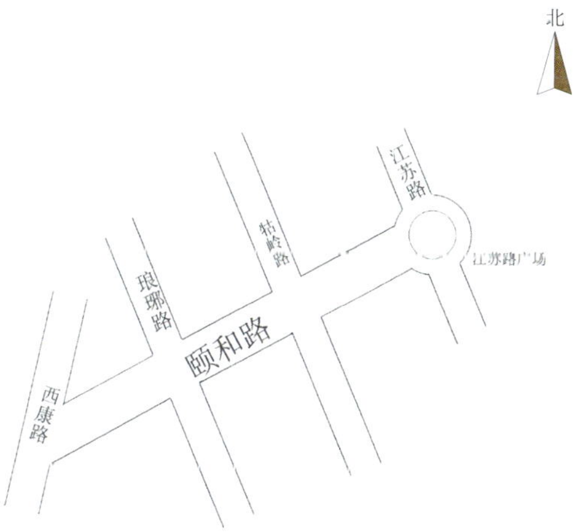

街巷链接

一条颐和路，半部民国史

颐和路民国公馆区始建于上世纪20、30年代，在民国《首都计划》中作为高档住宅区规划建设，国民党高官名流的住宅、外国的公使馆云集于此。在这片37.8万平方米的区域内，至今保存较为完好的民国建筑有225幢，分布在以颐和路为中轴线大小不等的12个片区内。这些洋房千姿百态，走过颐和路一带宛如走进了万国建筑博物馆。这里绿树成荫、环境优雅，公馆区内街巷纵横交叉，整体规划布局合理，徜徉在这些中西合璧的百年老建筑之间，仿佛又回到那段新旧交替、绮梦幽幽的岁月。

兴安路

位于南京西站西北，南起龙江路，北至铁路第四小学，长240米，宽13米。1948年（民国37年）拓修后，以黑龙江省兴安岭的“兴安”二字命名。清《同治上江两县志》称邓府巷。兴安路由于与南京西站相临近，路边建有铁路公寓。

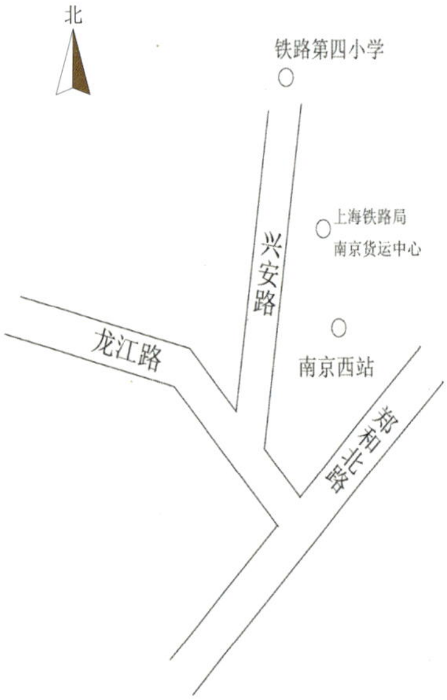

街巷链接

南京西站今昔

南京西站原名下关火车站，始建于1905年，由英国人投资建设，时称沪宁铁路南京车站。1927年，车站改称南京下关车站。1930年、1947年和1950年，车站先后进行了重建、扩建和修复。1968年，车站更名为南京西站。南京西站俯瞰呈“U”字形，南北两翼为2层，西面主要入口设计成五孔13米高的大拱门作为入口通至大厅。大厅南侧设置行包房、售票处，还有检票口及辅助出入口各1个；北侧为贵宾、邮件用房以及出入口，各种流线布置合理互不干扰，内部有六座港湾式月台。1912年1月1日，孙中山由上海到南京就任中华民国临时大总统，便是经过此车站进入南京城。2018年，南京西站搬迁工程正式启动。

04

寺庙、道观命名

慈悲社

位于新街口西北，南起汉中路，北至华侨路，长440米，宽6米。清代此巷附近有慈悲庵结成慈悲社，后成街巷，巷以社名。“文革”时曾名春风巷，后恢复原名。

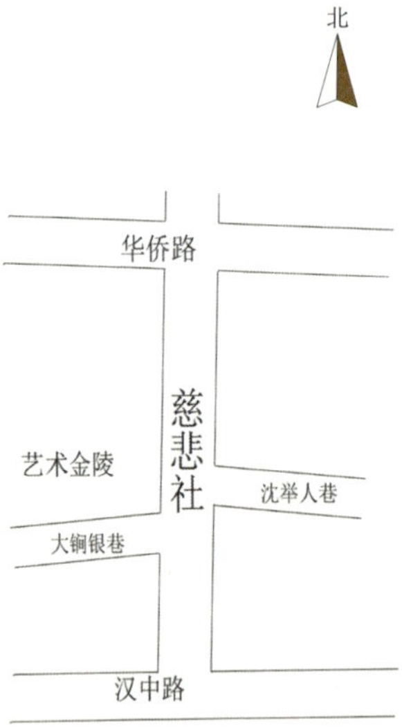

街巷链接

慈悲社历史与周边名人

慈悲社是南京一个慈善组织，类似于道德会，主要以慈善、救助、布施、印经等为主。传该处慈悲庵因面积较大，故周围慈悲庵就以它为中心名慈悲社。民国时期，慈悲社附近聚居了多位党政官员，现仍保存有大量民国建筑，如慈悲社12号的刘政芸旧居，慈悲社16号的张治中旧居、夏光宇（平汉铁路局局长）旧居，慈悲社20号的周伟旧居、张邦翰旧居，慈悲社28号的杨继曾旧居等。

紫竹林路

位于南瑞路以东，南起新模范马路，北至南昌路，主路长370米，宽10米。因明代所建紫竹林寺得名。紫竹林街巷还有三条支巷，一条东起长江新村，西至蔡家巷；另一条南起长江新村，北至黑龙江路；第三条南起蔡家巷，北至黑龙江路。

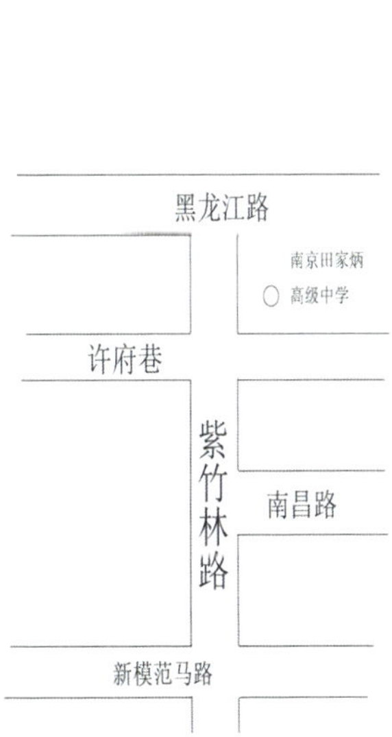

街巷链接

高僧静修之所

曾位于紫竹林3号的紫竹林禅寺始建于东晋时期，原名耆阇寺。据《南朝佛寺志》记载，东晋时建耆阇寺，又名祇洹寺。到梁代时耆阇寺已成为南朝的著名寺庙，占地广阔，僧侣众多，殿宇依山建造，高屋飞檐，富丽堂皇。明代末年，在古耆阇寺的基础上，兴建了紫竹林禅寺。1644年（明崇祯十七年），名僧颛愚禅师经湖南、江西来到南京，先在清凉寺说法，后因喜爱城北耆阇寺旧址处之静僻，在众多乡绅的资助下，购买刘氏竹园，开始建造房屋。因寺外古木蓊郁，紫竹环绕，故自题“紫竹林”。太平天国时期，紫竹林禅寺遭受严重破坏。现存有明清塔林1处。

洪庙巷

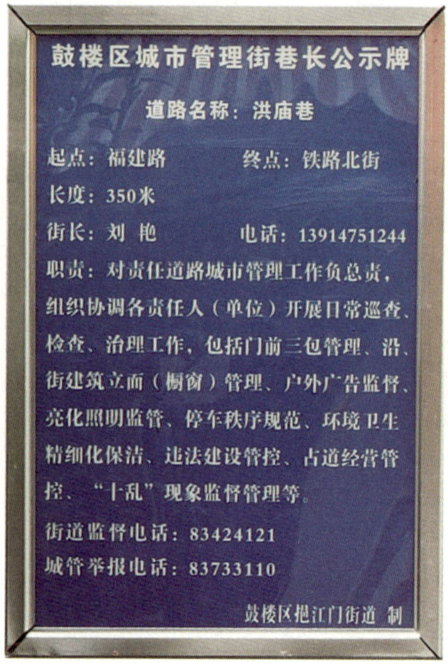

位于南京财经大学以南，西起铁路北街，向东再折向南至福建路，长450米，宽4米。清代此处有庙，庙名红庙，庙边成巷，巷以庙名，后流传成洪庙巷。“文革”期间改名为红军巷，后恢复原名。

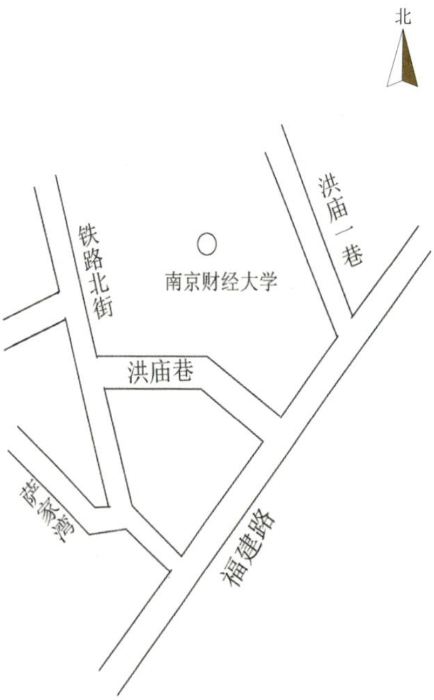

街巷链接

曾经的南京物资学校

位于洪庙巷10号的南京物资学校，原为国家物资管理部直属中等专业学校，建于1964年12月16日。1965年9月，首次招生，首任校长是老红军张一民。“文革”期间停办，1978年，经省政府批示复校，由江苏省物资局主管。南京物资学校是全国物资系统最早创建的、在全国物资内贸行业中有较大影响和声誉的中专学校之一。1999年，该校并入南京经济学院（今南京财经大学），完成了自己在特殊历史时期的光荣使命。

洪庙一巷

位于金川河沿岸，南起福建路，北至护城河南路，长300米，宽4米。原为一无名支巷，1953年因近洪庙巷，以“洪庙”二字和序号第一的“一”字组合得巷名。

街巷链接

康园手工坊

在洪庙一巷河对面的钟阜路社区康园手工坊内，社区老人和残疾人在专业老师的指导下手工编织着各种造型的串珠作品，有憨态可掬的福娃，有漂亮的果盘、纸巾盒、花瓶，有寓意平安吉祥的平安果，还有活泼可爱、形态各异的小老鼠。作品工艺精湛，串珠饰品以其时尚新颖、立体感强、色彩丰富、实用美观、玲珑剔透，受到市民的青睐。在手工坊的辛勤劳作，帮助这些困难群体燃起了追求幸福生活的信心，增添了追求梦想的力量。

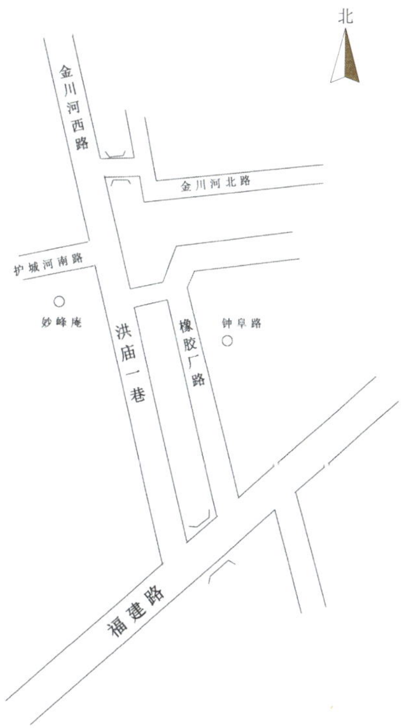

龙池庵

位于盐仓桥广场以西，东起南祖师庵，西至戴家巷，长150米，宽7米。因此地清代有龙池庵而得名。该路曾用名龙池巷，原来呈十字形，南北向南起久安里，北至中山北路，2003年并入戴家巷，现仅存东西向。

街巷链接

工程难度超大的地铁5号线

龙池庵紧邻地铁5号线盐仓桥站，周边多是地铁工地围挡，为此还拆了一幢7层楼房。5号线北起方家营站，南至吉印大道站，是南京市城市轨道交通线网中东南至西北方向的一条极为重要的城区干线。线路穿越江宁东山副城、南部新城、夫子庙地区中心、五台山体育中心、北京西路行政中心、山西路-湖南路商业街和滨江商务区。线路全长37.4千米，共设30座车站，其中14座为换乘站，建成后将成为南京地铁线路中换乘站最多的一条。沿线涉及20余处文物保护单位，通过自然保护区、森林公园、湿地保护区、生态公益林等环境敏感保护目标，施工难度非常大。

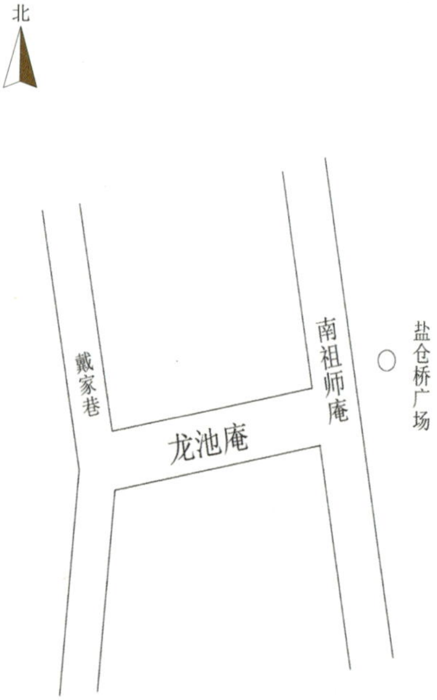

南祖师庵

位于挹江门附近，南起虎踞北路，北至中山北路，长570米，宽6米。明代《南京城图》即载有祖师庵名。清代附近成街，以庵为方位，此街因在庵之南，且与另一街北祖师庵相对得名。“文革”期间更名群英南街，后恢复原名。

街巷链接

追忆“济南第一团”老团长张慕韩

位于南祖师庵附近的挹江门空军干休所内曾居住着多位功勋卓著的开国功臣，其中就有“济南第一团”老团长张慕韩。张慕韩，山东省龙口人，1938年参加革命，1948年，担任华东野战军9纵73团团长。济南战役期间，张慕韩组织指挥73团率先突破济南内城，为战役胜利做出了重大贡献，中央军委特授予该团“济南第一团”的荣誉称号。新中国成立后，张慕韩先后担任南京军区空军后勤部副部长兼参谋长、顾问等职，1996年病逝。

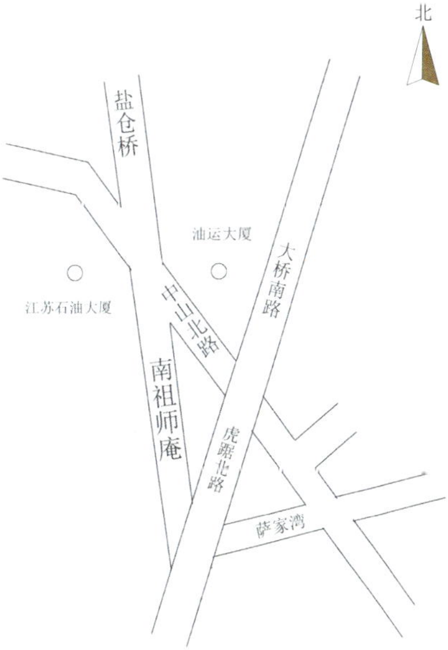

北祖师庵

位于挹江门内，南起盐仓桥，北至建宁路，长300米，宽6米。因此处原有一“祖师庵”而得名。明代为龙江口迎宾路之一段，清初为仪凤门大街之一段。“文革”期间北祖师庵曾改名为“群英北街”，1971年，复用原名至今。北祖师庵49号是第二次国内革命战争时期，中共南京市委书记孙津川秘密工作场所。

街巷链接

祖师庵的兴废

史料记载，祖师庵建于1867年（清同治六年），遗址在驴子巷附近，周边原是饲养骡、马、驴者，从事运输者，开车马店、旅店者，钉马掌匠及贩卖牲畜者的聚集场所。庵内初供太上老君，因传说其能收服青牛，有仆牛服马之能，因此奉为祖师。后又供周文王，传说周文王渭水访贤时，曾给姜尚（即姜子牙）拉过车，故后世手推独轮车、板车运输者奉周文王为祖师。此庵毁于上世纪50年代，现仅留地名。

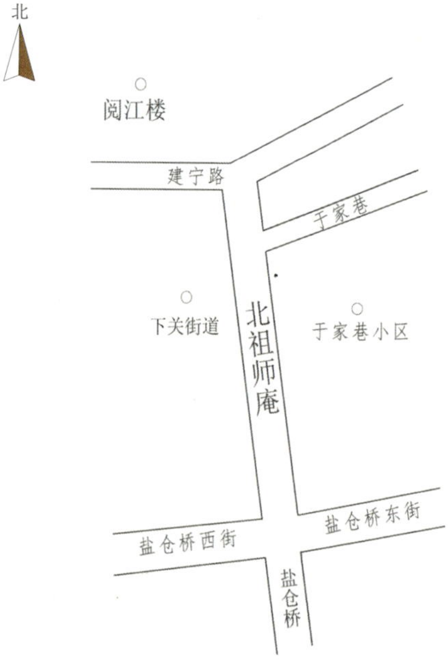

东妙峰庵

位于盐仓桥广场东侧，东起铁路北街，西至大桥南路，长320米，宽3米。此处原有妙峰庵，街道因庵得名。1935年（民国24年）民国《首都志》已见记载。1950年《南京第五区街道详图》已分成东、西两妙峰庵，此路位处东北，即东妙峰庵。“文革”期间曾名东妙峰巷，后恢复原名。

街巷链接

独居老人的“好女儿”

尚晓云是东妙峰庵所属的妙峰庵社区家政服务员，从2005年开始专门照顾独居孤寡老人。同行中很多人做了一段时间觉得太辛苦，待遇也不高，纷纷不做了，可是尚晓云却用她自己的一份信念坚持了下来。工作中，尚晓云除了平日里为3名独居老人服务之外，还是30多名家政服务员的指导员，负责探访、关心60多名独居老人。尚晓云把老人们当作自己的父母一样对待，老人们也把她视为家人，称呼她为自己的女儿，几天没见，就要打打电话和尚晓云聊天。

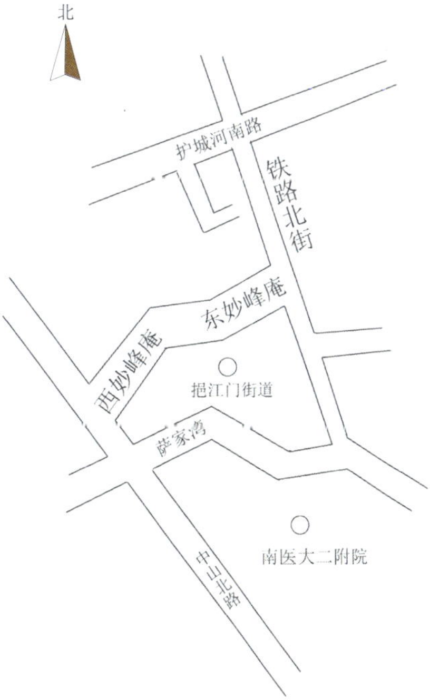

西妙峰庵

位于南医大二附院（东院）西北，该巷由东西、南北两条组成：一条东起东妙峰庵，西至中山北路，一条南起中山北路，北至东妙峰庵，长440米，宽5米。因地处妙峰庵之西得名，“文革”期间曾名西妙峰巷，后恢复原名。

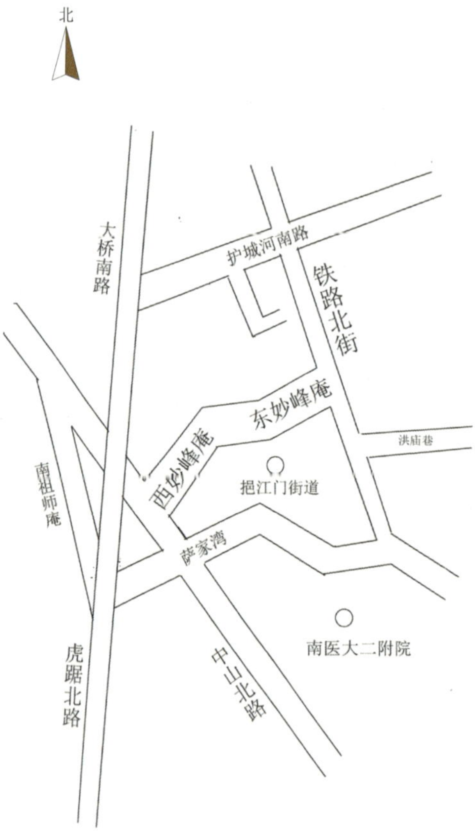

街巷链接

身残志坚的励志代表

居住在西妙峰庵附近的纪寻是一位患有先天性腓骨肌萎缩症的残障人士，疾病使她行动迟缓、四肢变形、呼吸障碍。坐在轮椅上的她通过坚持和努力，以高分考入南京林业大学，后又赴美国和法国留学，获得加州大学洛杉矶分校和巴黎政治学院的双硕士学位。在国外期间，纪寻自助旅行过近30个国家。在实现经济独立的同时，她申请的创业项目获得了20万欧元的种子创业基金，回国推广拓展无障碍旅游。

张王庙路

位于广东山庄西侧，东起中央北路，西至机械工业供销公司，长400米，宽10米。因清代有张王庙而得名。该庙供奉玉皇大帝，因玉皇大帝俗名姓张，故名张王庙。周边居住人数增多后，形成的村落也称张王庙。1962年改为张王村，后复名。

街巷链接

抗战粤军将士长眠之地

位于张王庙40号的广东山庄是安葬军界、商界广东籍人士的墓地，孙中山先生北伐时期的贴身卫队长冯俊亦葬于此处。树木葱茏的墓园深处，矗立着一块石碑，上书“抗日粤军烈士墓”7个鎏金大字，碑下埋有74具迁葬的烈士遗骨。“八一三”淞沪抗战时，粤军将士浴血奋战，伤亡甚为惨烈，伤者多留医南京城内八府塘后方医院。日寇攻陷南京后，留医伤者均遭屠杀，其后由广东同乡会葬于山庄内。

归云堂巷

位于盐仓桥广场西南，南起丁山脚下华严岗，北至戴家巷，长820米，宽6米。原有一庙名归云堂，巷以庙名，清代该巷名四望山。2003年，原戴家巷东西向折向南一段、久安里与其合并。

街巷链接

曾水源墓

曾水源（约1830-1855），广西武宣人，太平天国元勋，早年当过塾师，后加入拜上帝会。曾参加金田起义，历任东殿左丞相、天官右丞相、天官正丞相，1855年，被东王杨秀清误杀，昭雪后为其建墓葬此。墓于1953年发现，系黄土堆积而成。曾水源墓是全国迄今为止已发现的唯一一座太平天国高级将领墓葬，发现后曾多次维修保护。现墓用城砖砌成，直径4.2米、高约1.5米。前立青石墓碑，1954年，用汉白玉加做碑框，碑身四周刻回纹边饰，正面行书4行："广西浔州郡武宣县人，天朝元勋曾水源之墓，男启彬，太平天国已未九年（1855）六月吉日重修。"1975年，加修墓道，用古城砖砌筑台阶。1957年，列为江苏省文物保护单位。

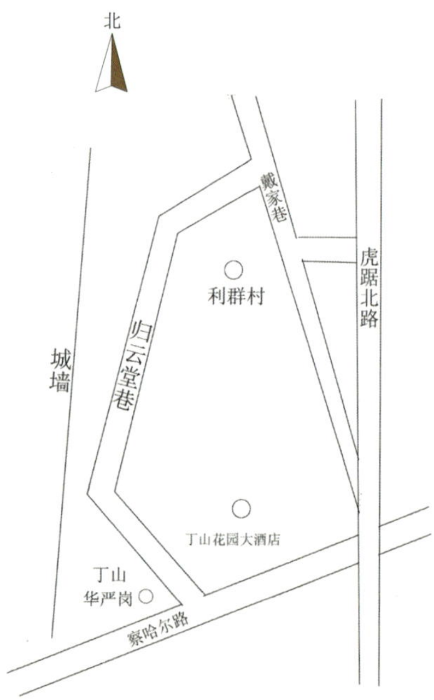

永济大道

位于长江岸线，沿观音风景区呈东北—西南走向，东起燕子矶公园，西至上元门站，连接燕江路，长5600米，宽18米。因此地原有永济寺而得名。

街巷链接

乾隆御赐“永济江流”

位于燕子矶的永济寺，原址在和燕路与永济大道交汇处，初名宏济寺，始建于明朝正统中叶。该寺本身的建筑虽不壮观，但面临大江，缘崖结构，形势壮伟，外缘建栅，香客们可以在此饱览壮丽的江景。乾隆皇帝以寺庙临崖眺望长江，定名“永济江流”，为“金陵四十八景”之一。太平天国时期毁于战火，清末曾加以修葺，“文革”期间被拆除。

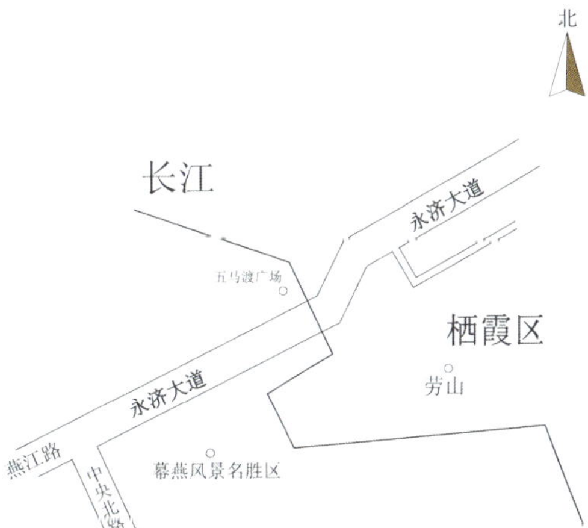

白云亭路

位于察哈尔路以北，东起姜家园路，向西穿热河南路至郑和中路，长640米，宽20米。因近白云亭农贸市场而得名。此处原有一庵堂“白云庵”，清末，渔民菜农来往码头集市常在此处歇脚，庵堂出家人为方便行人，化缘在此开挖水井修建街亭，名“白云亭”。另有一说，一大船主在此地火神庙敬香许愿，后如愿得子，遂重修火神庙，并在对面建六角亭，因其船名“白云”，故名“白云亭”。上世纪六十年代初白云亭被拆除。

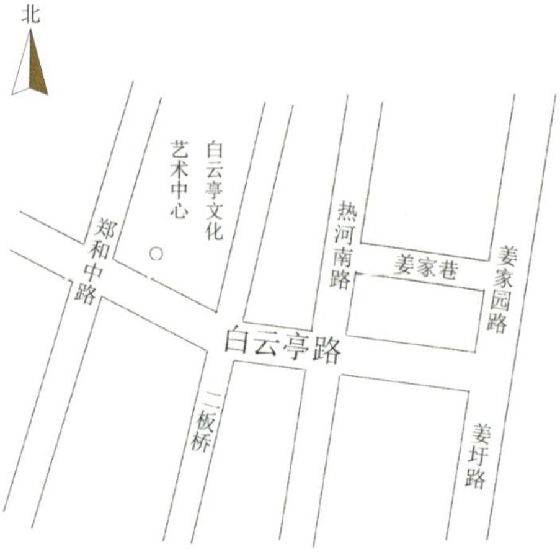

街巷链接

从填饱肚子到充实脑袋

1989年，白云亭农贸市场作为南京市菜蓝子工程扩建并投入使用，后发展为国家级农副产品中心批发市场。2013年，改建为白云亭文化艺术中心，是当时省内最大的区级公共文化惠民设施，也是新鼓楼区成立之后首个完成开放的重点工程。2014年，投入使用。如今已成为全省城区中功能齐全、设施一流的公共文化服务平台，承担着鼓楼区重要的综合性文化服务功能。同样的位置，同样的建筑在不同时期满足了人民群众对于美好生活的不同需求——从追求物质享受上升到对于精神文明和文化知识的求索，反映出我们国家经济社会发展的不断进步。

05

城门、城池命名

汉中路

位于新街口以西，西起汉中门大桥，东至新街口广场，长2800米，宽47米。一说以陕西省汉中盆地的“汉中”二字命名。另一说此路在城区中部，且西至汉西门附近，故取“汉”“中”二字命路名。始建于1931年（民国20年），由双石鼓、螺丝转弯、铜银巷等路段扩建而成，并辟汉中门，翌年完工，后又经过多次整修。“文革”期间曾改为大寨路，1975年恢复原名。

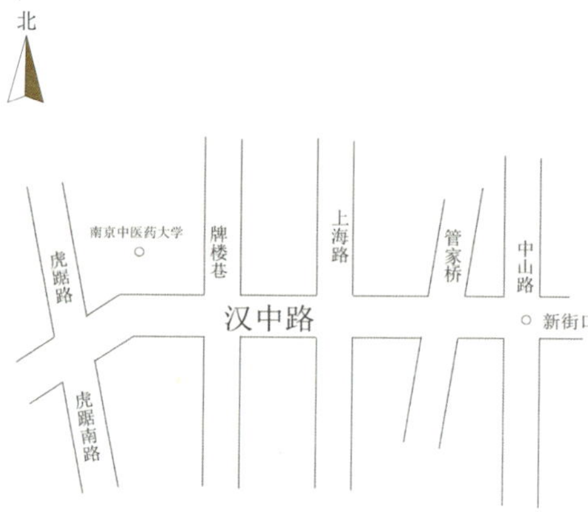

街巷链接

汉中门和汉西门

在汉中门广场有一座老城门，不熟悉的人会认为就是汉中门，实际上它是汉西门。汉西门也称旱西门、石城门，最早为南唐四大城门之一，后为明代十三座城门之一。城门坐东面西，由两道瓮城、三道城门组成。而汉中门则是民国时期新辟的城门，因汉中路建成要贯通明城墙，所以此门称汉中门，与其南的汉西门没有关系。到上世纪50年代，因拓宽汉中路，拆除了1931年打通的汉中门，但门名还是被人们记住了，甚至超过了远比它有历史的汉西门。

汉中门大街

位于汉中路以西，东起汉中门桥，西至扬子江大道，长2800米，宽40米。因位于汉中门外而得名。始建于1989年，当时称汉中西路。1997年，改现名，为市区主干道。

街巷链接

和爆破结缘的汉中门大街

南京的大街小巷里两头都大规模爆破过的估计就是汉中门大街了。根据城西干道改造计划，2012年4月14日汉中门—清凉门高架桥爆破拆除，取而代之的是双向六车道的地下隧道。2018年11月24日，扬子江大道快速化改造工程节点项目——汉中门大街匝道桥顺利完成爆破拆除，新建一座下穿隧道，取消红绿灯，完善与汉中门大街的转向功能，全面实现快速化；同时解决行人过街难以及人行道、非机动车道缺失的问题。

定淮门大街

位于定淮门外，东起定淮门桥，西至扬子江大道，长1440米，宽40米。始建于1994年，因起点定淮门而得名，现城门已不存。

街巷链接

因水定名，随水而去的定淮门

定淮门原名马鞍门，又称淮远门，位于外秦淮河东岸。现在城门外建有定淮门大桥，同南京河西地区相连接。定淮门是明代内城十三座城门中靠城西的一座城门，南有清凉门，北为仪凤门，根据资料考证，马鞍门有一座门券，高约8米，宽约6米，城门外侧有一层石质拱券，其上是城砖拱券。明洪武七年，淮水（今秦淮河）决口泛滥，水灾严重，朝廷为求国泰民安遂将马鞍门改称定淮门。清道光二十三年，由于秦淮河淤塞，定淮门被弃用。1958年，定淮门被拆除。现今定淮门附近还留有部分城墙。

清凉门大街

位于清凉山西南，东起清凉门大桥，西至扬子江大道，长2480米，宽40米。1997年拓建，1999年因起点清凉门而得名。

街巷链接

清凉山的分与合

南京自古有“虎踞龙蟠”之名，如今“龙蟠”犹在（紫金山、富贵山、九华山进城的山水线），“虎踞”（清凉山）的颈部却被城西干道劈开，分成了清凉山、国防园、石头城三个公园。历史上的清凉山，山山相连，浑然一体，悬崖下就是秦淮河。筑于清凉山的石头城是南京最早出现的城邑。上世纪七八十年代，由于建设城西干道，石头城的南北城墙被完全“拉断”，清凉山也被一分为二。到1996年、1997年兴建城西高架，清凉山被彻底劈开。2014年，清凉山通道连接清凉山与国防园山体的工程完工，石头城和清凉山连接起来，又成为一个完整的风景名胜区。

草场门大街

位于北京西路以西，东起草场门桥，西至扬子江大道，长1070米，宽40米。始建于1933年（民国22年），因临近草场门而得名。上世纪90年代拓宽延伸，为市区主干道。

街巷链接

“不足半百”的草场门

1908年，为方便到达秦淮河码头，在城西清凉门和定淮门之间开辟了一座新城门，因其城内有大片的草场，故名草场门。草场门为单孔拱券结构，城门深约20米，宽约6米。新中国成立前城门已被封堵多年，新中国成立后为了道路通行准备重新打通，在进行勘测时发现存在安全风险，经研究决定予以拆除。1954年，城门及附近30米城墙全部被拆除，是当时最早被拆除的城门。

集庆门大街

位于集庆门外，东起集庆门，西至扬子江大道，长4860米，宽47米。原东段无路，西段为长虹西路。1996年，将长虹西路东延至外秦淮河，西延到江东中路。1997年，以近集庆门命名，2004年，延伸至现状。

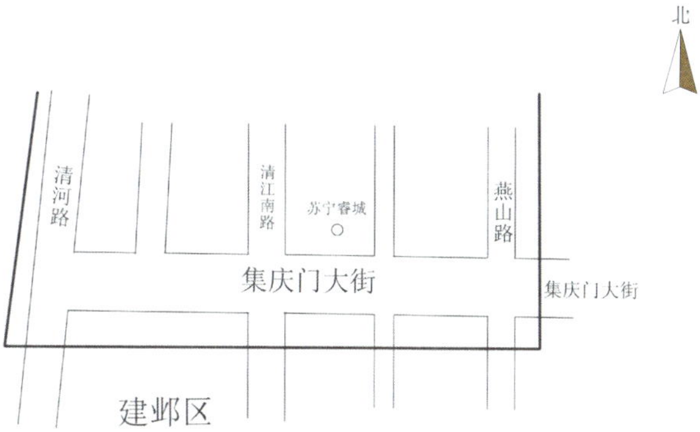

街巷链接

中国城门通道之先河

集庆门是南京城墙在建国后开的第二个城门，开辟于1991年，得名于城内的集庆路。集庆路是民国时期开辟的首都道路之一，集庆是元代南京的称呼。上世纪90年代初，因城市建设和城内交通通行，需要沟通中华路，拓宽集庆路。经国家文物局批准，在水西门至中华门之间新辟集庆门，特邀东南大学建筑系潘谷西教授设计建造。考虑到交通需要，同时和南京明代修筑城门与民国后辟城门相区别，采用宋代“过梁式”风格，设计成四孔方形城门，这是南京城墙中第一个偶数门，门洞数为偶数，开中国城门通道之先河。

新民路

位于大桥南路东南，东起五所村、鲁民路，西至新民门，长800米，宽6米。因临近新民门得名。始建于1934年（民国23年），原名前街，1946年（民国35年）改现名。

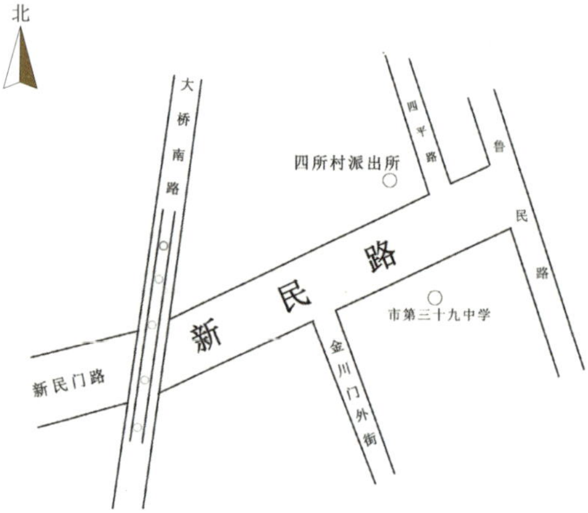

街巷链接

老饕留念之所

从2001年开始，新民路被定位为“美食街”，各式餐饮店如雨后春笋般一家连着一家地开业，很快形成特色街市，逐步有了“南有夫子庙，北有新民路”之美誉。由于餐饮行业竞争非常激烈，经营者为了赢得回头客，八仙过海各显神通，打造特色餐饮，很快在全市打响了知名度，市场越做越大，辐射到邻近的金川门外街，形成餐饮美食成片街区。

新民门

位于大桥南路西侧，东起新民路，西抵多伦路，长200米，宽6米。1953年，以处城门新民门之西得名。新中国成立前，这里与盐东街毗邻，从盐东街起，至新民门，一直是菜农自发的菜市场，原为砂石路面，后改水泥路面、沥青路面。1968年，南京长江大桥通车，新建了大桥南路，将新民路一分为二，其西段并入新民门。

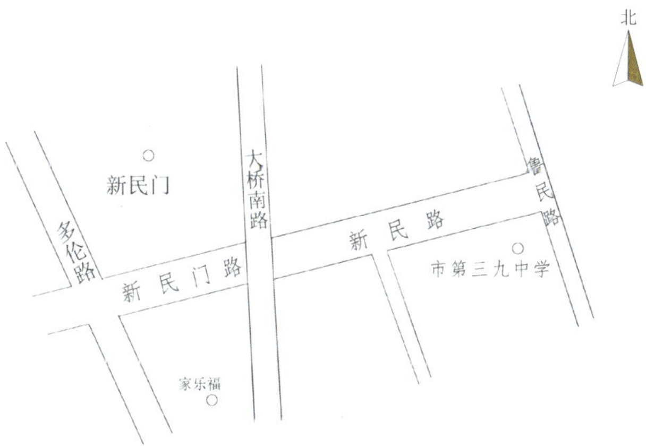

街巷链接

新民门的“门”

民国时期，金川门通道改建成宁省铁路小火车轨道后，为方便城内百姓进出，同时为加强首都战备、抵御日本侵略，国民政府于1934年拨专款在金川门西侧约五百米处建成新式简易城门，即“新民门”。同时，采用填土的方法铺了护城河中的一段路，为了保持河水流通，修建了一座仅长五六米的单孔水泥桥，河面跨度仅四米。“新民门”三个字为时任南京特别市市长马超俊题写。新民门与武定门、汉中门等民国时期新开的城门都属于牌坊式城门。新民门是南京所有牌坊式城门中唯一保存至今的，但仅剩城门框架，两边的城墙在“文革”期间被拆除。

金川门外街

位于金川门外，南起金川桥，北至新民路，长360米，宽16米。因处金川门外而得名。始建于1384年（明洪武十七年）前后，是与金川门同期修建的一条进出通道。2010年，拓宽改造成为宽16米的城市干道。

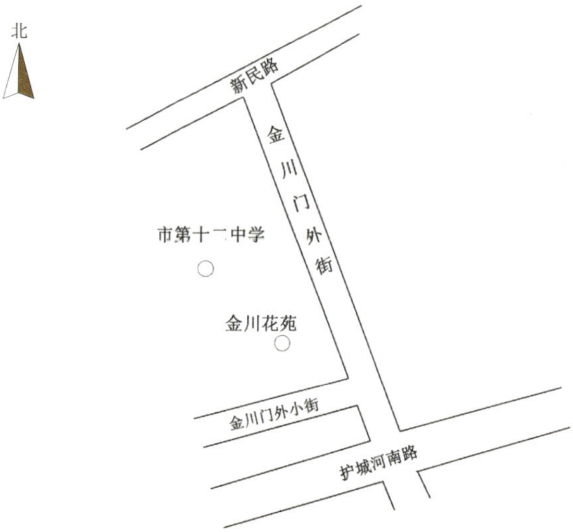

街巷链接

关乎大明国运的金川门

金川门位于南京城北，东为神策门，西为钟阜门，因金川河在其水关下出城而得名。城门外有金川门桥，城门包括水关一座，为长江以北进入南京的要道。1402年（明建文四年），朱棣率军攻打南京时，守臣李景隆、谷王朱橞打开金川门迎其入京，建文帝朝廷覆灭。南明时期，为防备清朝军队进攻，一度封闭金川门，清朝占领南京后复开。北伐战争后，民国政府定都南京，一度将金川门改为“三民门”。1957年，金川门被拆除。

金川门外小街

位于护城河以北，东起金川门外街，向西90度折弯向北至大桥南路，长490米，宽6米。因临近金川门外街而得名。

街巷链接

“铁中”的传承

1957年，南京铁路职工子弟中学成立，简称“铁中”，占地30多亩，校名延续了47年。随着铁路部门剥离社会化职能，2004年，铁中和原三十九中合并为三十九中，2009年再次变更为十二中大桥南路校区。不管校名如何变化，“铁中”教学育人的内涵一直在传承，以师生发展为根本，以知识管理为核心，旨在造就具有相应文化知识和身体心理素质的社会主义合格接班人。

钟阜路

位于福建路以北，北起建宁路，南至福建路桥，长950米，宽24米。因路经钟阜桥，以桥命名。始建于1982年，1999年拓宽改造，并改建爱民桥一座，原南至黑龙江路口，2019年延伸至现状。

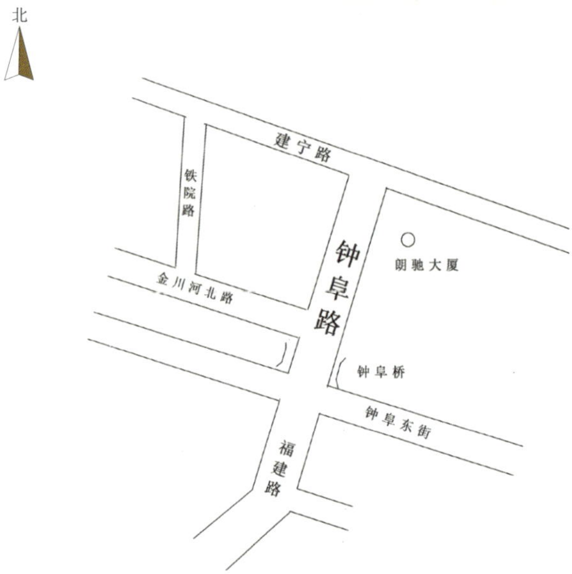

街巷链接

关闭了五百年的钟阜门

钟阜门为明初所开的南京内城13座城门之一，南有金川门，北有仪凤门。城门坐西朝东，面对钟山，故名钟阜门。因其门向与朝阳门（今中山门）同，故洪武初年称东门，1378年（明洪武十一年），改东门为钟阜门。“靖难之役”中，燕王朱棣率军渡江后由此门进入京城，夺得帝位。明成化年间，因守备兵力不足而被堵塞，后未重开。在上世纪50年代的拆城改造中，钟阜门与其东面至中央门的城墙一起被拆除。

江东北路

位于秦淮河以西，北起三汊河桥，南至汉中门大街，长3330米，宽80米。因处于河西江东门附近而得名。

街巷链接

由宽到快的江东北路

江东北路始建于1994年，初建时路幅宽45米。1998年，该路拓宽改造，路幅达80米，绿化景观沿街网点错落有致、造型独特，当时被誉为"金陵第一路"。随着河西地区快速发展，原有道路交叉路口较多，交通效率较低，路口交通拥堵现象逐渐凸显。2012年，启动包括江东北路在内的江东路快速化改造，新建四处短遂，两处立交，以及多处人行天桥，提升了交叉口通行能力和江东路本身的交通功能。2013年年底正式通车后，江东路主线"一路绿灯"。

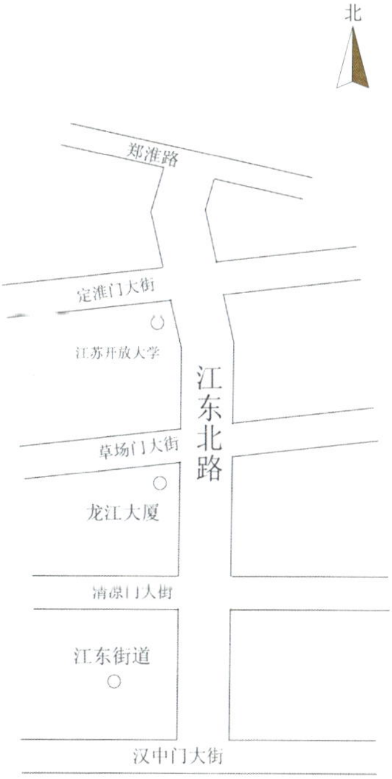

城河南路

位于狮子山风景区东侧，南起建宁路，北至郑和北路，长450米，宽20米，因处护城河以南得名。始建于1995年，南端的大桥饭店是承载着南京大桥文化精神的地标。

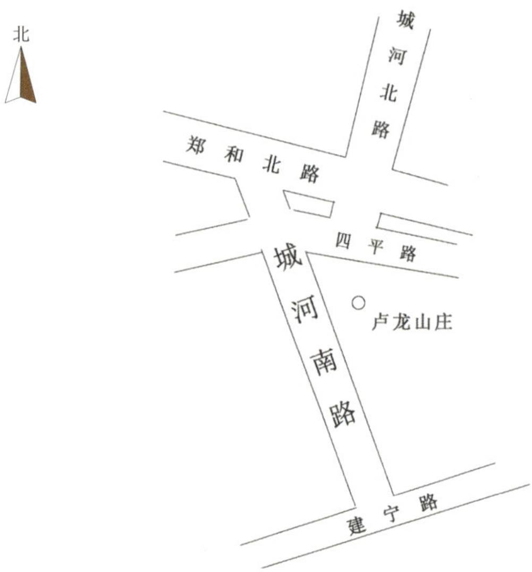

街巷链接

见证历史的地标

南京长江大桥建成后，一时间成了南京最耀眼的名片之一，据说除了没有登上人民币，其包括民间百姓私人使用的作业本、茶杯、背心、书包、被套、折扇、酒瓶等各种载体无不留下了其高大逶迤的光辉形象，很多本地的品牌甚至以大桥的图像作为商标。此外，为了表达对大桥的热爱，当时南京遍地都是以大桥命名的场所，如大桥照相馆、大桥饭店、大桥电影院等等。随着时代的发展，这些承载大桥印记的建筑物件大部分从人们的生活中淡去。而大桥饭店，现在叫南京古南都大桥饭店，是为数不多还留存原地的地标建筑，为人们保留着一段难忘的历史。

城河北路

位于长江大桥南引桥下方，南起四平路，北至幕府西路和方家营路接口，长430米，宽20米。因处护城河以北得名。始建于1995年，与城河南路、四平路北段、建宁西路东段并称大桥南路环道。

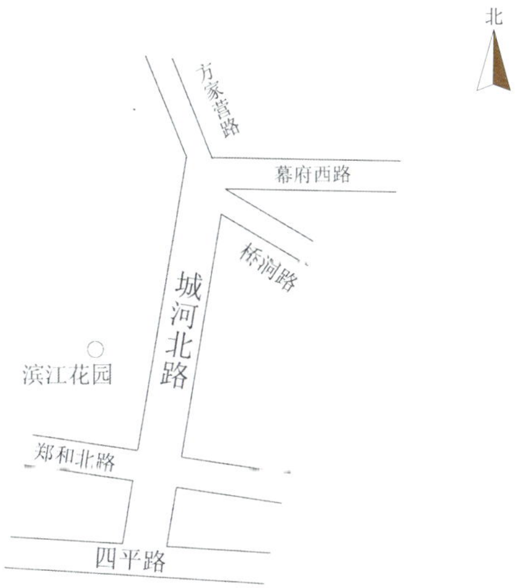

街巷链接

讲述大桥故事的微型博物馆

在城河北路路侧的滨江花园小区有一处“大桥下文化”微型博物馆。博物馆面积不大，名声不小，这是南京首家以大桥建设历程和参建者的记事片段为主题的微型博物馆。滨江花园小区居住着很多铁路工人以及当年长江大桥的建设者们；陈列的老物件，也都是曾经在这里的居民、收藏爱好者收藏的物品。大家把它们汇集于此，表达对大桥历史的怀念和记忆。

护城河南路

位于盐仓桥广场以北，东起金川河西路，西至大桥南路，长850米，宽6米。因处护城河南岸得名。

街巷链接

闲话护城河

南唐金陵城在修建时利用自然水系建设了护城河和护龙河内外两层水道，西面利用长江夹江，南面利用秦淮河，东面连接青溪和娄湖，北面则沿用了六朝南京城的北堑。内秦淮穿城而过，从东西水关两座水城门出城。同时南唐城与原六朝城水系相连，连接了金川河、秦淮河两大流域。南唐金陵城对水系的整理奠定了南京城水网的基础，对古代社会维持城市卫生和防洪排涝有着重要作用。到了明朝，在拓展城墙的同时，朱元璋利用秦淮河和金川河，以及从太平门到东水关新开挖的一段城墙，建成了环绕南京城的护城河，进一步加强了南京城排水能力。

东门街

位于红山南路以北，与东门前街相交，西起中央北路，东至和燕路，长386米，宽10米。此处靠近神策门（俗称东门），清末地图即载有"东门"地名，取名东门村，村中有街巷名"东门街"。据汪伪时期地图显示附近还有东门山。

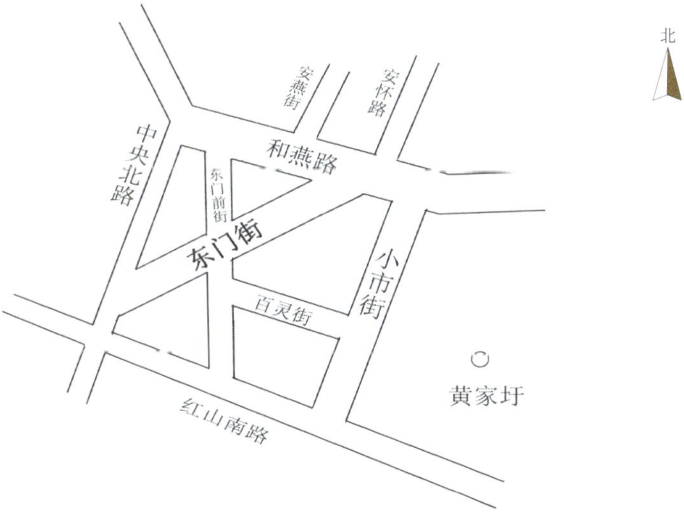

街巷链接

三次身份转变的罐头厂

位于东门街附近的南京罐头厂原名第二食品厂，成立于上个世纪50年代初，是为了支援抗美援朝战场，在上海梅林罐头厂帮助下紧急筹建的，属于军需企业，专门生产军用罐头。1954年，划归地方，改为南京罐头食品厂。上个世纪70年代迅速发展，被指定为外宾参观企业，清水马蹄、高温火腿等产品享誉一时；90年代进入困难期；1995年，停产；1996年，被雨润集团收购，成为江苏省首个民企收购国企案例。

东门前街

位于中央北路以东，北起和燕路，南至红山南路，长486米。路宽6米，因其与东门街相交而得名。

街巷链接

和服役30年的天桥说再见

2020年4月3日，小市天桥被彻底拆除，与市民告别。小市天桥建于1991年，是南京最早建设的人行天桥之一。它服役30多年来，方便了路两侧的居民往来，曾经是城北人的骄傲，见证了城北小市的兴衰。但随着道路交通的发展，桥墩造成车道压缩，和比邻的铁路桥洞一样，成为中央门地区拥堵的“肠梗阻”和铁北地区发展的交通痛点。小市天桥拆除后，中央门立交北匝道的落地点到和燕路路口这一段长615米的道路，将拓宽成双向八车道，这样中央北路的通行能力就会大大提升。

06 兵衙、官署命名

傅厚岗

位于中央路两侧，东起百子亭，西至湖北路，长500米，宽6米。明朝府军后卫队曾驻扎于此，因处高岗上，故称“府军后卫岗”，俗称“府后岗”。民国年间讹称“傅厚岗”至今。由于地处市中心，这里也成为近现代多位名人的居住和活动之地，傅抱石、徐悲鸿、李宗仁、吴贻芳、段锡鹏等均在此处留下旧居。从充满现代街景的中央路拐进这条怡然自得的小巷，仿似误闯入另一个时空。

街巷链接

徐悲鸿旧居

傅厚岗4号曾是画坛巨匠徐悲鸿的旧居，此处是在徐悲鸿友人的资助下，于1932年年底建成的。建筑为西式风格，高两层，其中画室高逾16米，宽10米，深7米，宽敞气派。因徐悲鸿在南京居住时间长，对当时中国画坛影响甚大，与张书旗、柳子谷并称为画坛的“金陵三杰”。抗战期间，徐悲鸿与夫人蒋碧薇离异，该住宅判归蒋氏所有。抗战结束后，此处一度租给法国驻华武官使用。

双门楼

位于盐仓桥广场西南，东起虎踞北路，西至戴家巷，长185米，宽8米。该路原为东西两段，东段由中山北路至虎踞北路，西段由虎踞北路至戴家巷，现东段已并入萨家湾。因临近双门楼宾馆而得名，曾名武陵里。

街巷链接

双门楼的由来

原英国大使馆馆舍建于1916年，由英国建筑师设计，占地约29亩（19333平方米），1924—1925年扩建后，占地面积达到28825平方米。馆舍有西式二层楼房9幢17间，西式平房10幢56间及中式平房等，共有房屋253间，总建筑面积5456平方米。1949年以后，因拓宽马路等原因，拆除了其中大部分建筑，现仅存1座使馆办公楼（小白楼）和1座住宅楼（小红楼）。在使馆的前后有大片绿地，整体犹如一座典雅的英式庄园。相传因英国大使馆和所属的英国领事馆在此有两个门楼，故有“双门楼”之称。

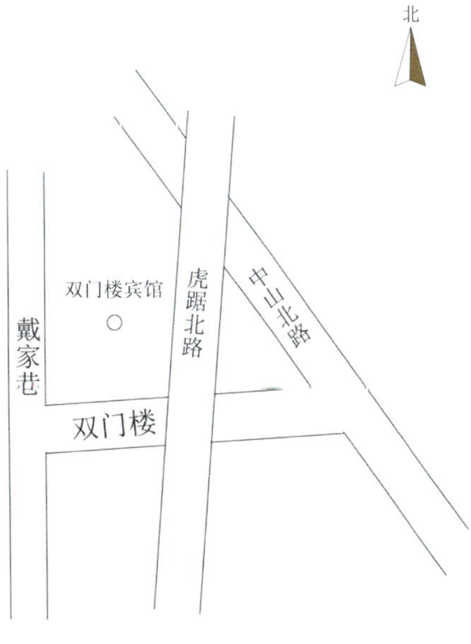

龙仓巷

位于东南大学(丁家桥校区)以西,西起马台街,东至司背后街,长160米,宽6米。因北有龙骧卫营地,而此巷为该卫的仓库,故名。清工部《明代南京城图》即有此巷。

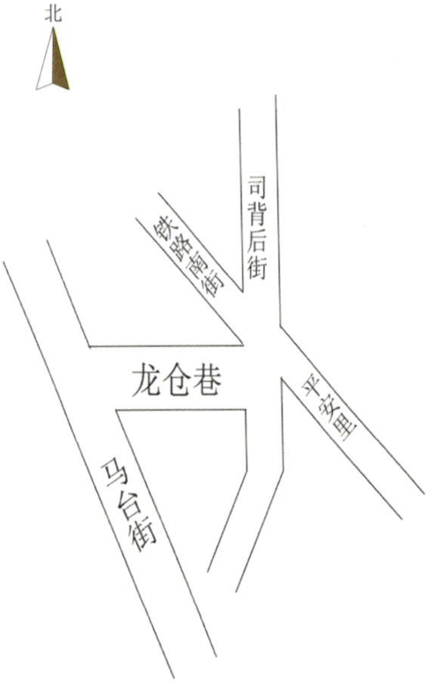

街巷链接

中大医学院的变迁

东南大学丁家桥校区前身为1935年的中央大学医学院。1937年,抗战全面爆发后医学院迁至四川成都,与华西大学、齐鲁大学合作教学。1946年,中央大学在南京复校上课,医学院仍设在丁家桥。新中国成立后中央大学改名为南京大学,医学院也相应改名为南京大学医学院。1951年,南京大学医学院划归南京军区领导,医学院附设医院更名为解放军第84医院。1952年,南京大学医学院改名为中国人民解放军第五军医大学。1954年,第五军医大学迁往西安,与第四军医大学合并,留下部分教师及附属医院与三所军队医科学校组建成第六军医学校。1958年,总后勤部将第六军医学校及附属医院移交铁道部,改建为南京铁道医学院。2000年,南京铁道医学院与东南大学合并成立新的东南大学,原南京铁道医学院附属医院改为东南大学附属中大医院,医学院成为综合性大学的一个重要组成部分,丁家桥校区也成为东南大学三个主校区之一。

南阴阳营

位于汉口西路以北，东起上海路，西至宁海路，长200米，宽6米。清代史料记载：明朝的鹰扬营卫曾驻扎于此。后“鹰扬”谐音为“阴阳”，并分南北两巷，此巷居南，故名南阴阳营。“文革”期间曾改为向阳南巷，后恢复。

街巷链接

从大炮筒追寻鹰扬卫

大炮筒是元末明初对大型火铳的称呼，因为它的炮口像碗，也称碗口炮。国家海洋博物馆珍藏着一门明洪武五年鹰扬卫大炮筒。该炮炮身铭文：“鹰扬卫鹰字叁号大炮筒　重壹佰伍斤　洪武五年九月吉日宝源局造”。明代众多史籍都提到了鹰扬卫的名字，但此大炮筒是目前所仅见的明代鹰扬卫实物。“鹰扬卫”是明太祖朱元璋创建禁卫军、确立兵制体系时所设，其称吴王时期内设十七卫亲军指挥使司，侍从皇帝左右，负责皇帝安全，其中就有鹰扬卫，是明代锦衣卫的前身。

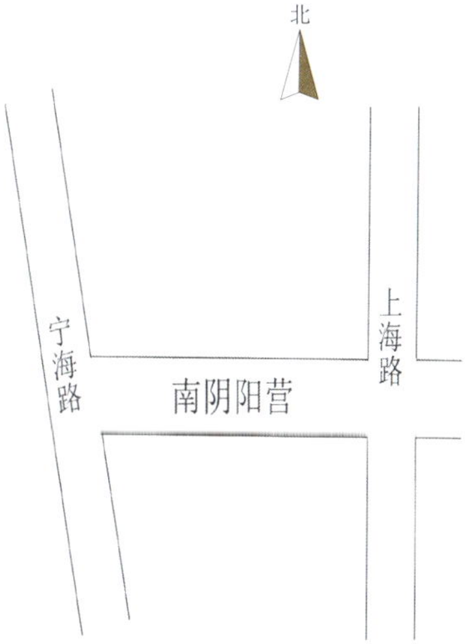

北阴阳营

位于宁海路以东，东起云南路，向西折弯90度向南至北京西路，长280米，宽4米。据清代记载：明代鹰扬营驻扎此处，故名鹰扬营。后"鹰扬"谐音"阴阳"，并分南、北二巷，此巷在北，故名。"文革"期间曾更名向阳北巷，后恢复原名。

街巷链接

南京城市文化的起点

北阴阳营片区在5000多年前是南京地区最早的一个古人类居住地，在此发现挖掘的北阴阳营遗址是新石器时代和商周青铜时代文化遗址。新石器时代文化层年代约为距今6000~5000年，共发现墓葬271座，灰坑三座，灶坑一座。通过对随葬品的清理研究，可以知道当时的北阴阳营人居住在带有椭圆形大灶坑的房间里，社会经济以农业生产为主，兼营家畜饲养和渔猎经济。"北阴阳营文化"便因此得名，也成为南京城市文化的起点。

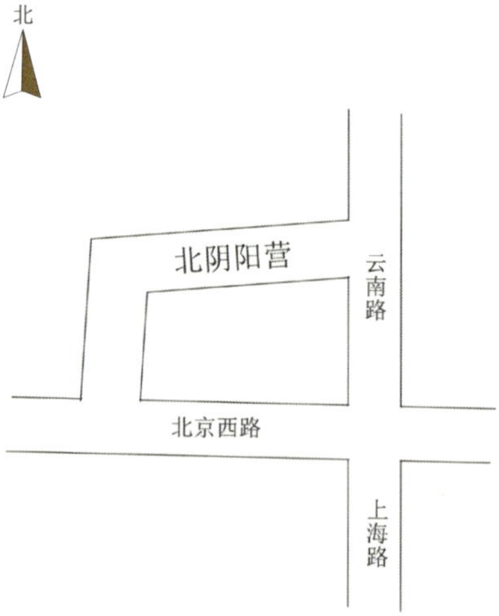

司背后街

位于南瑞路以南，南起马台街，北至新模范马路，长570米，宽16米。相传在明代洪武年间，此处曾设立“北城兵马司”衙门，因街道在衙门的后面，故取名为“司背后”。2003年，与天福里两巷拓宽成一条街，更名为司背后街。

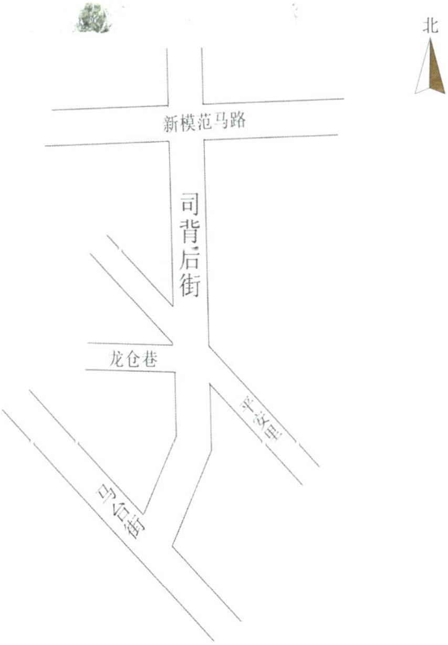

街巷链接

北城兵马司

北城兵马司全称北城兵马指挥司，明朝初年开始设置，设都指挥、副都指挥、知事，负责巡捕盗贼，疏理街道及囚犯、火禁等事项，类似于今天公安局、城管局、消防队的职责。后改兵马指挥司为正四品衙门，设指挥使、副指挥、知事，各门设兵马。洪武十年，定正六品衙门，设指挥、副指挥；洪武二十三年，定设五城兵马指挥司，惟中城仍称兵马指挥司，俱添设吏目。

水佐岗

位于中山北路以西，南起宁夏路，北至模范中路（原通三步两桥），长1400米，宽20米。原名水左岗，因此处是明代水军左卫营地，且为岗地，故名。后成街巷，以岗得名，并讹“左”为“佐”，即为水佐岗。水佐岗39号（原水佐岗103号）又名星汉别墅，曾是波兰驻民国使馆旧址。

街巷链接

“老破小”的华丽变身

水佐岗一带原先大多是老企业的家属区，房屋年久失修，外立面破旧，各种管道、天线林立，小区基础设施薄弱，环境差、秩序乱。近年来通过精细化整治出新，建筑立面干净有序，黑白灰的色调宁静雅致，充满古典韵味，浓浓的民国风与毗邻的颐和路民国建筑群非常协调。通过重做防水，更换窗户和晾衣架等，房屋的功能得以恢复改善。小区里的道路、排水、管网、车棚等公共设施也都进行了升级换代，原先的老破小变成了宜居养眼的小洋房。

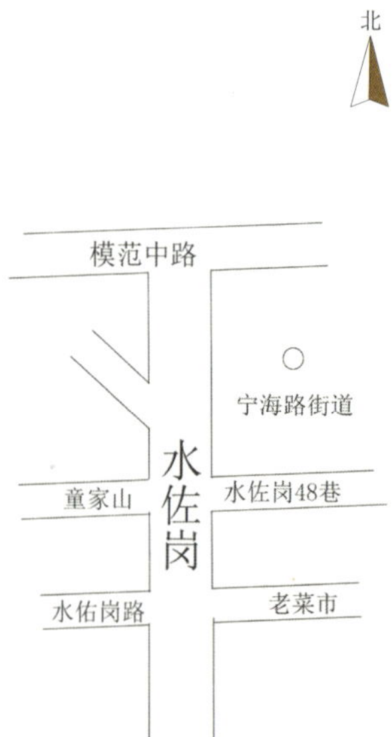

水佐岗48巷

位于模范中路以南，东起祁家桥，西至水佐岗，长280米，宽10米。以水佐岗门牌48号得名。周边分布有原三乐电器集团家属区。

街巷链接

新中国第一个电子管专业厂

三乐电器集团原名南京电子管厂（又称772厂），起源于1935年国民政府资源委员会电气研究室。1951年，扩建为新中国第一家电子管专业厂。在这里先后生产出了中国第一只收发讯放大管、第一只微波电子管、第一台微波能应用整机、第一台国产全自动洗衣机和家用微波炉。目前，该公司已搬迁至江北。

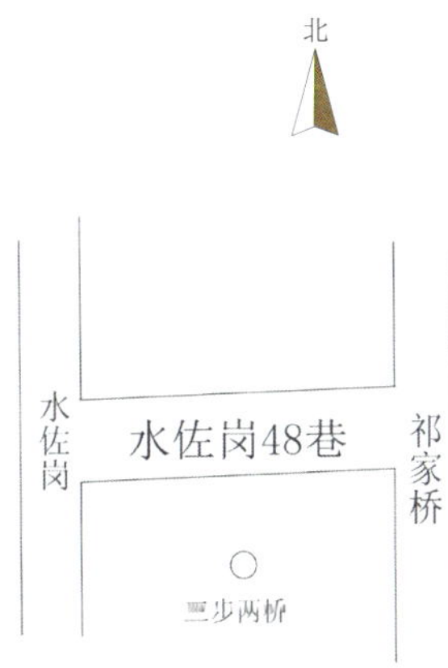

水佑岗路

位于古林公园以东，西起虎踞北路，东至水佐岗，长660米，宽16米。此处曾是水军右卫营地，明《应天府城图》即载有水右岗名，并注有“水军右卫”，后成街巷，以岗得名且“右”讹为“佑”。2003年水佑岗、市农村拓宽成一条路，仍以“水佑岗”三字命名。路侧有江苏省委党校、省级机关实验幼儿园等单位。

街巷链接

宝志禅师与广袖

现在僧人举行法会时，袈裟下搭衬的海青，袖摆长可及膝，便是古林公园前身古林寺的创建者宝志禅师订制并流传下来的。传说梁武帝笃信佛教，然而夫人郗氏却生性忌妒，不信佛法。某日，郗氏准备了许多肉包子，请宝志禅师及其弟子们前来应供，心想：和尚们若吃了肉包子，便是犯戒；若拒绝不吃，便是违逆。宝志禅师早已知晓郗氏心怀不轨，在临行前，要众僧将海青广袖的袖口缝合，袖筒中暗藏馒头。当入宫应供时，一边把包子放进空袖筒内，一边取出馒头来吃。当郗氏讥讽僧人食荤犯戒时，宝志便让众僧将袖子里的包子投入大坑中，包子霎时化为害虫。梁武帝及文武百官亲眼目睹此情景，心生大恭敬，武帝自己开始持斋念佛，并倡议信佛的人也都持斋。

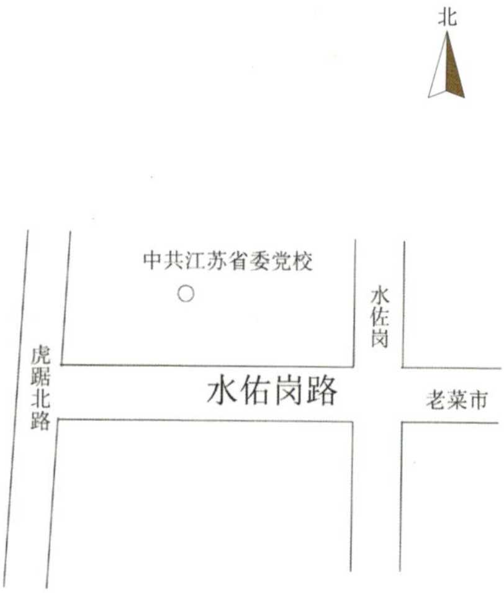

四卫头

位于原山西路广场西，南起江苏路，北至人和街，长400米，宽8米。明代地图即标有此街名。清《同治上江两县志》、民国《首都志》也均载有四卫头。据载，明代此处及附近有龙镶卫、豹韬卫等四个卫的驻军营地，而此处为四个卫营地的开头处，故名。

街巷链接

四卫头的“四卫”

“卫”是明代军队的编制单位，一个“卫”大约5600人，“卫”的最高长官是指挥使。相传，明代“四卫头”周边驻扎了龙骧卫、豹韬卫等四个卫所。从史料上看，此处当时并无道路也无民居，只有军队驻守。龙骧卫、豹韬卫作为皇帝亲军隶属于前军都督府，负责保卫皇帝，护卫宫禁，确保都城安全。在建造明城墙时，为了保证墙砖质量，部分卫所还参与了墙砖的烧制。

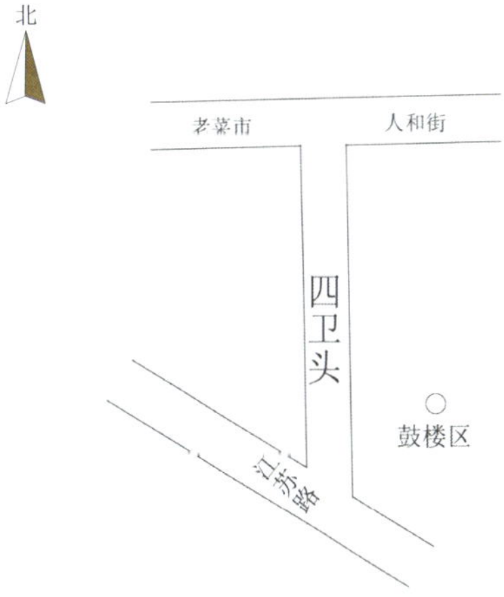

北四卫头

位于模范马路以南，东北起中山北路，西南至祁家桥东，长220米，宽5米。新中国成立前分别为东门街25巷，东门街39巷。1954年，分别改为四卫头一一七巷、四卫头一三九巷。1982年，两巷合并，因处四卫头之北，以方位“北”字，加“四卫头”三字组合为现名。

街巷链接

五星电器的五个身份

北四卫头靠近中山北路的位置是五星电器总部所在地华侨大厦。南京人对五星电器十分熟悉，它伴随南京人已有30多年。在这段时间里，五星电器变换了五个不同的身份。它的前身是江苏省五交化总公司。1998年，改制为五星电器公司。2006年开始，美国家电零售大鳄百思买先控股后全资收购五星电器。2014年，百思买将五星电器卖给浙江民企佳源国际。2019年，电商巨头京东收购五星电器。五个身份既是五星电器自身的变化，也反映了改革开放时期经济发展的走向。

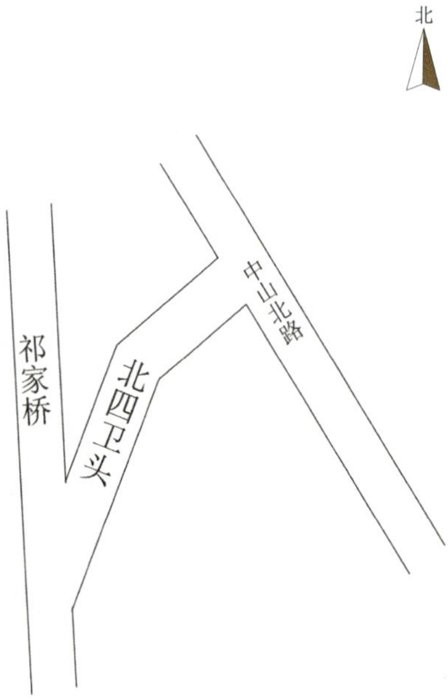

平仓巷

位于汉口路以北，南起青岛路，北至南秀村，长260米，宽5米。因此处明代有仓库“平仓”得名。民国《首都志》已载有此巷名。周边有南京大学逸夫楼、运动场。

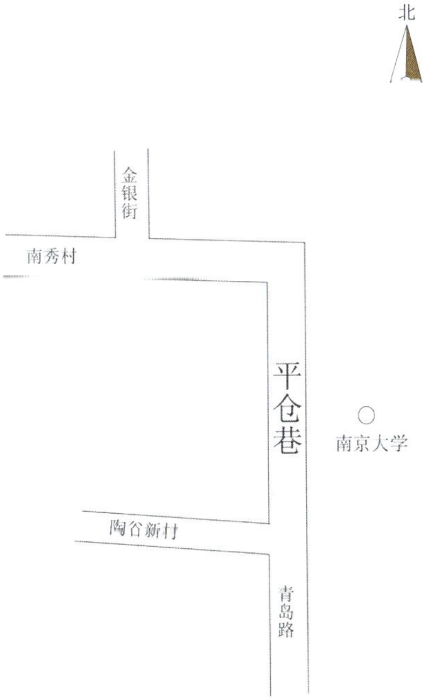

街巷链接

为什么有的逸夫楼少一笔

在高校基础设施普遍落后的上世纪九十年代，逸夫楼往往是一所学校里最现代化的建筑，然而不少人发现有一些逸夫楼的“逸”字少了一点，不知何故。据说这来源于捐赠人邵逸夫先生的要求，凡是他本人全额出资建造的逸夫楼都是全字，而非全资建造的逸夫楼的“逸”字就要少一笔。

龙江路

位于阅江楼景区以西，西起江边路，东至热河路，长580米，宽30米。因“龙江关”而得名。该路由三部分构成，西段为老龙江路，由江边路至龙江桥，辟于1948年(民国37年)，是南京铁路西站连接江边码头的通道，路幅24米，车行道7米。东段由龙江桥至鲜鱼巷北口，原为车站路；鲜鱼巷北口至热河路，原为新马路。1975年，三路并称龙江路，并进行全线翻修。

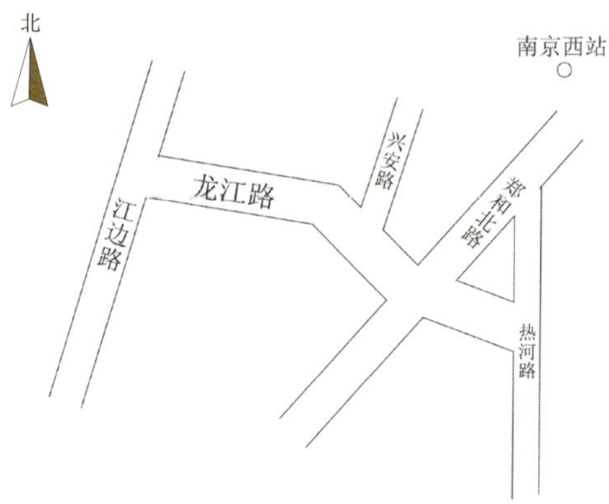

街巷链接

龙江关和龙江关码头

龙江关作为政府的税务机关，建于明洪武时期，周边地区由于水运便利，明清时期全国乃至世界各地的货物在此装运卸载，形成了繁荣的商市，称为龙江市。龙江关码头作为明清时期南京的著名码头，明太祖朱元璋、明成祖朱棣多次在此迎往出征将士凯旋归来以及迎送外宾，郑和下西洋也从龙江关码头启程。明宣德年间，于上新河再设立上新河关，专收船舶税。人们习惯把上新河关俗称“上关”，把龙江关俗称“下关”，这就是下关的由来。

07 园林、宅邸、居民区命名

傅佐路

位于中环国际广场东侧，南起大方巷，北至山西路，长373米，宽5米。此地原为菜园，后以傅佐园得名。民国《首都志》即载有此名。

街巷链接

曾经的“长三角”

在中环国际广场对面，曾经是闻名遐迩的长三角出版物市场。该市场建于1992年，到1999年底市场经营户已发展到近100户，年成交额突破2亿元，跻身全国四大图书市场行列。2000年前后是长三角出版物市场最辉煌的时期，现存的4层大楼就是2001年初建好的，长三角文化市场也在那时正式更名为长三角出版物市场，长三角地区乃至山东、江西、湖北等地的图书经销商都会来此进货。后来，线上图书市场不断扩张，严重挤压了线下实体书店的生存空间，长三角出版物市场的辉煌也一去不复返。目前该市场已分别搬迁至五塘广场和玉桥市场。

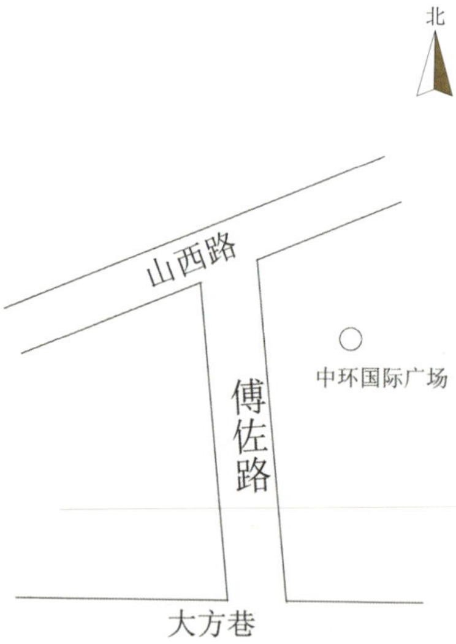

东井亭路

位于安怀东路与复昌路交界处，南起和燕路，北至复昌中路，长520米，宽4米。因位于东井亭居民区内而得名。周边住的多数是原南京734厂的老职工。

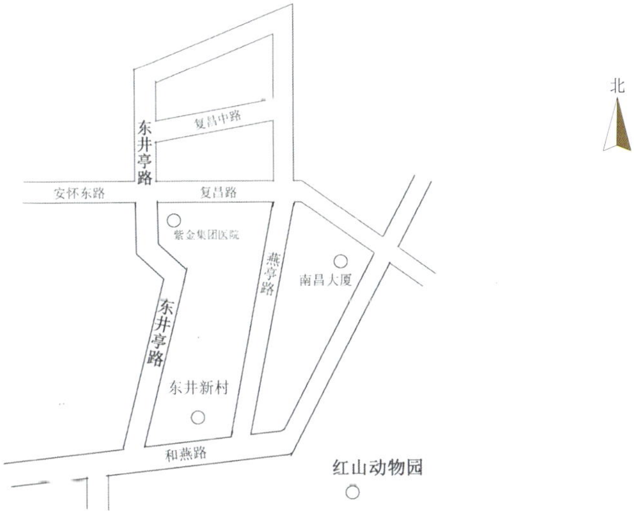

街巷链接

734厂，南京第一代码农的"宇宙中心"

众所周知，软件大道是南京的"码农大本营"。可是，如果时间往回推几十年，城北东井亭一带，才是南京第一代码农的宇宙中心。不为别的，只因为那里有个全国知名的734厂。734厂又名南京有线电厂，早期生产电话和交换机，新中国成立后主攻通讯用的载波机。上个世纪60年代，734厂开始研发生产计算机，不久有了江苏首台电子数字计算机。80年代，全国"两小两微"发展思路浪潮涌动，734厂仿苹果Apple II 制造出了0560微机（也就是后来的紫金电脑），再次轰动全国。80年代后期，紫金电脑已经领跑全国，和北京长城、上海东海、山东浪潮形成当年国产PC品牌的"四足鼎立"。2006年，企业改制为紫金电子集团并搬离东井亭，但此处仍留下了734厂的种种印记。

金碧路

位于汽轮电机集团以西，东起中央北路，向西折弯90度再向南至郭家山路，长520米，宽7米。因路旁为金碧花园小区而得名。

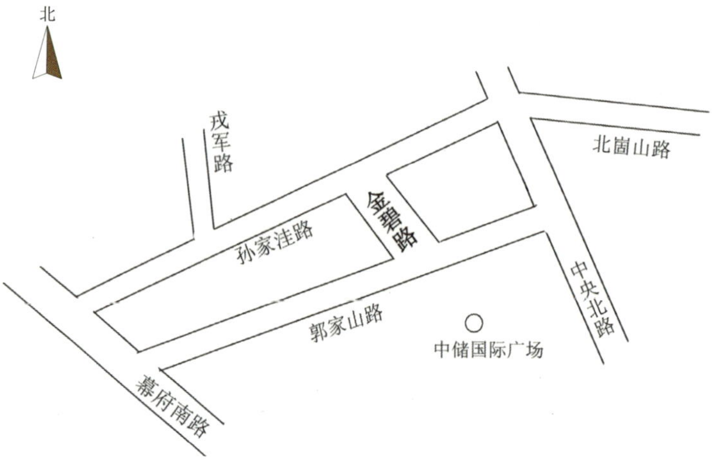

街巷链接

主城罕见的大型制造企业

南京汽轮电机集团原名南京汽轮电机厂，创建于1956年，是国家定点的重型燃气轮机制造基地，所属燃气轮机研究所为原机械工业部燃气轮机行业归口所，不仅从事本企业燃气轮机产品的有关技术工作，而且承担着国家机械工业燃气轮机行业技术管理职能，是全国燃气轮机标准化技术委员会秘书处单位。该集团有着近50年燃气轮机生产历史，产品除满足国内需求外，还出口到东南亚、南亚、非洲、中东等地区多个国家。由于种种原因，该企业有部分厂区迁出城区，但主体仍在主城，这也凸显了该企业在行业内的地位。

翠亭路

位于象山以东，西北起幕府西路，东南至戎军路，长320米，宽12米。两边有恒盛嘉园小区和金域中央小区。

街巷链接

“骑虎难下”的来历

公元328年，东晋大将苏峻起兵反叛朝廷，逼攻京师建康（今南京），大臣温峤组织联军讨伐叛军。由于叛军力量强，联军一时不能取胜，双方相持不下的地点就在象山一带。其时主帅陶侃的情绪消沉，温峤对他说：“在当前的形势下，不能回转方向，正像骑在猛虎身上难以下来一样，只有把它打死才是唯一出路。”陶侃听了温峤的话，觉得很有道理，就振作精神，最后终于打败了叛军。

新泉里

位于吾悦广场南侧，西起中山北路，东至湖北路，长206米，宽12米。因附近有新泉里小区而得名。

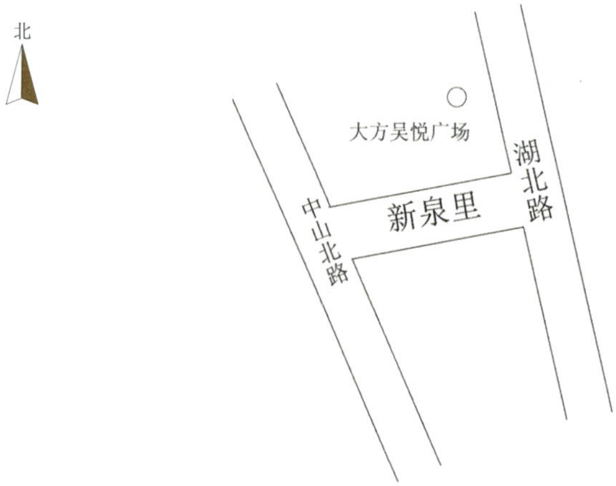

街巷链接

鼓楼吾悦广场

作为南京首个亮相的吾悦广场，鼓楼吾悦广场将“不复制、有情怀、具规模”的商业理念发挥到极致。运用现代设计手法诠释出民国特色风格，通过对每一处细节的雕琢和打磨，为顾客呈现了一个充满地方文化特色的新型商业综合体。商场总建筑面积达到6.8万平方米，其中地上7层，地下3层。吾悦广场着力打造具有民国特色风情的“民国1927”品牌街区，比如设置黄包车、男票当铺、许愿邮局等场景，力求将现代时尚与历史文化进行相互融合。建设还采用特有的退台设计，引进非常具有江南水乡特色的餐饮品牌，打造具有民国楼台亭阁的江南水乡韵味。

清新巷

位于清凉山以西，东起虎踞路，西至清凉雅苑小区，长110米，宽6米。因路旁有清凉新村小区而得名。

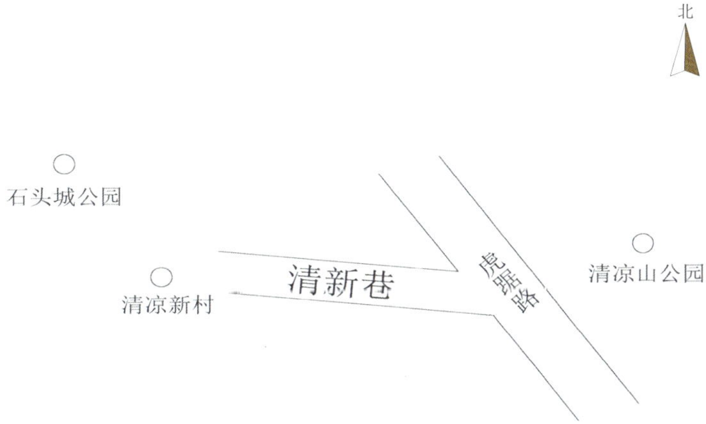

街巷链接

传承千年的清凉寺

清凉寺又称石头清凉大道场、清凉陟寺，位于清凉山上，法眼宗祖庭，“金陵四十八景”之一。该寺前身为兴教寺，南唐李后主常来此打坐念佛，故又称“避暑宫”。南唐圣元元年(937年)，李璟在此避暑纳凉，改寺名为“石头清凉大道场”，后主李煜亲题“德庆堂”。北宋太平兴国五年(980年)重建；明建文四年(1402年)由朱棣再次重建，改名为“清凉陟寺”。“清凉问佛”明清时被列为“金陵四十景”之一，后历经太平天国、中日战争、文化大革命等劫难破损。2003年重建，2009年对外开放。

荷花街

位于莫愁新寓荷花里东侧，南起汉中门大街，北至胜棋街，长180米，宽4米。2003年因邻近荷花里而得名。

街巷链接

社区老党员积极参加荷花街防疫值守

2020年年初，为了做好疫情防控工作，上级要求在各个路口、小区门口设置值守点。荷花街连接汉中门大街，周边都是老旧小区，也需要安排人员值守。支部老党员积极报名，组织了20人的党员先锋队，轮流参加值班，对居民进行宣传提醒，得到了居民群众的理解与支持，在危难时刻体现出了共产党员的党性和无私奉献精神。

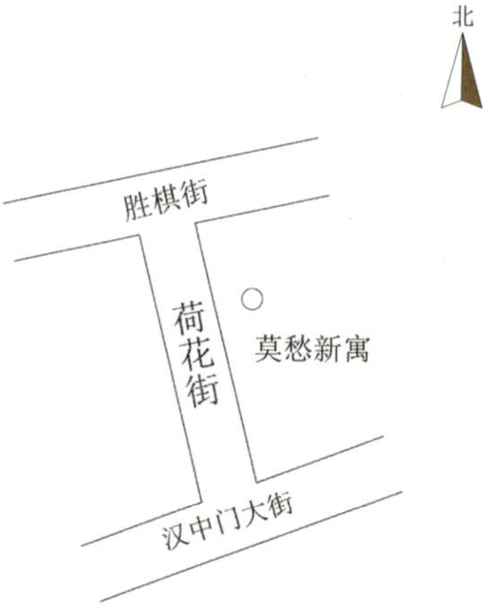

三省里

位于上海路以西，南起宁海路，北至北京西路，长270米，宽8米。始建于1931年（民国20年），紧邻省法院、省检察院和省教育厅。

街巷链接

“三省”的演变

民国时期，国民党三位军官曾在此建宅，因三人籍贯分别为云南、安徽、河北三省，同时取孔子“吾日三省吾身”语，故以“三省”二字命名，既有自我反省，自我提升之义，也象征他们来自三个省。“省”，应读xing（三声），但后来市民大多讹读sheng（三声）音。

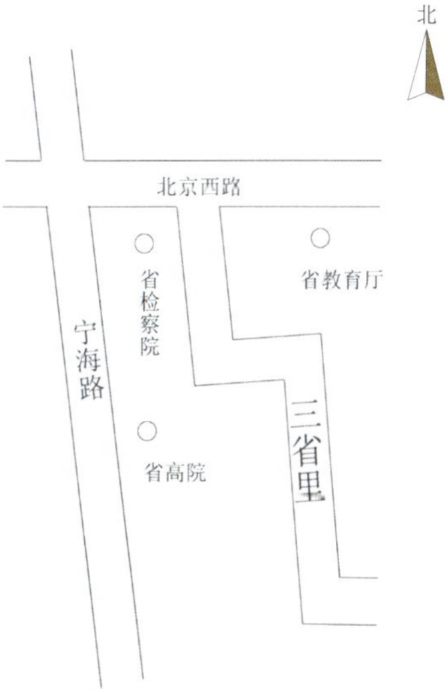

银城街

位于闽江路以北，东起江东北路，西至扬子江大道，长900米，宽12米。1996年因南侧的银城花园小区而得名。

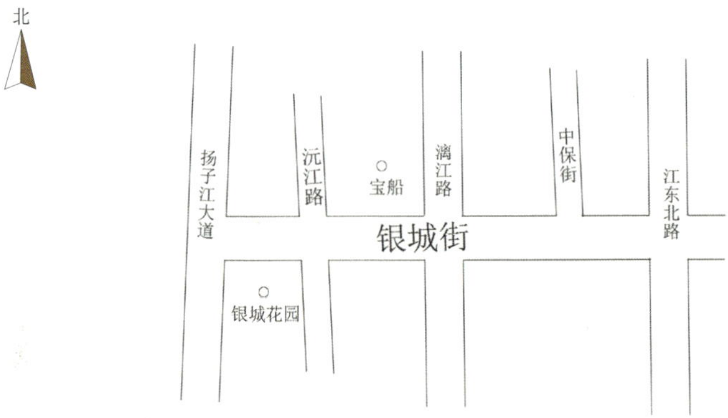

街巷链接

长江防汛一线上的退伍老兵

2020年7月，长江南京段连创历史最高水位，防汛形势非常紧张。银城花园社区位于长江岸边，更是首当其冲。社区组织动员社区工作者和社区志愿者严格落实防汛岗位责任制，还专门组建了一支以退伍老兵为主的党员志愿者突击队。73岁的退休党员胡家玉和陆修林第一时间加入了防汛工作，两人强调他们是退伍老兵，2016年曾参加过江边防汛值守工作，熟悉情况，虽然现在年龄大了，但还可以指导帮助新同志做好防汛接力棒工作。

乐业村

位于中央商场山西路店东南侧，西南起中山北路，东北至湖北路，长240米，宽4米。因附近的乐业村小区而得名。

街巷链接

中央商场的变身

中央商场山西路店（原太平洋百货）2001年开业，很多南京人还记得这座百货商场最初的模样：门头是清爽的蓝色，一共5层，里面衣服、鞋子年轻化又时髦，是年轻人眼中的“山西路小金鹰”。2012年，中商集团推行连锁战略，决定将新街口中央商场的模式复制到山西路，太平洋百货更名为中央商场山西路店，做成了一个“小而全”的综合性百货商场。在电商冲击、业态老化、湖南路改造等多种因素的影响下，调整势在必行，如今变身“中央城市奥特莱斯”。

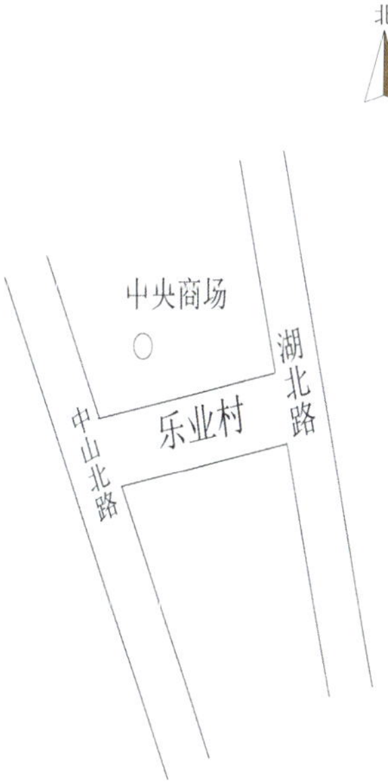

胜棋街

位于莫愁湖公园西北处，西起汉中门大街，东至汉北街，长380米，宽8米。1988年，以莫愁湖公园内胜棋楼命名。

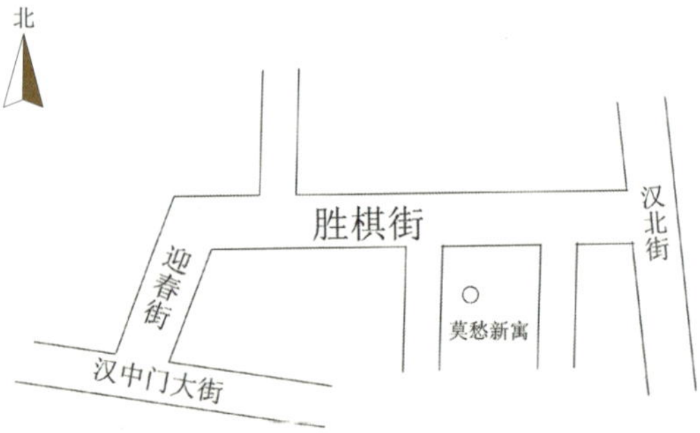

街巷链接

胜棋楼的传说

相传胜棋楼是明太祖朱元璋与大将徐达弈棋的地方，君臣二人曾在此下了一局流传至今的棋局。当时两人对弈良久，一时难分胜负，到了最后，朱元璋连吃徐达三子，以为胜券在握。这时徐达请朱元璋站起来观看整个棋局，朱元璋发现徐达的棋子正好布成了“万岁”二字，他是又惊又喜，随即下令将这座楼改为“胜棋楼”，还将整个莫愁湖赐给了徐达。

郁金街

位于凤凰西街东段南侧，南起胜棋街，北至凤凰西街，长370米，宽6米。1988年因近莫愁湖公园，以园内著名景点郁金堂的“郁金”二字命名。

街巷链接

郁金堂

在莫愁湖胜棋楼之西有一座古香古色的四合院，院内南侧为苏合厢，北侧就是郁金堂，环境整洁幽静。相传南齐时，这里是洛阳少女莫愁嫁到金陵卢家所住的地方。原建筑早毁于兵火，现堂为1793年(清乾隆五十八年)复建。郁金堂内壁嵌有清代莫愁女石刻像及梁武帝萧衍为莫愁而作的诗碑，还有郭沫若1964年题写的石刻：“古有女儿莫愁，莫愁那地不愁。如今天下解放，谁向困难低头。”

郁金东街

位于郁金街南段东侧，西起郁金街，东至涌泉北街，长230米，宽8米。2003年因处郁金街之东而得名，莫愁新寓小学位于路东。

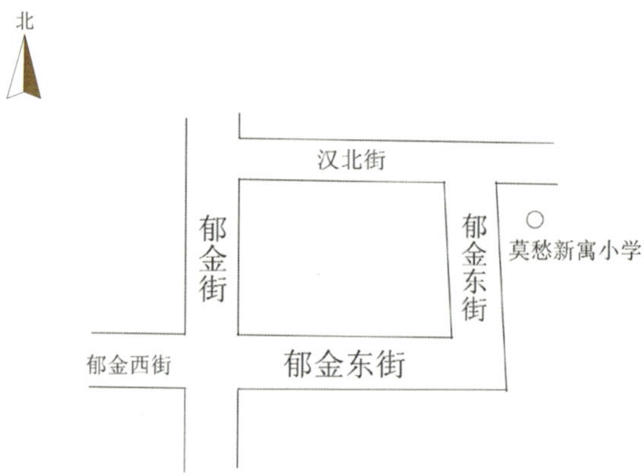

街巷链接

莫愁新寓小学

莫愁新寓小学创建于1983年，原名凤凰新村小学。1991年，更名为莫愁新寓小学。2007年，成为全国教育学会小学教育专业委员会实验学校。2010年，加入琅琊路小学教育集团。学校以“敬畏童年，激扬生命”为办学追求，以“求真、养德、创新”为校训，引领师生共同养成并践行“微笑每一天，努力每一天，成长每一天”的积极人生态度，促进每一位学生全面和谐发展，快乐成长，激励每一位教师德艺兼修，愉快工作。

郁金西街

位于莫愁新寓内，郁金街南段西侧，东起郁金街，西至北圩路，长250米，宽5米。2003年以处郁金街之西，且与郁金东街相对命名。

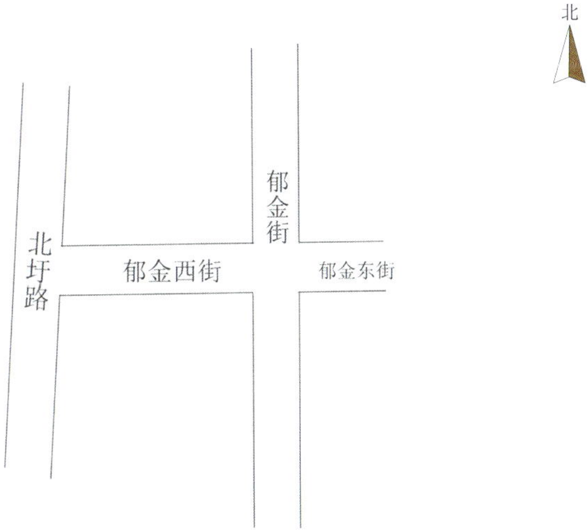

街巷链接

莫愁新寓小区

莫愁新寓小区位于汉中门外，南临莫愁湖，北望清凉山，风景优美，交通方便，分为胜棋里、郁金里、涌泉里、迎春里、荷花里五个片区。1986年设计，1987年开工，1989年竣工。小区用地16.7万平方米，总建筑面积23万平方米，居住建筑面积21.4万平方米，可居住3664户。公共建筑1.6万平方米，包括商业中心、文化中心、卫生院、幼儿园等，配套齐全，生活方便，小区内供水、供电、供煤气等设施也是一体建设交付。

龙园中路

位于龙园东路以西，西起龙园西路，向东再折向南再折向西，呈弧形至龙园南路，长1390米，宽12米。1993年以地处龙江花园城中部命名。

街巷链接

龙江小区

龙江小区位于河西地区中部偏东，东临外秦淮河，西至江东北路，北依定淮门，南到龙园南路。1991年，随着草场门大桥竣工通车，改善了龙江居住区的外部条件，市城镇开发公司开始大面积滚动开发龙江居住区，用3年的时间完成北片开发，又用5年时间完成南片开发。至2000年底，龙江小区已建成宝地园、腾飞园、月光广场、阳光广场、港龙园、白云园、芳草园、碧树园、蓝天园、龙江高校公寓等花园住宅和2所幼儿园、3所小学、2所中学，共计168幢楼房，其中：多层住宅149幢51.46万平方米，高层及小高层19幢43.34万平方米。龙江小区地理优越，房屋造型新颖，环境优美，被称为龙江花园城。

龙园东路

位于秦淮河西岸，与石头城路平行，北起定淮门大街，南至龙园南路，长1650米，宽16米。1993年因处龙江花园城东部命名，江苏广播电视塔就矗立在秦淮河对岸。

街巷链接

雄踞江苏第一塔

江苏南京广播电视塔亦名紫金塔，是南京地区广播电视发射传输中心，可发射6套电视节目、8套调频广播。电视塔始建于1989年，1993年开始无线发射，高318.5米，占地4万平方米，为当时全国第十、江苏第一，著名书法家武中奇亲笔题词“雄踞江苏第一塔”。其塔肢呈三肢挺立，中间镂空造型，雄伟中透出灵秀；居于空中的大、小塔楼，型似飞碟，塔座的登塔大厅、科学宫、群楼与广场、草坪、绿化带组成和谐的建筑群。

龙园南路

位于龙江花园城南部，东起龙园东路与凤凰东街交会处，西至江东北路，长820米，宽14米。1993年以处龙江花园城南部命名，位于南侧的里圩河基本与该路平行流入秦淮河。

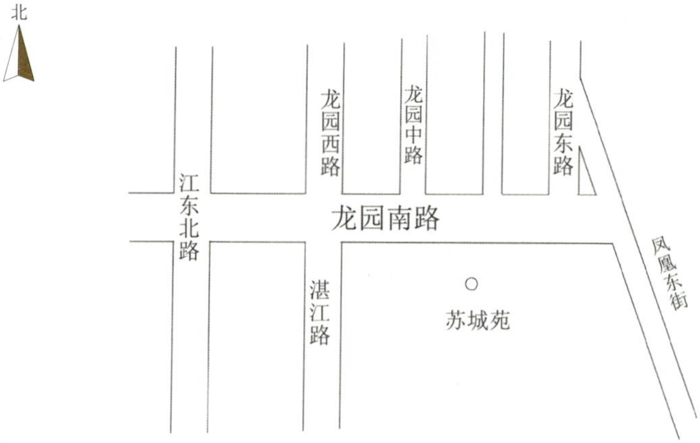

街巷链接

"黑水河"变样了

里圩河起于江东北路，止于里圩雨水泵站，全长743米，原先是龙江闸市区的一条"黑水河"。2016年，里圩河被纳入鼓楼区第一批河道整治对象，通过实施控源截污、河道清淤、排口治理、生态修复、景观提升等一系列整治措施，河道水环境焕然一新。为了确保治理效果持久有序，各级河长上下联动，牵头组织项目推进，协调解决重难点问题，带头抓好河道长效管护，切实履行"管、治、保"的职责。

龙园西路

位于江东北路以东，北起定淮门大街，南至龙园南路，长1530米，宽20米。1993年因处龙江花园城西部命名，周边分布有中青园小区、金陵名人居等多个居民区。

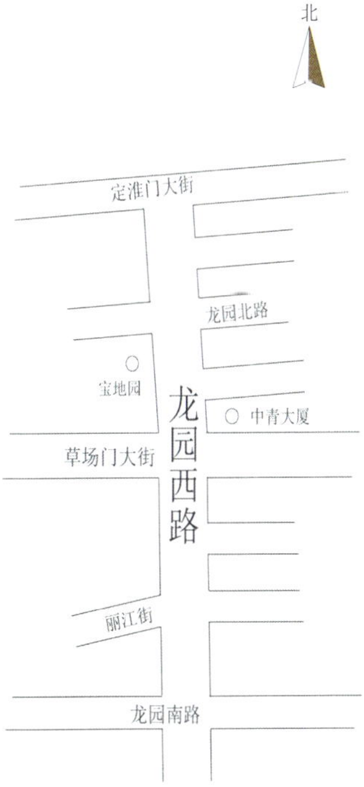

街巷链接

中青园小区率先完成电梯增设

2017年，中青园小区14单元仅用一年时间就完成了增设电梯整个过程。中青园小区不大，除了临马路的一幢高层，另有3幢多层，是省电力设计院上世纪90年代的员工福利房。这3幢多层建筑，均是7层住户外加一层储藏室的无电梯房。一位热心居民牵头倡议，借助市里推动老旧小区增设电梯的优惠政策，从最开始征求意见到进场加装，得益于邻里间的相互理解与支持，还有规划、物管、电力、交警以及街道社区等各部门的支持，可以说整个过程如同“一路绿灯”般顺利。

龙园北路

位于定淮门大街以南，东起龙园东路，西至江东北路，长740米，宽14米。1993年以处龙江花园城北部得名，省妇幼保健院位于道路西首。

街巷链接

全省妇幼保健机构“领头羊”

江苏省妇幼保健院于1998年建成运行，是一所以妇幼为重点、专科特色显著的三级甲等妇幼保健院，以省人民医院强大的综合实力为依托，承担着省妇女儿童的医疗、保健及科教、培训等中心任务，是全省妇幼保健机构“领头羊”、全省妇幼保健技术指导“龙头单位”。医院学科品牌彰显、技术优势突出，生殖医学科、妇科、产科、乳腺病科、护理学科等均为国家级重点临床基地。医院依托省人民医院雄厚的综合实力，整合多个学科成立了“妇女儿童心脏中心”和“儿童血液肿瘤中心”，集聚一流的专家团队和先进的诊疗设施，努力为全省广大妇女儿童提供安全、优质、高效、温馨的医疗和保健服务。

明华新村

位于华侨路以南，紧邻金陵饭店，沈举人巷以北，与平家巷相接，西起慈悲社，东至管家桥，呈东西走向，长200米，宽6米。因路旁为明华新村小区而得名。

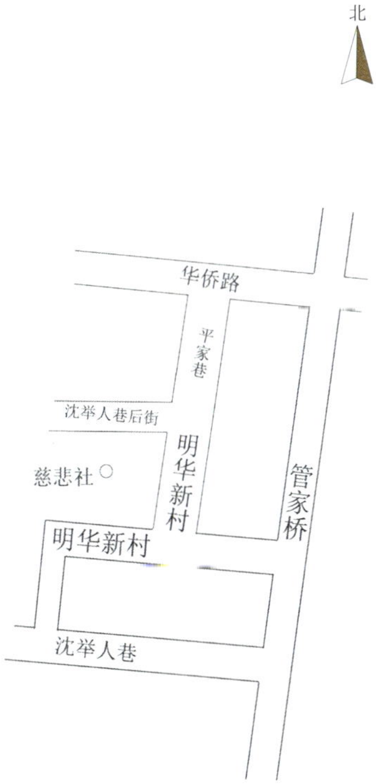

街巷链接

第一高楼——金陵饭店

金陵饭店是曾经的中国第一高楼，雄踞南京第一高楼达十年之久，是南京的标志性建筑，江苏省第一家豪华五星级酒店，中国第一家由中国人自己管理的大型现代化酒店，中国首批六家大型旅游涉外饭店之一。金陵饭店拥有中国第一个高层旋转餐厅、中国第一部高速电梯、中国第一个高楼直升机停机坪。位于饭店36层的璇宫以1小时转一圈的速度缓慢旋转，坐在餐厅里可以俯瞰南京城全貌。

鼓楼新村

位于宁海中学以北，北起西桥，南接宁海路，长190米，宽5米。1932年（民国21年）建村，因处于鼓楼地区，得名鼓楼新村，后以村道为巷，巷以村名，今巷东侧仍有同名村。

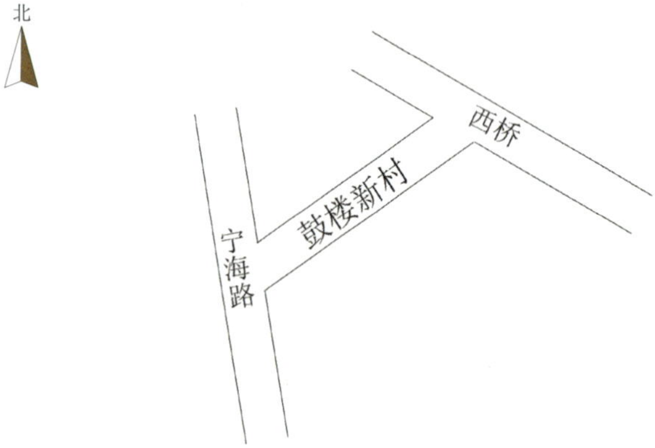

街巷链接

宁海中学12位院士校友

院士墙是宁海中学代表性建筑，12位院士出自一所中学，在全国都是少见的，这12位院士是：

姓　名	身　　份	何届校友	姓　名	身　　份	何届校友
陈光远	俄罗斯科学院外籍院士	1937届	杨立铭	中国科学院院士	1935—1937年
陈俊愉	中国工程院院士	1935届	徐克勤	中国科学院院士	1930年毕业
陆孝彭	中国工程院院士	1937届	武　衡	中国科学院院士	1929—1931年
汤定元	中国科学院院士	1938届	陆元九	中国科学院院士	1936届
顾知微	中国科学院院士	1937届	陶诗言	中国科学院院士	1935—1937年
褚应璜	中国科学院院士	1925届	业冶铮	中国科学院院士	1936届

安怀村路

位于北崮山东侧，北起幕府东路，南至北崮山路，长1600米，宽10米。因路经安怀村而得名。安怀村最早建于1934年（民国23年），取孔子“老者安之，少者怀之”之意，以“安”“怀”二字得村名。

街巷链接

绝不让开国大典的声音受干扰

居住在安怀村460号江苏省军区第一干休所的离休干部艾平是一位参加过开国大典的通讯老兵。71年前的1949年9月28日，他接到了一项特殊任务：在有线通信网络遭到破坏时紧急替补，同时保障开国大典仪式的应急通信指挥。阅兵过程中，由于播放军乐和解说词所使用的大功率高音喇叭对有线通信系统的部分线路造成强干扰，致使电话不能正常使用，指挥部队传达口令遇到了困难，艾平和他所在的特遣队受命立即开通了无线通信，使一道道命令清晰地传达出去，圆满完成了保障任务。

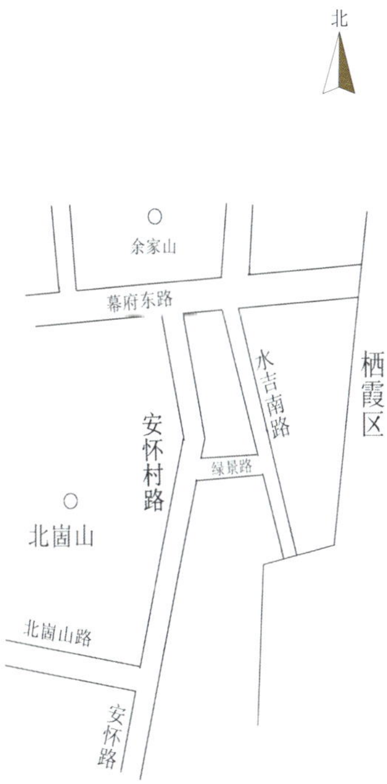

安怀路

位于中央北路以东，南起和燕路，北至安怀东路，长630米，宽18米。因附近的安怀村小区而得名。

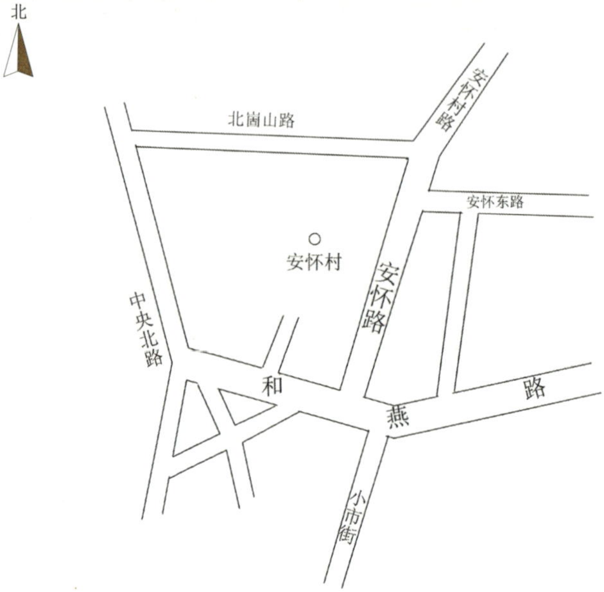

街巷链接

因慈善而建的安怀村

1931年，长江流域洪水泛滥，难民集聚南京，流浪街头无人过问。南京工商界著名慈善家陈经畬和杨叔平决议在城郊创办一所孤儿院，收留难童。几经考察后，他们购买了和平门外一处荒地作为孤儿院院址，取"安老怀少"之意定名为"安怀村"。1934年孤儿院建设完工，开始收养孤贫儿童，由于有资金来源，管理有序，成为当时南京慈善救济事业的宣传窗口。

安怀东路

位于汽轮电机集团东侧，西南起安怀路，东北至下关区与栖霞区交界处道路，长530米，宽20米。因处安怀路南段东侧而得名。

街巷链接

少年天子葬于此？

1981年，南京市博物馆在汽轮集团内发掘清理出一座东晋大墓，墓制规格高，出土随葬品种类繁多、组合齐全，尤其是出土的玻璃器皿极为珍贵。专家推断这座墓有可能是东晋穆帝司马聃的陵寝。司马聃是东晋第五位皇帝，两岁登基，十九岁病逝，庙号孝宗，谥号穆皇帝。

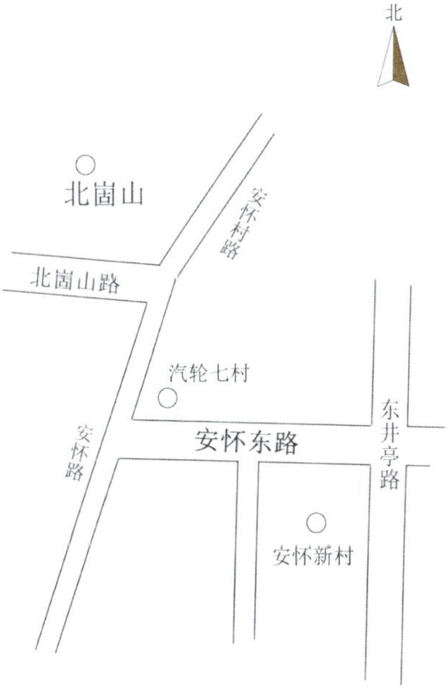

鲁民路

位于新民路以东，北起建宁路，南抵五所村，长335米，宽8米。以临近鲁民村（现为五所村）得名。

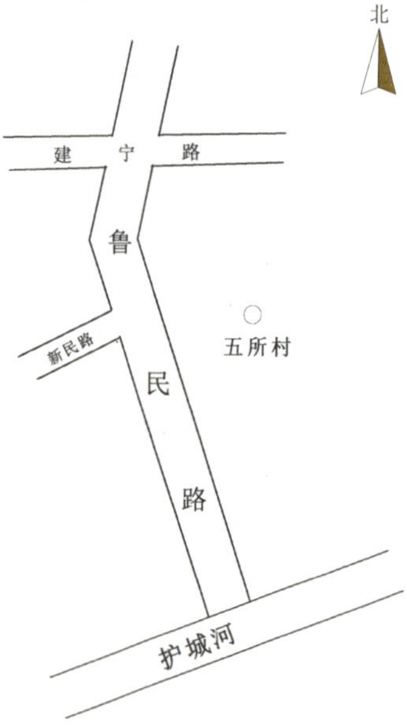

街巷链接

鲁民、鲁民村、鲁民路

1931年，大批山东灾民因发大水逃荒来到南京，初来时居无定所。他们地域观念强，团结一致，占据了头所东面的一片旷地，群体迁居于此，搭棚居住，逐渐形成村落，故称“鲁民村”，现名五所村，村边形成街巷，称为“鲁民路”，沿用至今。昔日，鲁民路两侧皆为棚户区，居民以种菜为生，经多次拆迁改造，整体环境得到了根本改善。

五百村路

位于幕府东路南侧，东北起幕府东路，西南至中央北路，长1200米，宽10米。因附近有五百村小区而得名。始建于1986年，1997年改建成城市次干道。

街巷链接

由数字而来的五百村

五百村是南京古城北门外老百姓聚居的地方，有渔米夫，有菜农，有手艺人，各类小商小贩逐渐形成了规模。古时居民以百户为村，排到第五个一百户时，称为“五佰村”。新中国成立后“佰”简为“百”，称“五百村”。

锦江路

位于清江路以东，南起汉中门大街，北至湘江路，长1140米，宽10米。2003年因处锦江花苑小区西侧而得名。

街巷链接

热心公益的抗疫英雄

2020年6月30日，家住锦江路3号政院新寓的朱喆一家在“七一”建党99周年到来之际，专程到社区向公益组织“爱心园”捐款1万元。朱喆是一名有着18年党龄的军人，也是一名抗疫英雄。年初的新冠疫情暴发后，他随部队奔赴武汉火神山医院，担任本单位援鄂防疫救治医疗队队长，在武汉抗疫一线连续战斗了70天。这期间，街道和社区的工作人员多次登门走访慰问，帮助照顾他年迈的父母，解决了他的后顾之忧。朱喆胜利完成火神山医院的抗疫任务回宁后，将他的立功奖金和慰问金捐给社区“爱心园”，用于帮助困难群体。

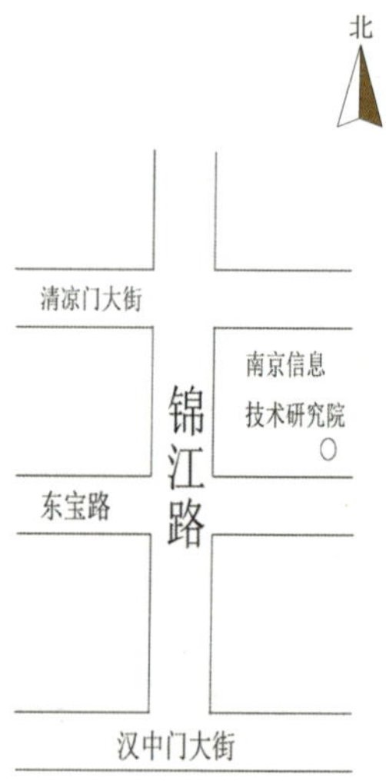

工农新村

位于京沪铁路以南，南起建宁路，北至工农新村小区内，长180米，宽5米。因工农新村小区而得名。

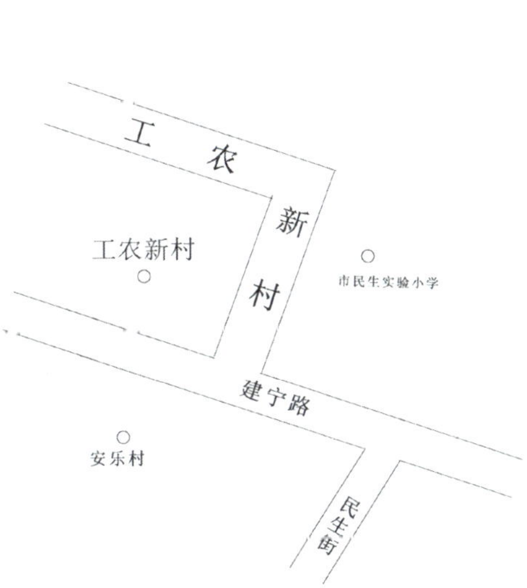

街巷链接

七十年老小区的群众呼声

工农新村小区内部分房屋最早建于1930年左右，房屋建筑风格多样，青砖小二楼散发年代感、弧形小楼透露西洋风，据说曾经是大户人家的庭院。1953年，南京铁路局在此地兴建职工宿舍，名老公房。1967年更名为工农新村，有68幢2~7层楼房。由于年久失修，居住生活环境极差，小区群众迫切盼望得到改善：一是能够纳入征收范围，二是打造成以铁路为主题的人文景区，三是改造成餐饮文化园。

中保街

位于江东北路以西，东起中保绿苑小区西门，西抵沅江路，长460米，宽12米。1996年因地处中保村而得名。

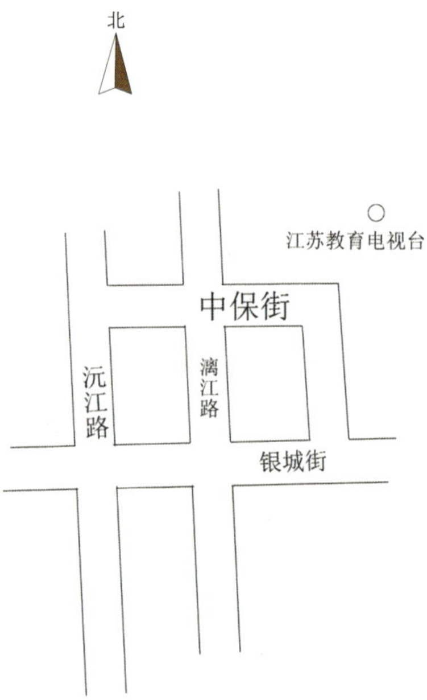

街巷链接

走进社区体验廉洁文化

中保街南侧的宝船社区有一所廉洁文化体验馆，2015年对外开放，是全国首家社区廉政文化教育基地。场馆紧紧围绕“水、德”这条主线，着力挖掘宝船遗址历史积淀和地域特色，以鼓楼区历史人物和普通群众的故事为素材，实现水文化和廉洁文化的有机结合，包含“上善若水、崇水之德”“至善至真、平凡坚守”“清水鉴心、厚德载物”“天道爱人、劝善惩恶”“廉洁江东、幸福港湾”等5个主题，访客可以通过融入、互动、体验等特色方式感受金陵廉史文化的魅力。

东宝路

位于汉中门大街以北，东起江东北路，西至扬子江大道，长1070米，宽17米。1993年以处东宝花园之南得名。

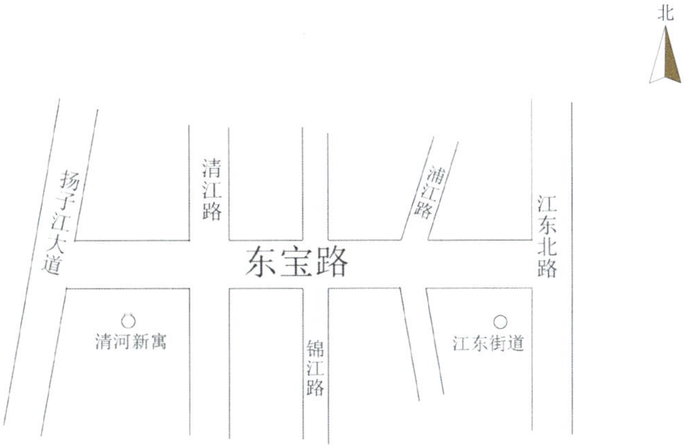

街巷链接

百米长廊情意浓

设立于2004年的“心手相牵爱心园”公益服务品牌，依托东宝路所在的清河新寓社区门口一段百米文化长廊开展公益行动。16年来，沿着长廊安排了放学吧、修脚站、助餐点、家政中心、名人名家工作室、清凉补给站等10多个公益服务空间。随着社区爱心公益行动的不断升级，目前已有1000多名爱心团成员，筹集到的“爱心基金”全部用于各类公益爱心活动。

南秀村

位于南京大学西侧，西起上海路，东至南京大学住宅小区南门，长400米，宽5米。因位于南秀村小区附近得名。

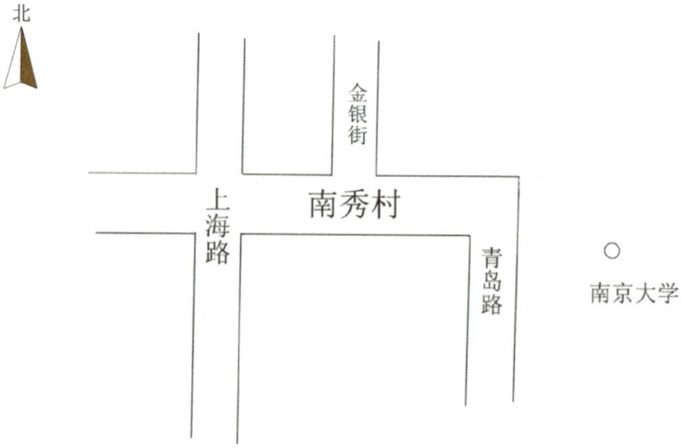

街巷链接

北大楼的早中晚

作为百年南大的地标性建筑物，北大楼已静静地矗立在中轴线上近百年了。南京大学北大楼即原金陵大学钟楼，在校园中轴线的最北端，是金陵大学的主楼。清晨，伴着第一缕阳光，匆匆扫一眼北大楼，宛如惊鸿一瞥，难忘怀。和着晨起打太极拳的老者、偶尔路过的学生、教师的脚步声、说话声，北大楼显得淡雅而又雍容。午间的北大楼少了几分严肃，多了几分活泼与欢笑。搬着相机专注拍照的人随处可见，带着家人、朋友来游玩的南大师生的交谈声、笑闹声也为午间北大楼增添了不少活力。夜晚将至，在夕阳余晖的掩映下，北大楼少了人流如织，多了几分安静与厚重。

金达路

位于金达花园东侧，西北起幕府西路，南至立信物流，长500米，宽10米。因路西的金达花园而得名，金达路6号是鼓楼市政管养集团。

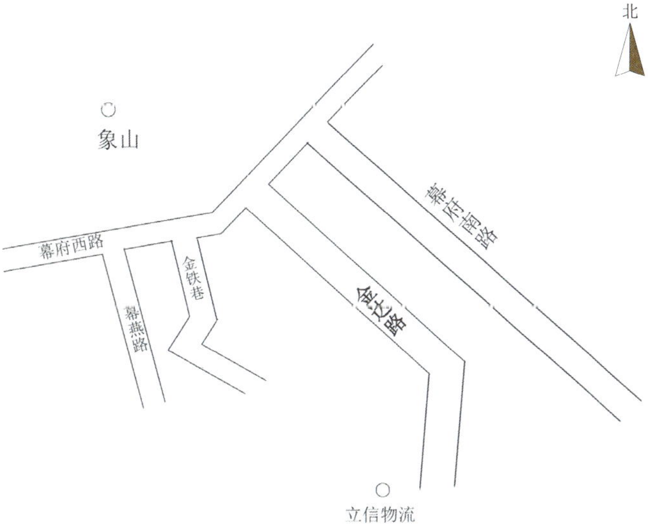

街巷链接

垃圾分类走进市民生活

2020年11月1日，《南京市生活垃圾管理条例》正式实施，南京进入生活垃圾强制分类时代。按规定，南京居民小区将围绕垃圾分类收集点建设、指导员队伍配备、立体化宣传动员等方面有序推进垃圾分类工作，确保强制分类顺利起步。管养集团作为此项工作的主要承接单位，不仅要继续做好传统的垃圾清运，还要做好宣传指导工作，既要干好以前突击队的角色，又要尽快适应宣传队和教导队的工作节奏，全面组织发动、引导广大群众自觉遵守《条例》，养成文明健康的良好生活习惯。

金贸大街

位于中央路以西，南起新模范马路，北至建宁路，长1400米，宽20米。因附近有金贸花园小区而得名。该路原为芦席营北段，2000年改现名，北面就是声誉卓著的金桥市场。

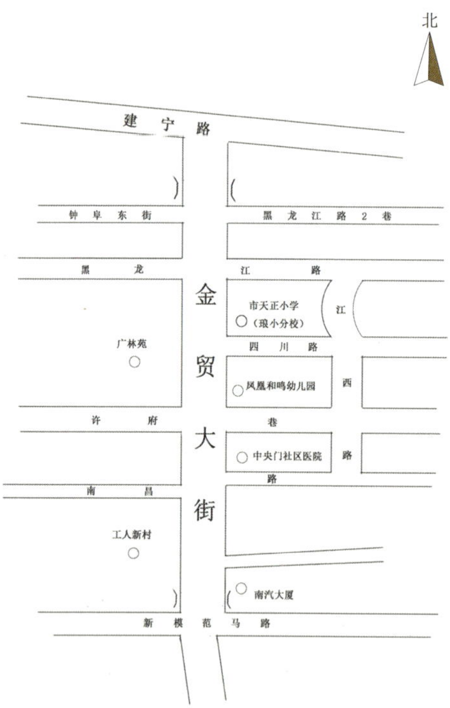

街巷链接

金桥市场的新未来

作为南京市首家大型日用工业品批发市场，金桥市场开启了南京人“吃批发、淘生活”的生活篇章，带动了建宁路大市场商业氛围。随着电商行业兴起，大市场经济受到严重冲击，市场人气也逐年下降，金桥紧跟时代发展潮流，引导商户适应新经济模式，不少新生代商户更是成为网红达人；同时金桥计划开辟旅游文创专区，提升竞争力。

涌泉街

位于汉中门外，莫愁新寓胜棋里东侧，南起汉中门大街，北至胜棋街，长160米，宽8米。1988年以近涌泉里而得名。

街巷链接

社区家书朗读会

莫愁新寓社区积极拓展家庭教育形式，组织开展"情溢莫愁，温情邻里"一封家书朗读会。社区居民围绕"家风、家训、家教"主题踊跃投稿，社区遴选了9封家书现场朗读，内容包括家庭和睦、邻里互助、科学教子、热爱祖国等方面，满含着作者对家人的亲切期盼和真情实感，字里行间流露出浓厚的爱国情怀和家国大义，感人至深，激人奋发。

涌泉北街

位于汉中门大街以北，莫愁新寓涌泉里西侧，南起胜棋街，北至汉北街，长160米，宽6米。1988年以处涌泉街以北而得名。

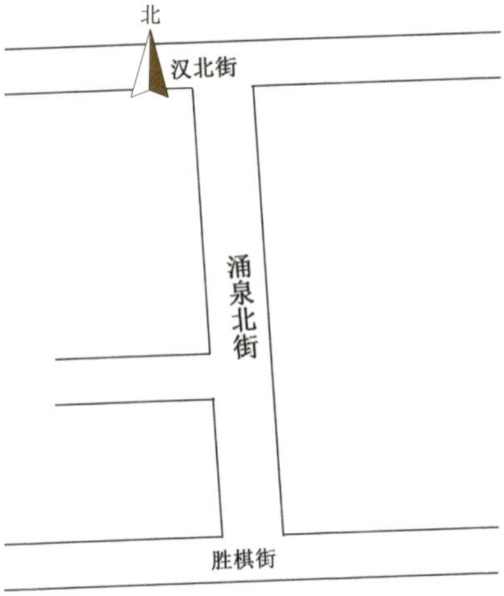

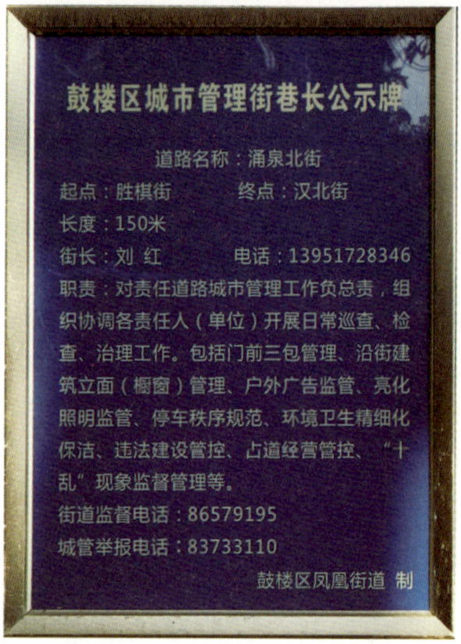

街巷链接

让生命安全教育生动起来

涌泉里7号有一处国内首家街道级红十字宣传教育专业场所——鼓楼区凤凰生命安全体验馆。该馆建于2014年，分为红十字文化宣传区、自然灾害知识区、家庭安全知识区、生命健康知识区、道路交通安全知识区、急救知识培训区、挑战测试区等7个区域，集体验、自主学习、教学培训为一体，向市民免费开放。市民在这里可以通过操作体验，了解并掌握紧急情况下的应对措施和方法，增强自救与互救能力；通过系统急救知识培训，掌握急救知识和技能，争取“救命的黄金4分钟”，从而达到“挽救生命，减轻伤残”的目的。

金宁新路

位于红山动物园以北，西起玉苑路与燕亭路交接处，东至和燕路，长436米，宽5米。因路旁为金宁新村小区而得名。

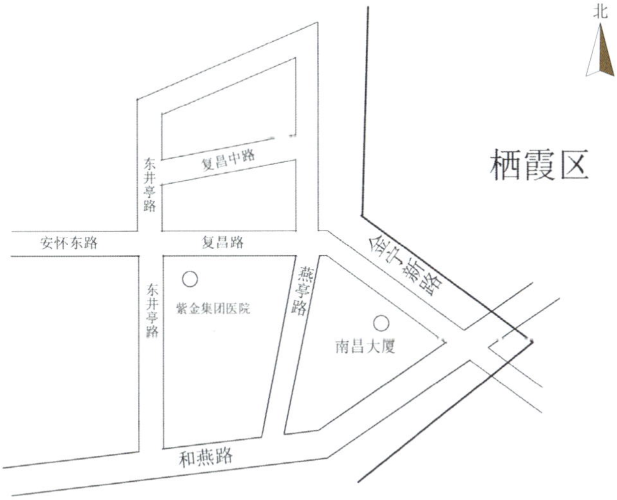

街巷链接

红山动物园

在很长一段时间里，南京的孩子最想去的地方就是红山动物园。红山动物园是国家AAAA级旅游景区，园内山峦叠嶂，绿化覆盖率达85%，展示着世界各地珍稀动物216种，2600余只。动物园以独特的森林景观、丰富的动物资源、多彩的主题活动成为中国最具特色的动物园之一，每年吸引来自世界各地的访客达五百万人次。在做好园内野生动物保育工作的基础上，红山动物园同时肩负着江苏地区野生动物的收容救护工作，积极发挥着本土野生动物综合保护的重要职能。作为全国科普教育基地，红山森林动物园积极开展形式多样的公众教育项目，致力于培养公众对自然、对生命的同理心、爱心和感恩之情，提升大众保护野生动物及生态环境的意识和行动力，已成为展示江苏省、南京市生态文明的重要窗口。

陶谷新村

位于上海路北段东侧，东起平仓巷，西至上海路，长400米，宽7米。因附近陶谷新村小区而得名。民国初年即建新村，民国《首都志》已载有此新村名。

街巷链接

跨界学者陶弘景

陶谷新村旧名陶谷，据说南朝学者陶弘景曾在此居住，并植梅数株，悠然自乐。陶弘景在药学、科技、文艺上多有建树，是名副其实的跨界学者，他虽然隐居不仕，但时人却对他有“山中宰相”的雅称。他主张儒、佛、道合流，将顾欣《真迹》重新编次增饰，撰成《真诰》20卷，被视为道教经典。他懂得钾盐和钠盐的鉴别方法，他编的《古今刀剑录》是记载当时金属冶炼成就的重要文献。在医学上他增补东晋葛洪的《肘后要急方》，编撰成《肘后百一方》；编著的《本草经集注》7卷，记药物730种，首创按药物自然属性和治疗属性分类的新方法，成为中国药物分类的标准方法，沿用1000余年。

金城路

位于丁山花园大酒店以西，南起察哈尔路，向西再向北至金城花园南门，长280米，宽8米。2003年因此路通向金城花园小区而得名。

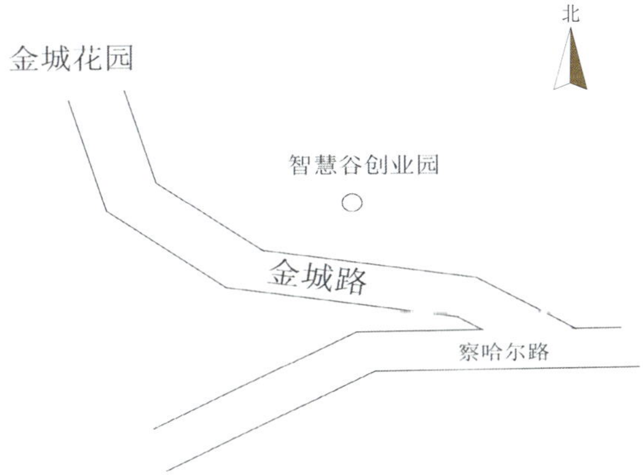

街巷链接

"洋油"之痛

四五十年前，"洋油""洋火""洋枪"等称呼在上了年纪的人口中十分流行，这背后其实承载了旧中国工业落后，饱受帝国主义经济侵略的痛苦历史。解放前，丁山花园大酒店所在地有一家亚细亚火油公司，又称亚细亚商行商务办事处，就是一个向中国倾销"洋油"的外国公司。该公司专营石油贸易，是国际石油垄断组织之一，也是当时国际上最大的托拉斯——英荷壳牌集团的一个子公司，销售产品最初为煤油，后又增加汽油、柴油、航空燃料、重油、润滑油、沥青、石蜡等，中国是它的最大市场。该处由英国、荷兰等不同风格的建筑及附属设施组成，地处山坡顶部，环境清幽，目前留有5幢保存完好的民国建筑。

惠悦巷

位于中山北路以南，东起热河南路，西止郑和中路，长220米，宽10米。周边有力人学校、惠纺园小区和复兴大厦。

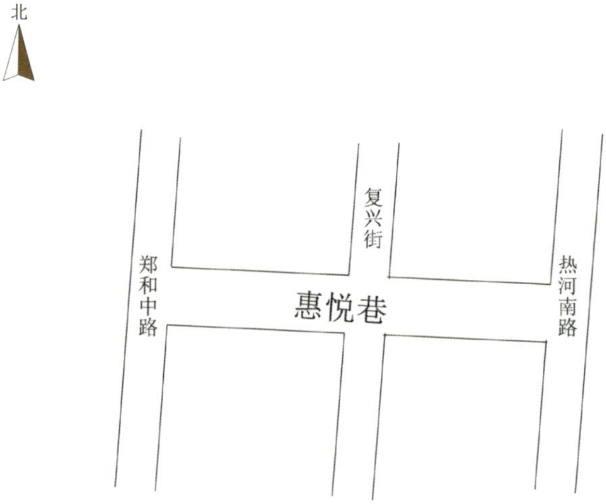

街巷链接

南京力人学校

2020年9月，南京力人学校正式招生开学。该校是九年一贯制学校，小学部由力学小学办学，初中部由树人学校办学，力学小学校长和树人学校校长分别兼任新校小学、初中的校长。据当地教育部门介绍，“师资也是由力学小学和树人中学一体化管理，通过教师的统一培训、交流和管理，更好地将两校的优质文化、课程资源、师资力量带到力人学校。”

双燕路

位于金燕路以东，北起宝燕南路，南至象山路，长400米，宽12米。因路两侧分别有燕江园小区和燕归园而得名，路南端紧邻京沪铁路。

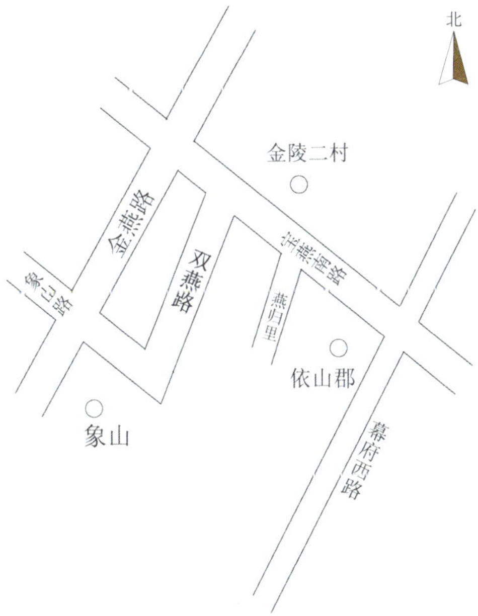

街巷链接

百年京沪铁路

京沪铁路连接北京和上海，是中国铁路网中南北走向的大动脉，由原京山铁路京津段、津浦铁路和原沪宁铁路共同组成。京山铁路北京到天津段，建于1897年至1900年。津浦铁路，起于天津北站终至南京浦口站（原南京北站），于1908年动工，1912年建成。沪宁铁路，起于下关站(南京西站)终至上海站，于1905年动工，1908年建成。南京长江大桥建成前，南京浦口和下关之间要用轮渡接驳，大桥建成后，京沪铁路才算真正接轨，并正式定名京沪铁路。

翠平路

位于金域中央广场西南侧，西北起幕府西路，东南至戎军路，长280米。宽25米。

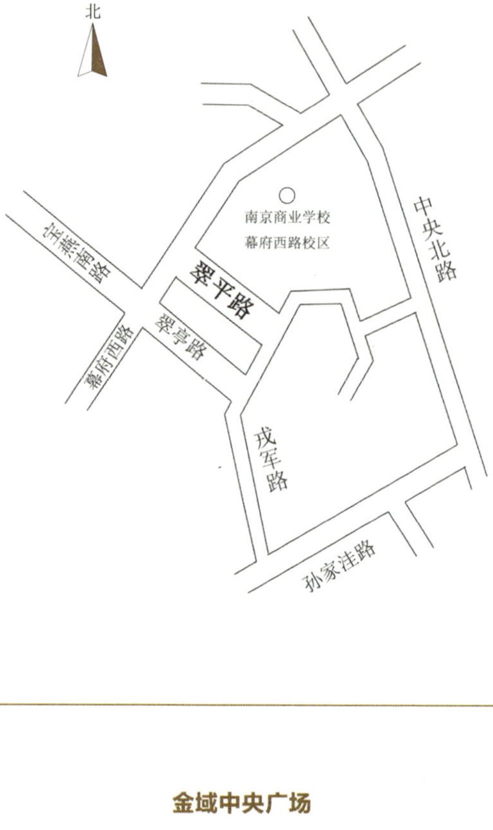

街巷链接

金域中央广场

金域中央广场1.5公里半径内约有5万常住人口，之前此处尚无任何形式的集中生活商业配套，该广场恰好填补了这一空白。作为区域生活商业中心，广场的商业业态以餐饮休闲娱乐类生活配套型商业为主，总建筑面积约6.5万平方米，其中地上面积约4.5万平方米，地上共15层，有三大业态：缤纷商业、精装酒店式公寓、精品商务酒店，分别命名为纬一国际街区、纬一国际时区、精品商务酒店。其中1~3层为集中商业，4~14层东侧为精品商务酒店，4~15层为精装酒店式公寓。

凤熙路

位于清凉门大街以南，紧邻秦淮河，东起凤凰东街，西至北圩路，长500米，宽10米。以附近的中海凤凰熙岸小区命名。

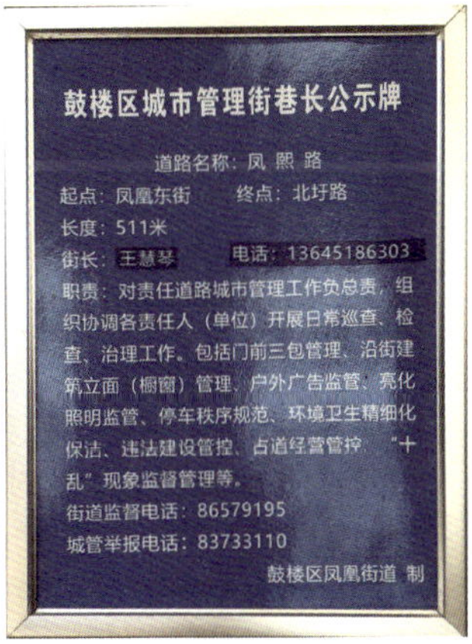

街巷链接

凤凰熙岸社区

2017年凤凰熙岸社区成立，这标志着鼓楼区社区数量达到120个。社区辖区面积20.4万平方米，住户3263户。虽然成立时间最晚，但是社区各项工作开展得有声有色。成立以来，社区坚持党建引领，紧扣时代要求及居民需求，全面整合社区资源，联合驻区商家企业开展为民服务项目订单认领，为居民提供品牌服务和个性化定制服务，服务效果明显，得到了社区群众和各级部门的充分肯定，为此先后荣获江苏省五四红旗团支部、南京市优秀社区家长学校等多个荣誉称号。

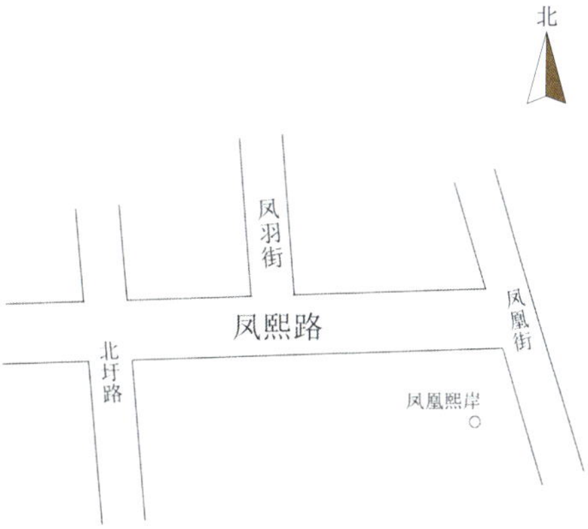

高鼓村路

位于郑和南路以西，东起郑淮路，西至郑和南路，南接新河村，北近下关大桥，长210米，宽4米。1933年（民国22年），中央银行在此堆放泥沙，因高出地面，人称高鼓堆，后成村，以高鼓堆为名，后成街巷，1950年以村命名。

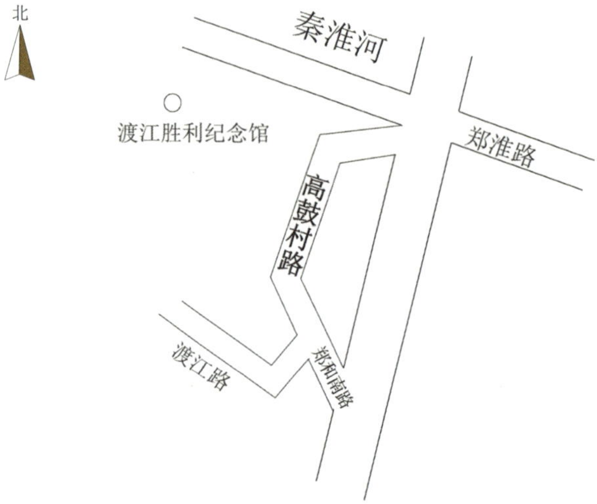

街巷链接

异地复建的道胜堂

2009年，基督教道胜堂在三汊河高鼓村复建，总建筑面积约3000平方米，可容纳1000多人聚会，2014年对外开放。道胜堂原址位于中山北路408号（今南京市第十二中学），由美国圣公会差会创建于1915年，意为“以道胜世”。道胜堂建筑外观为典型的中国古典风格。1958年南京基督教实行联合礼拜，道胜堂教堂关闭，改为南京市第十二中学图书馆，现名为约翰·马吉图书馆，以拍摄南京大屠杀日军暴行的道胜堂牧师约翰·马吉命名。1992年，道胜堂旧址被列为南京市文物保护单位。

戎军路

位于幕府南路以东，北起戎军花园，南至孙家洼路，长600米，宽15米。因附近的戎军花园而得名。

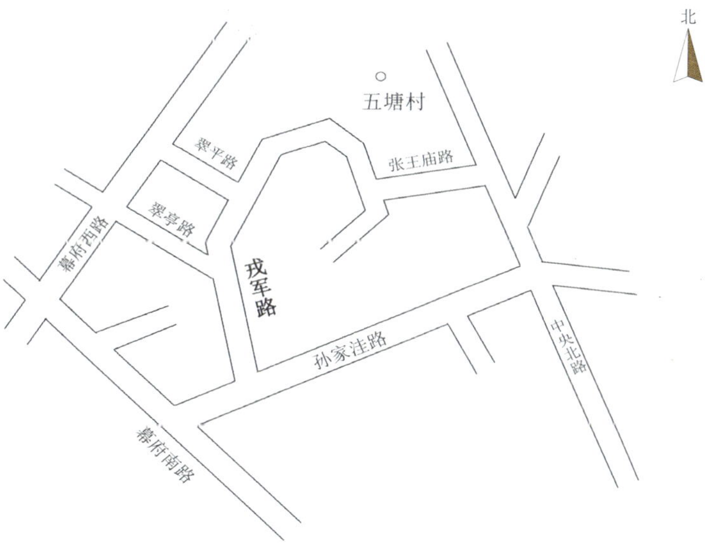

街巷链接

戎军花园小区织牢织密疫情防控网

戎军花园小区是军队经济适用房，业主主要是现役军人、转业干部和部队职工。疫情暴发后，以军人和退役军人为主的业委会以高度负责的态度，自觉站在疫情防控第一线，和广大业主一起尽心尽力地守护着家园，自发轮流为居家隔离人员以及出门不便的业主送上米面、蔬菜，以及测量体温等，做到隔离不隔心、隔离不隔情，为小区疫情防控撑起外防输入、内防扩散的“安全伞”。

建材巷

位于金川河以东，北起建材新村北侧，南至幕府西路，长226米，宽7米。因建材新村而得名。

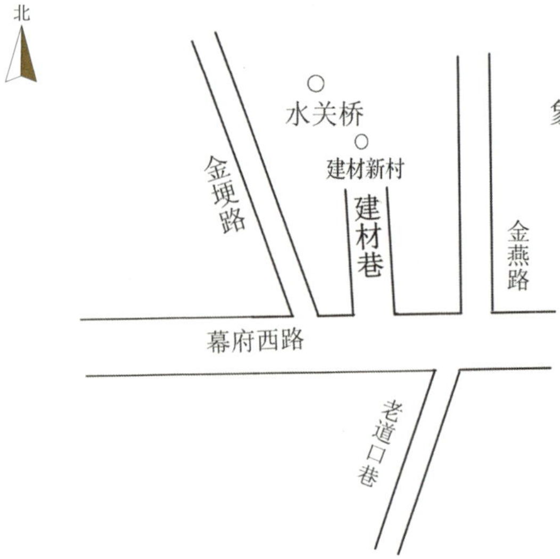

街巷链接

这个社区好人多

建材巷所在的水关桥社区各类好人扎堆。全国劳模毛常陆退休后利用道路养护专业知识和自学的绿化修剪手艺为多个小区提供志愿服务；“金牌志愿者”刘国璋老人组织了金川河卫士志愿服务队，目前队员已超百人；“中国好人”江华樑20多年来无偿献血15万毫升，献血小板100次。其他还有很多好人，大家共同撑起了一个名声在外的友善社区。

平安里

位于湖南路以北，东南起童家巷，西北至司背后街，长430米，宽5米。周边有平安里小区、平安公寓等。

街巷链接

昔日山西路广场的精彩

以前从平安里经童家巷穿过马台街就是山西路广场东侧门，附近的老百姓都喜欢从这走，不用绕到湖南路或中山北路入口。孩子们在人工湖边逗弄、喂食金鱼，青年情侣则在湖边长廊窃窃私语，小树林边是老人们锻炼的优选之地。休闲凳上坐着的除了游客，多是等待孩子在青少年宫上课的家长。到了晚上徜徉在五光十色的灯光里，听着从灯柱音响设备里传出的悦耳动听的音乐，别有一番美好滋味。

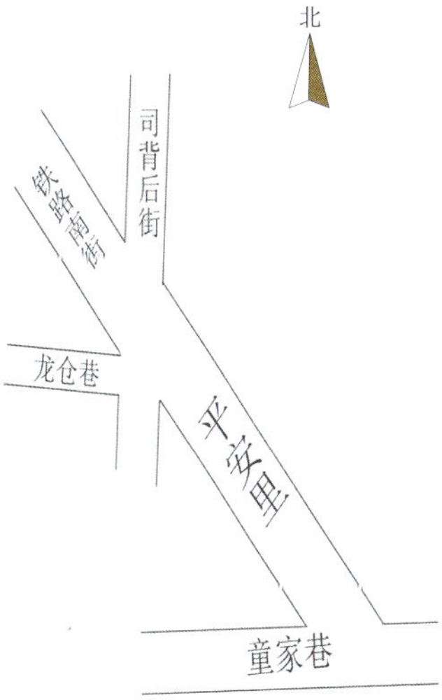

义民路

位于大桥南路以西，西起四平路，南至建宁路，呈L型，西东转北南方向，长392米，宽4米。因路旁有义民村而得名。

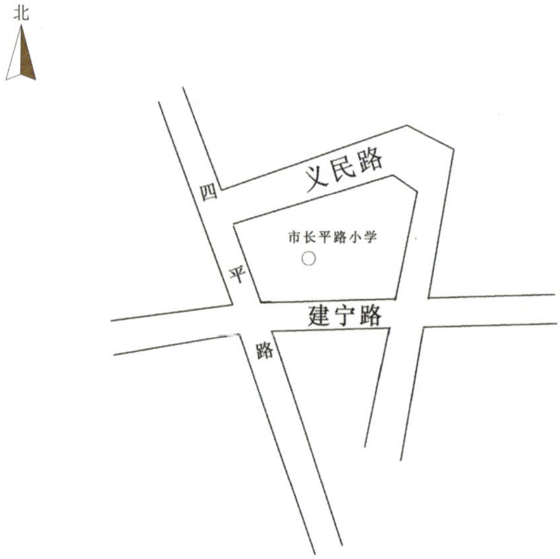

街巷链接

因移民而来的义民路

义民村原为“移民村”，又称“难民区”，位于四平路北段东侧，金川河西岸，南抵建宁路，北至京沪铁道边，原为荒坡地。该地原先属于三所村范畴，时有外地难民来此寄居，茅草搭房，开荒种地。1946年，老金川河故道发大水，河边居民遭水淹，也纷纷移此搭棚居住，人口渐多，“移民村”由此得名。1950年，取谐音更名为“义民村”，村旁道路即为“义民路”。

迎春街

位于莫愁新寓迎春里东侧，南起汉中门大街，北至胜棋街，长220米，宽8米。1988年因紧靠迎春里小区而得名。

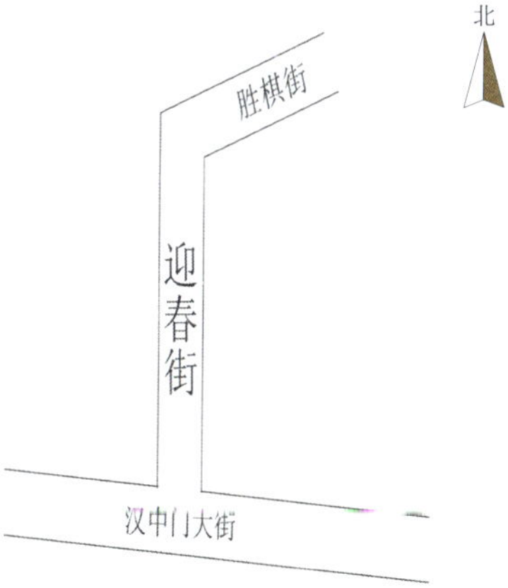

街巷链接

不一样的社区讲堂主讲人

居住在莫愁新寓的退休工人万东身患直肠癌、肝硬化等多种疾病，但他一直保持乐观心态，志愿参与公益事业，主动捐赠遗体，还无偿将祖上传承的乾隆御赐玉环捐赠给南京市博物馆。他从小爱好历史，还是南京历史学会会员，先后参与研究并发表多篇学术文章。他一直希望把研究、整理的南京历史资料贡献出来，流传下去，让更多人知道。社区为此专门为老人策划开办了"社区讲堂"，邀请万东作为社区讲堂的首位主讲人，定期给社区居民讲述南京历史。

燕江路

位于燕子矶西长江边，西南起象山路，东北至中央北路，长1600米，宽30米。以路在燕江新寓附近得名。始建于1946年（民国35年），因是下关至燕子矶江边路，名下燕路。此路为其西段一部分，1998年拓宽延伸至象山。

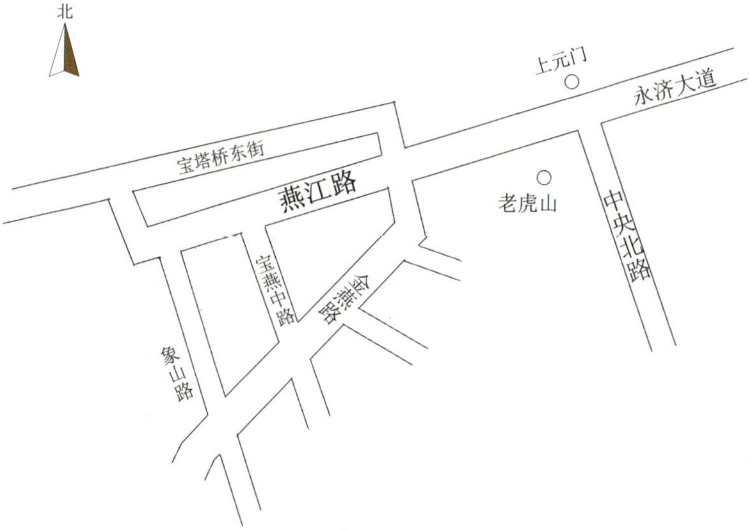

街巷链接

借山而建的上元门

上元门为南京明城墙外郭城的十八座城门之一，位于幕府山西侧，以山体为墙而建。始建于1390年（明洪武二十三年），是为弥补和加强京城的防卫而建造，城垣本体以丘陵、垒土为主，只在城门等防守薄弱地段加筑城砖，高大概在8~10米，宽6~8米。清末民国时期，上元门逐渐衰败，地表城门现已不存，仅存地下遗址，地名沿用至今。

08

铁路、车站、桥梁命名

铁路南街

位于新模范马路西段南侧，南起龙仓巷，北至新模范马路，长487米，宽5米。1959年市内小铁路京市铁路拆除后，在路基上分南、中、北三段建街，此街属南段，故名铁路南街。

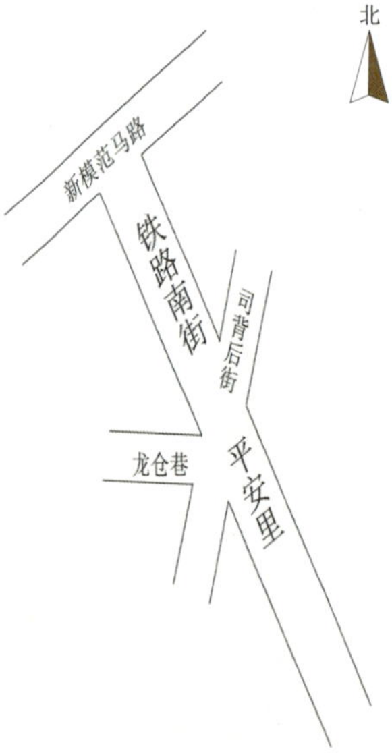

街巷链接

抗疫英雄邱海波

距离铁路南街向东不远就是中大医院，在抗击新冠疫情的斗争中，中大医院涌现了一大批救死扶伤、忘我工作的抗疫英雄，其中邱海波教授就是这个英雄群体的领队人，他那“一月白头”的图片曾传遍网络。从2020年1月20日奔赴武汉，到4月26日转战黑龙江，17天之后又赶往吉林，6月5日邱海波终于顺利回到阔别139天的家乡。139天里，作为一名重症医学专家，重症患者在哪里，邱海波就在哪里。他深入临床一线，密切关注轻型、普通型患者的病情变化，制定了预警指标及相应治疗原则。他总结重症患者的死亡危险因素，提出了重症患者早期识别、预警和早期治疗原则。邱海波用最早的出征、最久的坚守，彰显了江苏人识大体顾大局的优秀品质。

铁路北街

位于南京财经大学以西，南起萨家湾，北至金川门桥，长520米，宽17米。1959年南京拆除市内小铁路，路基分三段建街，此街处北段，故名。

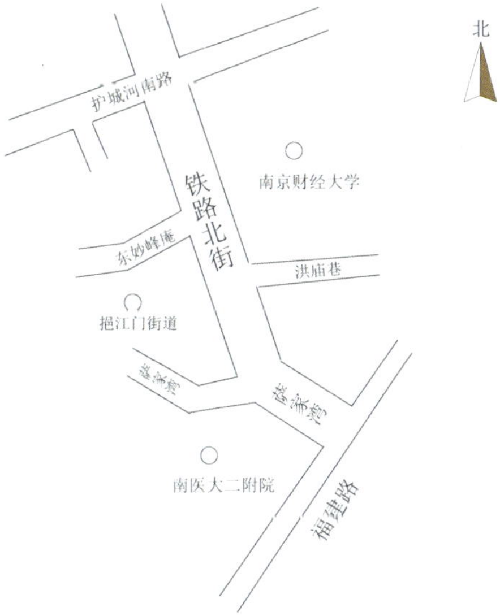

街巷链接

南京财经大学

南京财经大学的前身是成立于1956年的粮食部南京粮食学校。1981年，升格为南京粮食经济学院。1993年，更名为南京经济学院。1999年，南京物资学校并入南京经济学院。2000年，江苏财经高等专科学校、江苏经济管理干部学院并入。2003年，经教育部批准，南京经济学院正式更名为南京财经大学。2011年，江苏省人民政府与国家粮食局签约共建南京财经大学。经过六十多年的发展，南京财经大学的办学规模、办学质量都得到了长足发展，知名度不断提升，现在的录取分数线已经超过一些211大学。

大桥南路

位于长江大桥以南，北起大桥南工字堡，南至盐仓桥广场。该路为配套南京长江大桥通车而开辟，长1178米，宽36米。始建于1968年，1978年全线进行罩面加层，1992年建设高架路。大桥南路高架路是南京第一座高架桥，起自长江大桥南端工字堡，跨越建宁路和盐仓桥广场，落地于虎踞北路双门楼宾馆门前。该桥为预应力钢筋混凝土连续展翅梁桥，桥墩为哑铃形的柱式墩，结构轻巧，造型美观。

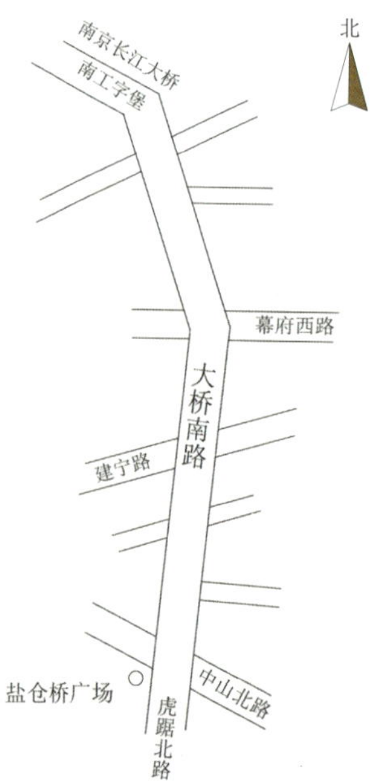

街巷链接

万里长江第一桥

南京长江大桥是长江上第一座由中国自行设计和建造的双层式铁路、公路两用桥梁，有“争气桥”之称。1959年开工建设，在建设过程中，克服了技术、自然灾害等多方面的困难，1968年建成通车。大桥上层为公路桥，长4589米，宽20米，可容4辆大型汽车并行，是沟通南京江北新区与江南主城的要道之一；下层为双轨复线铁路桥，宽14米，全长6772米，连接津浦铁路与沪宁铁路干线，是国家南北交通要津和命脉。长江大桥是南京的标志性建筑、江苏的文化符号、中国的辉煌，也是著名景点，被列为“新金陵四十八景”，2016年入选首批中国20世纪建筑遗产名录。

车站东巷

位于紫峰大厦北侧，西南起中央北路，东至中央路，长210米，宽12米。清末即有巷，因处京市小铁路鼓楼车站之东而得名。

街巷链接

雄踞八年江苏第一的摩天大厦

2018年随着苏州国际金融中心的建成，江苏的第一高楼易主，紫峰大厦让出了占据八年的老大位置。紫峰大厦于2010年竣工，总高450米，在当时是江苏第一、中国第六、世界第十高楼。作为南京地标，紫峰大厦是具有极大知名度和高度认同感的城市公共活动中心，同时也是具有极大辐射影响的超高层建筑。该建筑形态新颖独特、空间宽敞、环境优美、科技含量高，是具有超前先进技术的标志性建筑。

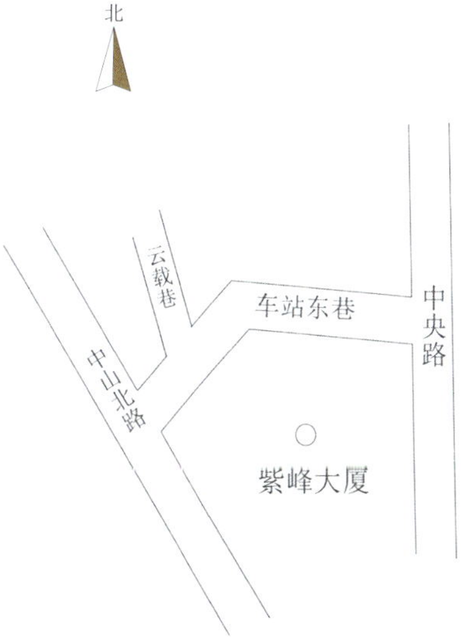

老道口巷

位于象山小学西南侧，北起幕府西路，东南至象山和园北门，长120米，宽7米。

街巷链接

象山小学获赠“神奇魔法箱”

2017年，公安部交通管理局与中国少年儿童新闻出版总社联合开发了一种少年儿童交通安全资源包——交通安全教育魔法箱。这个“神奇魔法箱”内含近百个交通安全歌谣、视频、挂图、动画等资料内容，涉及中小学生应知、应会的交通安全常识等，并附有交通安全互动游戏、拼图等教具。象山小学是南京首批获赠魔法包的学校。神奇的道具、活泼的语言、有趣的小游戏，同学们通过小小魔法箱，在交警的带领下学到了不少交通安全常识，增强了自觉遵守交通法规的意识。

桥洞路

位于长江大桥南引桥下，西北起方家营路，东南至桥景苑小区，长145米，宽8米。因穿越大桥桥洞而得名。

街巷链接

万人冒雨走大桥

2018年12月26日，长江大桥维修改造工程竣工，通车在即，12月26日至28日三天向公众开放。“市民开放日”首日，虽然下着雨，但在南京长江大桥入口和桥上，全是撑伞观看的市民，足有万人，十分壮观。人们在桥上和桥头堡处，边走边看，不时驻足拍照合影，感受“整容”后焕然一新的长江大桥。

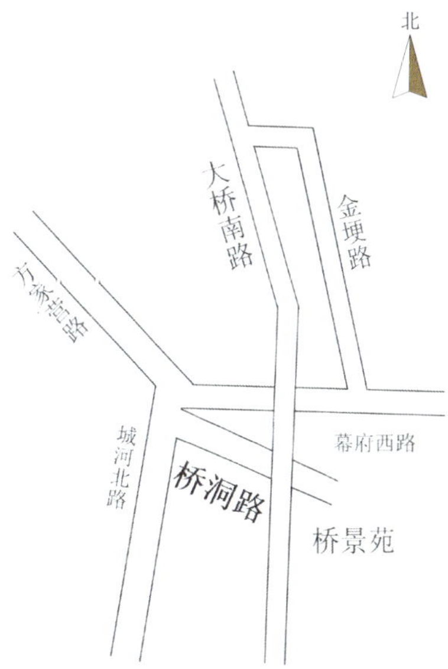

小粉桥

位于广州路东端北侧，南起广州路，北至汉口路，长480米，宽7米。路以桥名。传明代此地附近有胡家花园，院内有一小桥名小粉桥。又传因有人在此开做粉丝的作坊，附近有一小桥，故名小粉桥。国际友人拉贝曾居住于此。

街巷链接

仁爱典范——拉贝

小粉桥1号是国际友人拉贝在南京的旧居，现改称拉贝纪念馆。南京大屠杀期间，拉贝在这里收留了六百多名附近的居民。作为南京国际安全区主席的拉贝和其他国际友人组成南京安全区国际委员会，在其负责的不足4平方公里的安全区内，拯救了超过25万中国人的生命。难民收容所的难民们献给他一块写着“您是几十万人的活菩萨”的大红绸布。国民政府授予拉贝三色彩玉勋章。他写下了长达两千一百多页的战时日记，记载了五百多件日军大屠杀惨案，成为揭露日军侵华暴行的铁证。

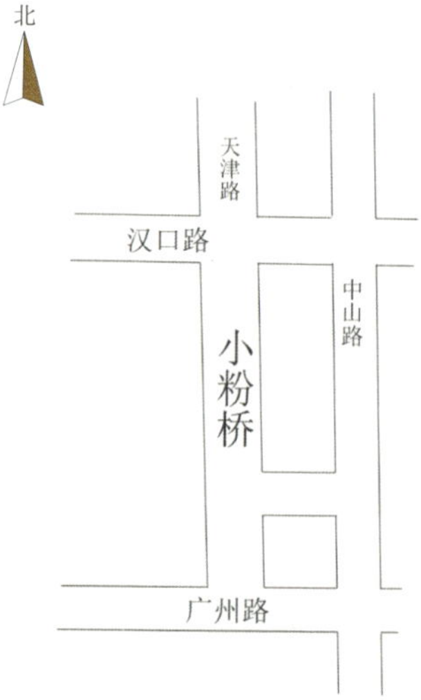

狮子桥步行街

位于湖南路中段南侧，南起湖北路，北至湖南路，长320米，宽18米。因桥命名。宋《景定建康志》称："狮子桥，在城北湘宫寺北。"明万历《应天府志》记载："鼓楼北，与狮子山相望，故名。"清《同治上江两县志》记载："狮子桥，明初粮拨小船由此至北门，通大小锦衣仓，半仓。"《南京桥梁探析》称："杨吴时即有此桥，后桥废为街巷，以桥得名。"

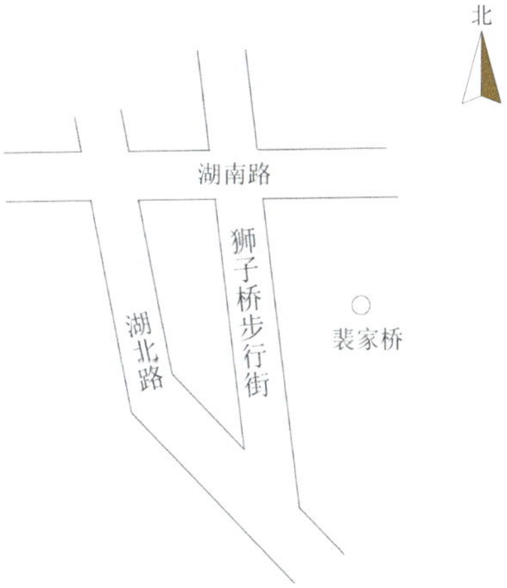

街巷链接

狮子桥的美食美景

狮子桥是南京最早的全天候步行街之一，全街环境优雅，装饰华丽，南北两侧分别竖起狮子牌坊一座，整体做工精致、古色古香。街中段有彩色景观旱喷泉，沿街茶楼、酒店、精品大排档鳞次栉比，以美食为主，有"美食一条街"之称。狮子桥的餐饮布局目前主要有三大块，以狮王府美食（休闲）共同体为主的本地餐饮，向宾客展示最具特色的经典淮扬菜系；中华民肴街汇聚了福建扁食、云南米线、东北土食等各地风味；亚洲美食之旅包含了日韩料理、印泰餐馆、西餐厅等。

丁家桥

位于山西路广场东北，北起新模范马路，南接湖南路的狮子桥，长960米，宽10米。清南洋陆师学堂《金陵省城全图》即载有此街名。相传此地原为荒地，一个姓丁的老人首先居此垦荒，并在宅旁小河上架了座小桥，人称"丁家桥"。后附近成街，以桥得名，清代有街，名丁家桥。

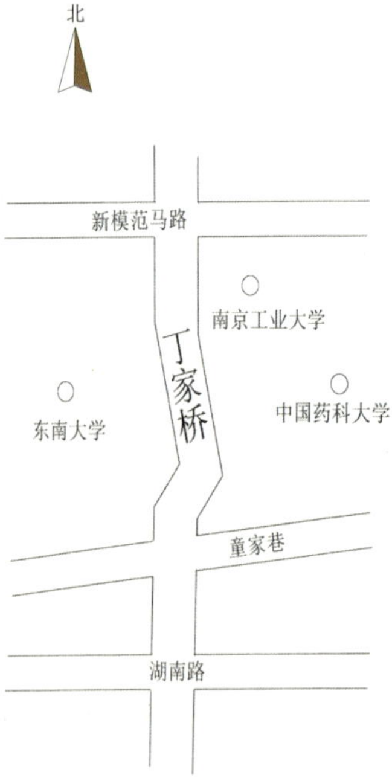

街巷链接

百年前的博览会

110年前在丁家桥附近曾经举办过我国最早的博览会，即南洋劝业会。1910年（宣统二年）南洋劝业会隆重揭幕，会场内各国领事、各省官员、海外侨商、商界代表、各国记者座无虚席，场面空前壮观。大会历时半年，全国除蒙古、西藏、新疆外，各省均提供了大量物品参与赛会。大会设置农业、工艺、教育、器械、武备、交通运输、美术及医药卫生等馆，并各有地方馆。展厅内展品琳琅满目，无奇不有，国内参展商品达100万件以上。会场建有会务厅、事务所、办公楼、纪念塔、牌楼、奏乐亭等辅助建筑。馆区还建有暨南馆一所，专门陈列爪哇、三宝垅、新加坡、泗水一带南洋侨商的展品；参考馆二所，专门陈列英、美、德、日四国的产品。会场内外还附建马戏场、邮局、旅馆、劝工场、商店、电话局、轻便铁路等设施。建筑的布局与设计大多仿照欧美风格，气派豪华，巍峨壮观。

豆菜桥

位于华侨路以北，东起豆菜巷，西至上海路，长260米，宽6米。原有桥，传桥边都是种豆种菜的蔬菜地，故名豆菜桥，后成巷，巷以桥名。明代就有此地名。

街巷链接

中国水利学之父郑肇经

著名水利学家郑肇经曾居住于豆菜桥44号。郑肇经，著名学者、水利学家、九三学社社员。早年留学德国，回国后历任南京河海工科大学教授、上海市工务局技正、工程科长、全国经济委员会水利处处长、中央水工试验所所长、中央水利实验处处长。在兼任水工仪器制造厂董事长期间，郑肇经陆续试制旋杯式流速仪、丙式水准仪及回声测深仪和经纬仪，创建了中国第一个水文研究所和水利文献编纂委员会。中华人民共和国成立后，他历任同济大学、华东水利学院、河海大学教授。

祁家桥

位于山西路广场西北，南起老菜市，北至三步两桥，长500米，宽8米。传太平天国时，有祁姓曾在此避难，且靠小桥，故名祁家桥。后成街巷，以桥名定街巷名。

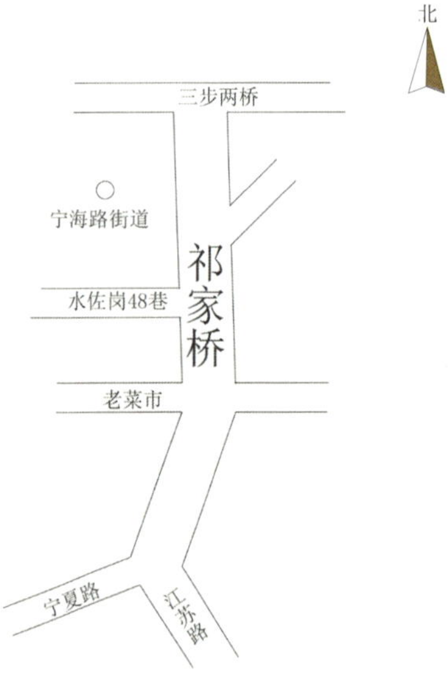

街巷链接

祁家桥十九巷

当年位于中山北路虹桥段的西侧，有一条寂寂无闻的小巷，从南京地图上被抹去已有20年之久。小巷自西向东，和弯曲着的南北走向的祁家桥相垂直，上个世纪80年代因旧房改造而拆除。在80年代初闻名一时，这全赖一个人，一个住在这条小巷子的普通人，他叫骆家银。他先后让自己的子女和妻子和他一样奋斗在又脏又苦又累而待遇却不高的环卫战线上，为当时一些拈轻怕重、贪图安逸的人做出了可贵的榜样。就因为这个缘故，使本来连南京人也少有耳闻的祁家桥十九巷一下子火了起来。虽然现在祁家桥十九巷已不复存在，但骆师傅的奉献精神依然深深地影响着我们。

虹 桥

位于新模范马路以南，东起马台街将军庙，西至中山北路，长322米，宽10米。此巷中段之桥原为拱形砖桥，形似虹，新中国建立之后以桥命名。虹桥因战争被毁，改建木桥，1954年进行维修，1963年建成钢筋混凝土桥。原国民政府资源委员会就在虹桥20号。

街巷链接

应抗战而生，随内战而变

“九一八”事变后，一些有远见的爱国人士纷纷向国民政府建言献策，主张大力发展工业，增强国力，及早进行抗战准备工作，于是诞生了资源委员会。该机构自1932年在南京成立，至1952年在台湾撤销。抗战期间，该会在后方大力发展工矿企业，为抗日战场及后方军工生产提供了原材料物资保障。资源委员会在抗战时期的努力，不仅为持久抗战提供了极为重要的经济支持，而且为中国重工业的发展打下了良好的基础。至抗战胜利之时，资源委员会的企业已扩展到了121个。中华人民共和国成立后，资源委员会在大陆的各厂矿被接收。陈毅元帅曾对此作出评价：“蒋家王朝垮台，所有伪单位纷纷南迁台湾，伪中央部、会一级中，只有资源委员会所有人员，包括各级负责人，以及在已解放地区所属各厂矿企业员工及设备器材，几乎未走一人，几乎未有一点破坏，实在是伪中央文职机构中的一个全体员工起义的团体！”

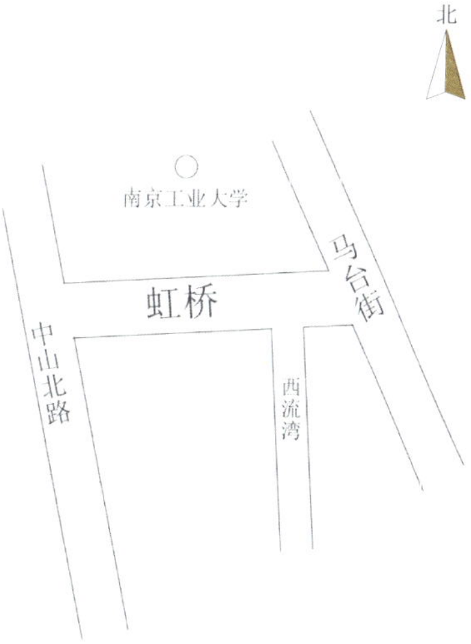

管家桥

位于新街口西北，南起汉中路，北至华侨路，长452米，宽23米。明代有街。传当时管姓最早居此附近，因有小桥，名管家桥。后桥边成街，街以桥名。

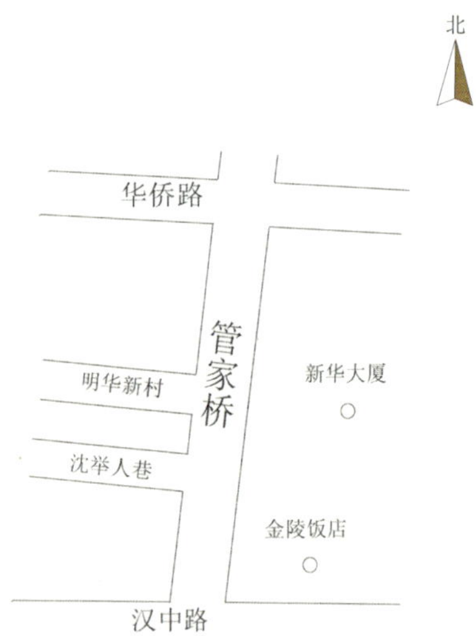

街巷链接

曾经的招商市场

位于管家桥东南方，现在金陵饭店亚太商务楼的地方曾经矗立着改革开放以来省内第一家租赁市场——招商市场。该市场是鼓楼区政府于1986年投资350万建成，销售的时装、电子元件红极一时，在南京有一定的知名度，被评为国家级文明集贸市场和省市文明单位。2000年后，市场迁出，现在原址建成的亚太商务楼，高242米，是超五星酒店和高端商务综合体，与金陵饭店有4层裙楼相连。远远望去，两栋楼一个“高挑”时尚，一个古朴典雅。

三步两桥

位于虹桥以南，东起中山北路，西至模范中路，长195米，宽5米。相传清代有巷，古代铺子很少，三座小石桥相距很近，名两铺三个桥，简称两铺三桥，后讹称三步两桥。1930年（民国19年）的《新南京市实测详图》已载有今名。

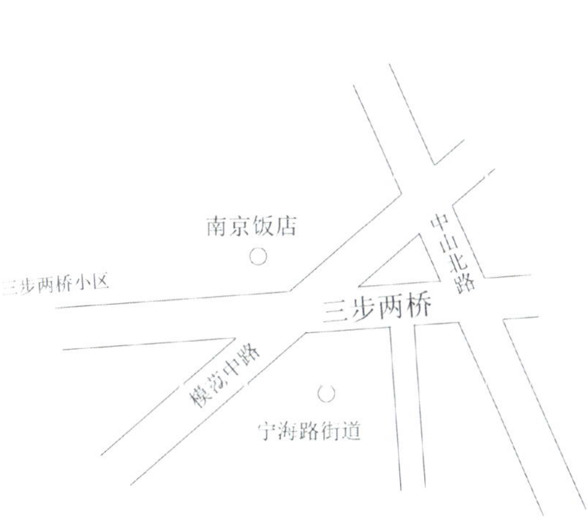

街巷链接

三步两桥的另一个说法

三步两桥旧有金川河两条水系经过，水运发达。明朝南京城北为驻军卫所集中之地，军粮物资均靠金川河运抵各军仓，故在此处设了三个码头两座桥，河两岸渐成街市，统称“三步两桥”。三步两桥最早是东西走向，东接东门街，西至清凉古道，后改为南北走向，南接水佐岗，北连清凉古道。1950年之后又逐渐改为东西走向，即现状。

回龙桥

位于鲁迅园小区以南，东南起校门口，西北至虎踞北路，长481米，宽7米。原有一桥，路以桥名，清代此处可以行船、停船，南粮北调的船只晚间常停泊于此，沿河形成集市，十分热闹，故称晚市。鲁迅先生曾在附近的陆师学堂学习生活。

街巷链接

鲁迅园里谈鲁迅

鲁迅先生于1898年考入江南水师学堂轮机班，同年转江南陆师学堂附设矿路学堂，在此学习至1902年。鲁迅在矿路学堂求学期间开始接触新思想，写下“灵台无计逃神矢，风雨如磐暗故园。寄意寒星荃不察，我以我血荐轩辕”的诗句，现存中山北路总办办公楼（南师附中校内）。经过四年的学习思考，鲁迅从这里扬帆起航，东渡日本，继续探求救国救民的真谛。

东瓜圃桥

位于南京邮电大学以西，东起广东路，西至西瓜圃桥（原名瓜圃桥），长165米，宽7米。因此地附近曾有瓜圃，圃边有跨金川河小桥，名瓜圃桥。后桥两头成街巷，此街巷在东，故名东瓜圃桥。

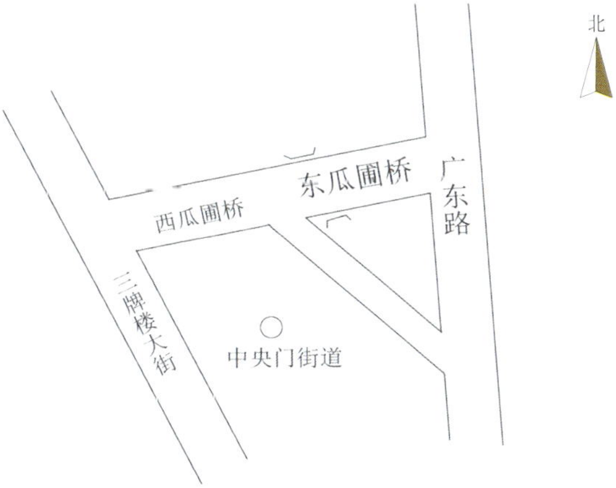

街巷链接

南邮的“王继才式”校友

徐六保1958年考入南邮无线电通信专业，1963年毕业后响应国家号召主动应征入伍。他在1965年被安排到刚成立的“海峡之声”广播电台下属的小嶝岛对台广播站当技术骨干，专门负责播音设备维护。从1965年到1986年，徐六保“忠于祖国、甘于寂寞、坚守岗位、勤奋工作”，一干就是21年，将最美的年华留在了小嶝岛，从一名技术人员，成长为组长、广播站站长，这期间立过二等功。

西瓜圃桥

位于育英外国语学校以南，东起东瓜圃桥（原名瓜圃桥），西至三牌楼大街，长275米，宽7米。1950年分东瓜圃桥、西瓜圃桥两街巷。此街巷在东瓜圃桥之西，且与东瓜圃桥（巷）相对，故名。

街巷链接

南京育英外国语学校

南京育英外国语学校创建于1993年，是南京第一所民办全日制学校，原南京军区政委杜平将军亲题校名。学校以民办公助为模式，以董事会领导下的校长负责制为体制，以外语教学为特色，秉承“为民办教育，为国育英才”的办学宗旨，首创了民间办学的“育英模式”。办学27年来，学校办学成绩显著，多次在全国、省、市、区各项学科竞赛特别是外语竞赛中获奖，为国家培养了大批品学兼优的毕业生。

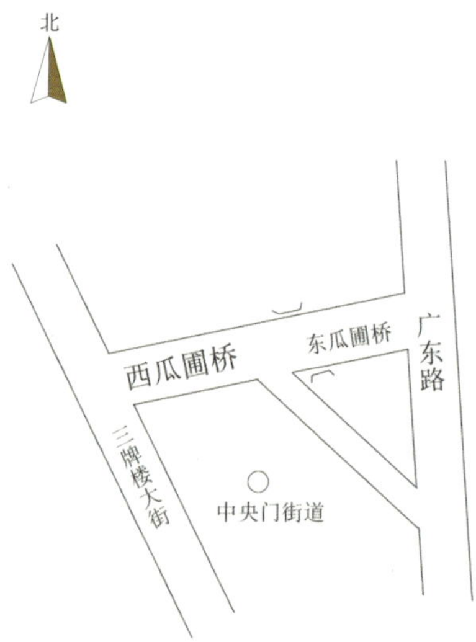

盐仓桥

位于中山北路北侧，南起中山北路，北至北祖师庵，长368米，宽20米。明代朝廷在此建有盐库，俗称“盐仓”，附近有金川河通过，河上架有小桥出入盐仓，故名“盐仓桥”，街以桥名。民国称盐仓大街，简称盐大街，曾是总税务司公署所在地，1950年更称“盐仓桥”。

街巷链接

盐仓桥的“桥”

明代盐仓是两淮盐官在龙江设仓库储备食盐的地方。淮盐经水路运至龙江码头和城北护城河码头，再经骡、马、驴车运至盐仓。当时龙江作为水陆码头，可谓车水马龙，商贩云集。盐仓地近龙江，运输便利，加之附近有河流经过，对盐仓的安全又多了一层天然保护的因素，因此，这里是当时设置仓库的首选之地。官府在河上修了一座桥，名“盐仓桥”，出入盐仓通道皆要经过河上的这座桥。

盐仓桥东街

位于盐仓桥以东，东起多伦路，西至盐仓桥与北祖师庵相接处，长150米，宽5米。原为弹石路面，现为沥青路面。

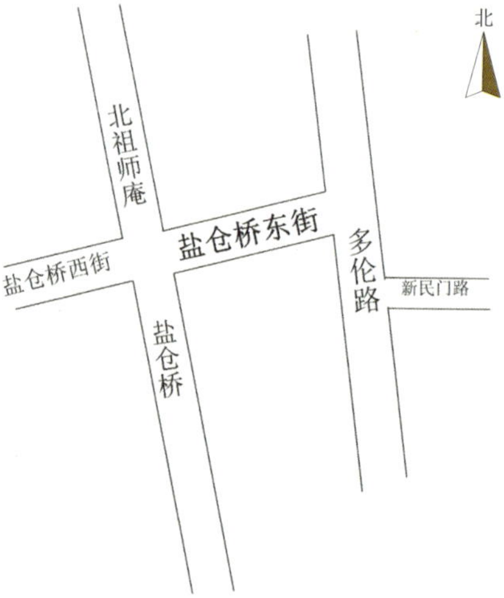

街巷链接

了解盐东街

在原驴子巷南、黄土山东、北祖师庵西，有一块空地。上世纪四十年代日伪时期为下关的一教会土地。后陆续有人建房，在盐仓大街与北祖师庵相接处形成一条支街，横贯东西，成为市口，往东称“盐仓桥东街”，往西称“盐仓桥西街”。随着人口的增长，附近街巷逐步形成，有巷数条。此处非交通要道，故小摊贩自发在此设点摆摊，逐渐形成菜市场夹杂小商品市场的格局，尤其是早市较为热闹。

盐仓桥西街

位于盐仓桥以西，东起盐仓桥与北祖师庵相接处，西至黄土山（街），总体东西走向，中间有折弯，长400米，宽6米。路名由来见“盐仓桥东街”，724所家属区位于道路两侧。

街巷链接

闲谈724所

724所全称中国船舶重工集团公司第七二四研究所。1970年，经中央军委和国防科委批准正式成立，是主要从事国防装备领域电子信息系统大型装备研制的国防重点研究所，原址在中山北路346号。2014年，所本部搬迁至江宁开发区。724所坚持以军为本、军品融合和技术创新的发展理念，秉持“大海情怀、军舰品格、雷达锐力”的核心价值理念，研制生产了多系列几十种型号的探测系统和电子信息系统装备，获得上百项国家及国防科技进步奖，紧跟国际发展水平研制电子信息装备，为国防现代化建设做出了重要贡献。

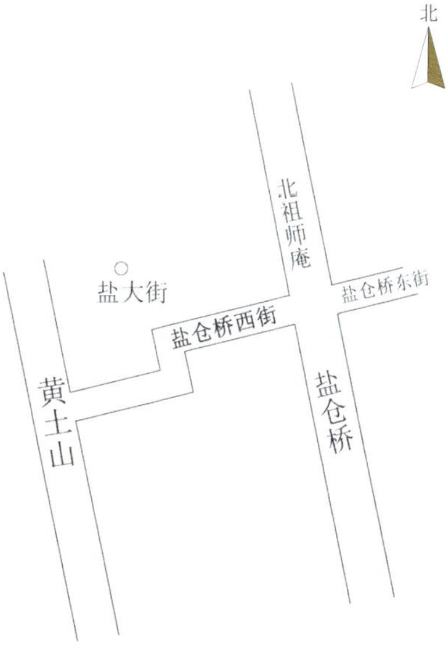

宝塔桥东街

位于南堡公园南侧，东起燕江路，西至宝塔桥，长1400米，宽15米。因地处宝塔桥之东，故名。始建于1910年（清宣统二年），其中一部分路面为原二仙桥。

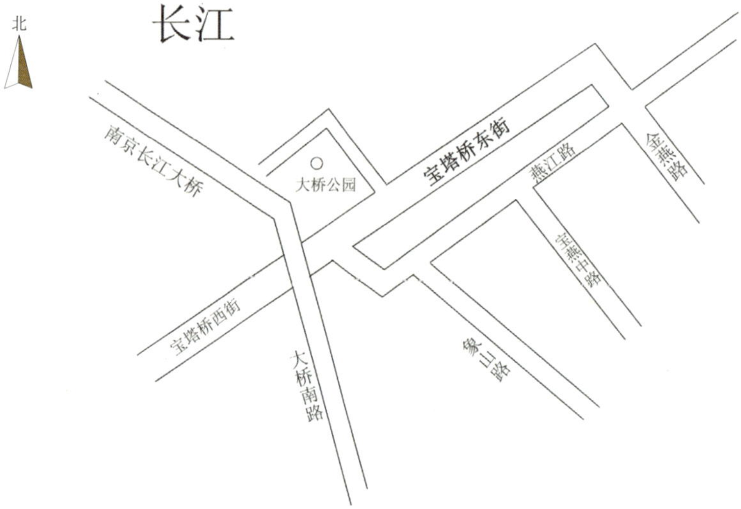

街巷链接

二仙桥的寓意

二仙桥据传原是一座小木桥，两侧栏杆立柱上雕有“荷花”与“圆盒”图案，那荷叶上开出一支并蒂莲表示“夫妻恩爱”；盒子上方飞出五只蝙蝠，盒子象征“好合”的意思，而五只蝙蝠，则寓意着“五福临门”，大吉大利，小木桥因此称作“二仙桥”。传说唐代诗僧“寒山与拾得”为和合二仙，是民间喜神。两人未成仙之前亲如兄弟，共爱一女。临婚寒山得悉拾得亦爱此女，即离家为僧，拾得亦舍女去寻觅寒山。相会后，两人俱为僧，立庙“寒山寺”。二仙一持荷花，一捧圆盒，意为“和（荷）谐合（盒）好”。二仙桥建于清代，何人建造已无考，但建桥人“家庭和美、邻里和谐”的理念值得褒扬。

宝塔桥西街

位于宝塔桥之西，东北起长江大桥下，南至老江口与方家营路交汇处，接东炮台、方家营，长780米，宽15米。始建于1910年（清宣统二年），旧名和平街、桥西街，民国期间编制的《首都志》街巷表中即有宝塔桥名。1965年以南京长江大桥分宝塔桥东街、宝塔桥西街。

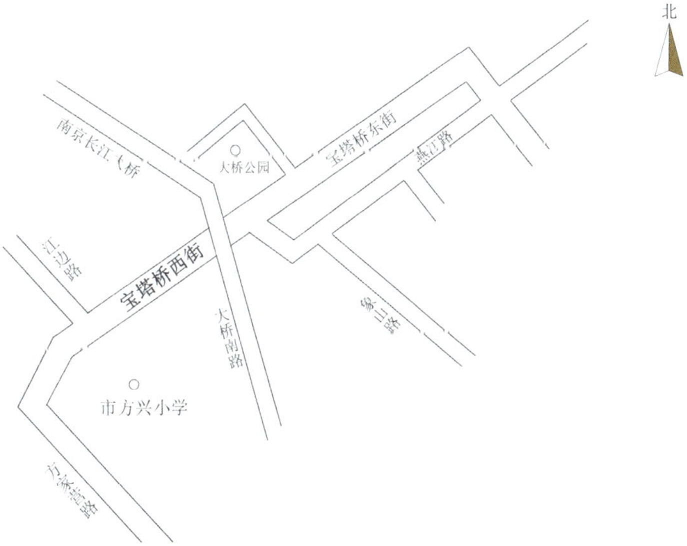

街巷链接

宝塔桥的桥与塔

明初为兴修水利、屯田开荒，大将康茂才率众疏浚了金川河，搭建了复成桥，又称“伏沉桥”。清光绪年间重建，后在桥西建一座宝塔以镇“水妖”，更名“宝塔桥”。清修的宝塔桥仍旧为石拱桥，抗日战争中被日军炸毁，日伪时期，改建为4孔砖台木面桥。1965年改建为南京市第一座钢筋混凝土预应力T型梁桥。

裴家桥

位于中央路以西，南起云南北路，北至湖南路，长260米，宽5米。清末时附近有桥，因近裴氏集住地，故名裴家桥，巷以桥名。

街巷链接

忘不了的大火炬

五六年前，只要出了裴家桥走到湖南路上，第一眼就能看到位于湖南路丁家桥灯光隧道旁的巨大“火炬”，它的正式名称是“湖南路光效艺术牌”，2000年建成。它高30米，顶端标志牌横跨街面20米，装有500个变压器、7000只灯泡，双面狮子的四道慧眼激光分别能直射到中央路和中山北路上，形成夺目的灯光隧道，光耀整条湖南路。15年的时间里，它是“湖南路文明一条街”的标识，也是鼓楼区和南京市的地标性建筑，在许多市民和众多外地游客中间已深入人心。2015年为给湖南路地下商业街建设让路予以拆除。

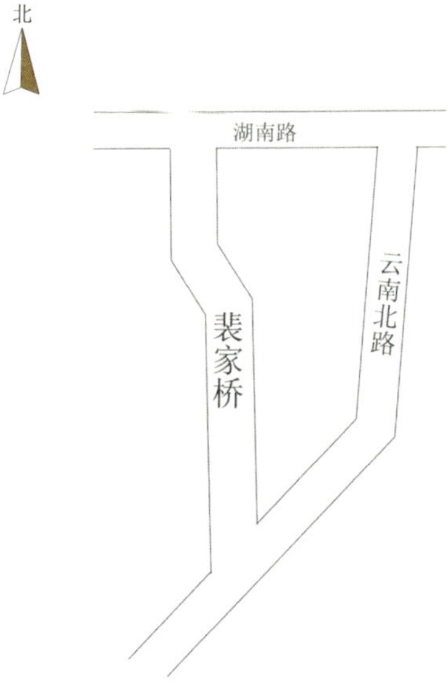

花家桥

位于多伦路西侧，东起大桥南路，西抵盐仓桥，长220米，宽5米。清代即有此名。据传原在明代的盐仓桥附近建有花园，花园边有一小桥，名“花家桥”，巷以桥名。花家桥西首是著名的江南水师学堂旧址，花家桥8号民国建筑是典型的石库门建筑风格，院门有“锦庆里”字样。

街巷链接

中国近代海军人才的摇篮

位于中山北路346号的江南水师学堂又称南洋水师学堂、江宁水师学堂，建于1890年（清光绪十六年）。江南水师学堂是清政府在洋务运动中开办的军事学校，作为培养科技人才的基地，是中国海军人才的摇篮。1925年（民国14年）江南水师学堂停办，1928年（民国17年）国民政府在学堂旧址设立海军署，于次年，将其扩充为海军部。民国海军总长林建章、海军总长与代总理杜锡圭、黄花岗起义领袖赵声、海军舰队司令陈季良、海军部部长陈绍宽等人都是江南水师学堂知名校友。1982年江南水师学堂、国民政府海军部旧址列为江苏省文物保护单位。

西 桥

位于宁海路以东，东起鼓楼四条巷，向西穿云南路至江苏路，长570米，宽8米。1908年（清光绪三十四年）在金川河上建西桥，后桥两端成街巷，巷以桥名。因处于紫峰大厦和江苏广播电视塔的轴线上，东看紫峰，西眺电塔，是出彩的视觉廊道。极佳的地理位置，出色的拍摄效果，引得众多摄影爱好者流连驻足，使得此处成为一条小有名气的“网红路”。

09

周边山岭、河湾命名

石头城路

位于秦淮河以东，南起石头城公园，北至模范西路，长1800米，宽8米。因靠近古石头城遗址而以石头城三字得名。路两侧有南京艺术学院、江苏电视塔等单位。

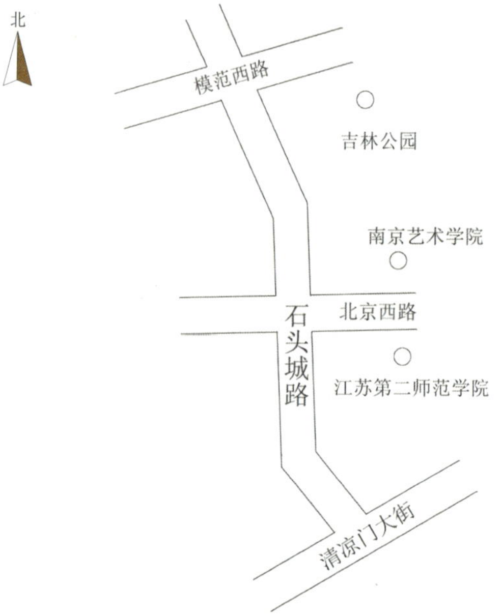

街巷链接

一起去南艺后街打卡

南艺后街地处水木秦淮街区，位于江苏电视塔下、南京艺术学院对面，西邻秦淮河，环境清幽。2009年南艺后街古玩艺术市场开街，一百多家古玩精品店，上千个露天摊位人流如织。以前的南艺后街以艺术品交流为主，经常举办各地奇石展，每个周末都有文玩艺术品市场。近年来南艺后街提档升级，以时尚为主领，cosplay系列成了南艺后街主要的卖点。南艺后街周围可玩的地方较多，而且人比较少，环境很美，城墙和护城河交相辉映，别具特色。

石城巷

位于江苏第二师范以西，北起北京西路，南至九九公寓，长160米，宽7米。因此处靠近石头城公园而得名。

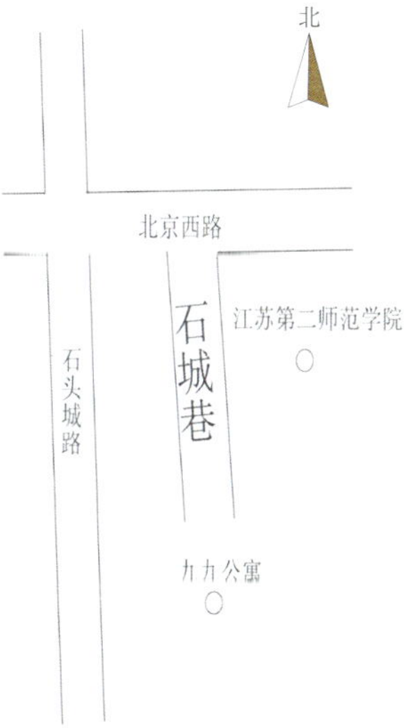

街巷链接

学为人师，行为世范

“学为人师，行为世范”是江苏第二师范学院校歌里的歌词，也是江苏二师教学宗旨。作为一所专职培养教育工作者的高等学府，它创建于1952年。经过近70年的发展，二师已经成为一所普通本科师范院校，入选教育部“卓越教师培养计划”、新工科研究与实践项目，是国家级中小学骨干教师培训基地、中小学骨干校长培训基地、教育部中小学校长领航班培训基地和教师教育改革实验基地、江苏省决策咨询研究基地、江苏教育强省建设研究基地。

郭家山路

位于幕府西路以南，西起幕府南路，东至中央北路，长1000米，宽6米。因其旁为郭家山而得名。

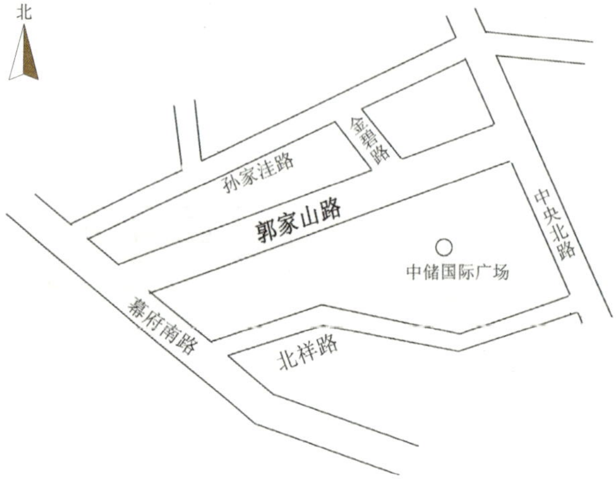

街巷链接

张冠李戴温峤墓

历史上，温峤被公认是东晋时期攘外安内、杀敌立功的重臣。温峤因中风卒于武昌，去世后没有多久，他就被迁葬到了东晋首都建康（南京）。南京先后出现过两座温峤墓，第一座温峤墓位于今鼓楼区宝塔桥街道老虎山南麓，由清光绪年间长江水师参将陈麟书考证，并加以重修立碑记事。但在上世纪三十年代，著名学者朱偰曾对其真实性提出质疑。2001年南京市博物馆专家在清理郭家山西麓施工时发现了一组大型古墓，其中有一方砖质墓志，证实了墓主正是东晋名臣温峤。自此，混淆百年的谜团得以解开。

百步坡

位于五台山南，西南起峨嵋岭，东北至拉萨路，长125米，宽4米。因从平地到坡顶约为百步，故名百步坡，清代即有此巷。安葬过清代文人袁枚，留下过前国民党行政院长翁文灏的足迹，是一个颇有文脉的地方。

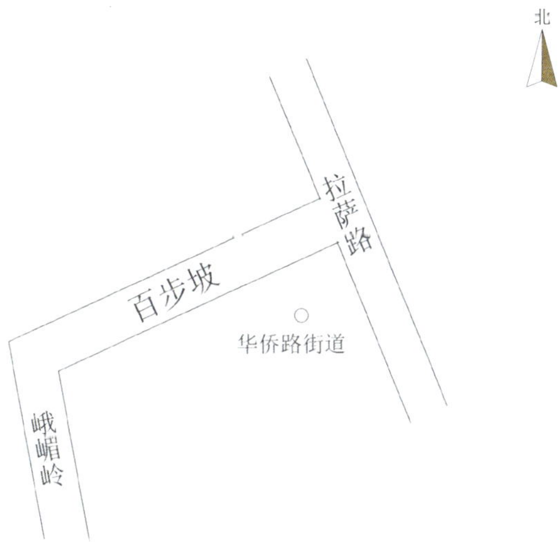

街巷链接

全面展示江苏体育发展的陈列馆

2019年11月22日，江苏省体育系统第一个综合性体育展陈基地——江苏体育陈列馆在南京五台山百步坡1号正式揭牌。陈列馆建筑面积约270平方米，目前共收集展品296件（套）。馆内划分为序言、历史回声、发展历程和辉煌篇章等四个展陈区域，以重要的体育人物、重大的体育历史事件、重要体育成绩为线索，通过图片、文字、实物结合多媒体等展陈方式，充分展示了江苏体育的发展历程和主要成就。

马鞍山路

位于南京艺术学院以东，东起水佐岗南段，南至宁夏路，西至天津新村，北至市农村，长410米，宽5米。因此处有马鞍山而得名。原先周边多为荒坡菜地，后逐渐夷平。从1956年起陆续为机关和民用住宅用地。

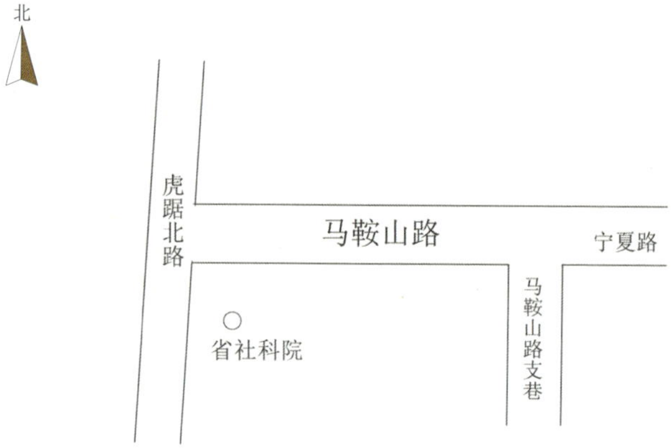

街巷链接

南京艺术学院

南京艺术学院是一所历史悠久、底蕴深厚的百年老校，前身是创办于1912年的上海图画美术院。作为我国独立建制创办最早并延续至今的高等艺术学府，南京艺术学院是国家文化和旅游部与江苏省人民政府共建高校。在一个多世纪的办学历程中，学院秉承了优秀的文化传统，积淀了深厚的文化底蕴，遵循上海美专董事局主席蔡元培先生确立的“闳约深美”办学理念和刘海粟先生提出“不息的变动、不息的改造”办学精神，培养了一代代优秀的艺术人才。刘海粟、黄宾虹、傅雷、贺绿汀、张大千、朱屺瞻、潘天寿、丰子恺、黄镇、吴印咸、沙飞、赵丹、吕凤子、陈大羽等名家大师都曾在这里执教或学习。

黄土山

位于仪凤门以南，南起中山北路，北抵驴子巷，长440米，宽4米。传明初建城墙时将黄土堆积于此，形成小山，故名“黄土山”，民国时期称“黄泥山”。新中国成立前后，黄土山附近居住人员增多，逐渐成巷，巷名“挹江门北山”，后更名为“黄土山”。

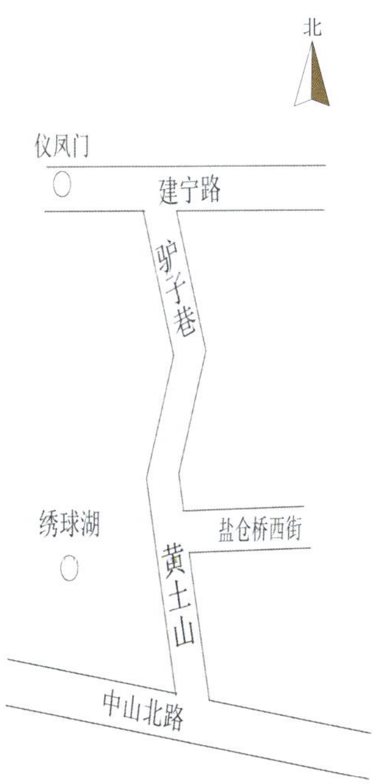

街巷链接

仪凤门的演变

仪凤门位于狮子山南麓与绣球山之间，坐东朝西，与钟阜门在不足一公里的地段向背而建，呈龙凤呈祥之形胜，现为阅江楼景区重要组成部分。仪凤门始建于明朝洪武初年，因取有凤来仪之意而命名为仪凤门，是南京明城墙十三座明代京城城门之一。1931年，国民政府改仪凤门为兴中门，取振兴中华之意。

旧时仪凤门为单孔城门，有一座门券，两翼城墙皆顺势依山而建，北侧包狮子山，南侧围绣球山，城门架两山凹之间，取地利之益，城下建有水洞两座，军事位置十分重要。1958年至1959年仪凤门被拆除，但两侧城墙保存完好。2006年，仪凤门复建，两侧城墙重新连接，为方便交通改为三孔城门，中间一孔略大，通行快车道，两侧两孔略小，通行慢车道，城门上有明朝官式建筑风格的城楼一座。

幕府东路

位于幕府山以南，东起和燕路，西至五塘广场，长2500米，宽50米。因靠近幕府山而得名。该路原为郊区道路，路幅宽仅8米左右，1997年进行拓宽改建。

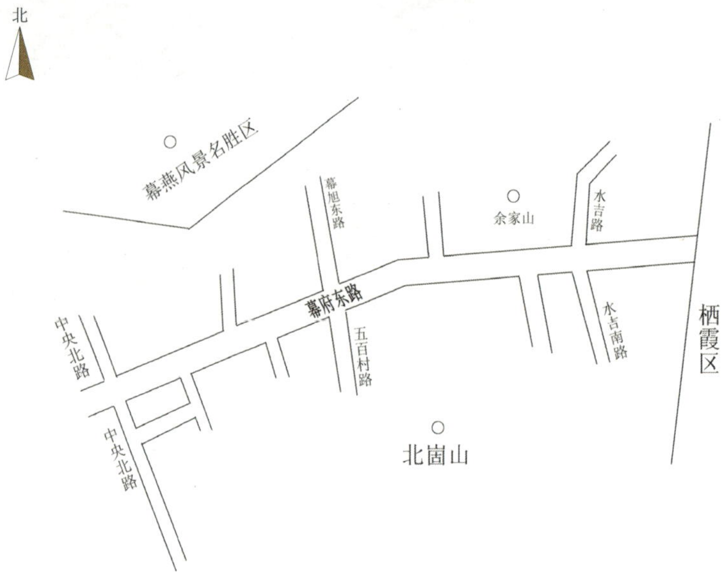

街巷链接

登高胜地幕府山

幕府山一面临江，地势险要，历来为兵家必争之地。传晋元帝过江，王导设幕府(参谋部)于此，故名幕府山。山有五峰，南麓有六朝北郊重镇白石垒，南京古名之一“白下”即源于此，亦名莫府山；又因山多石，古曾称石灰山、白石山。幕府山山峦延绵起伏，登临幕府，万里长江从山下奔腾向前。清代金陵四十八景，其中幕府山便有幕府登高、达摩古洞、永济江流、化龙丽地、嘉善闻经、燕矶夕照六景。

幕府西路

位于五塘广场以西，东起中央北路、幕府东路交接处，西至水关桥公铁立交桥，长2655米，宽60米。因位于幕府山以西而得名。该路原为水吉路（水关桥至吉祥庵）之一段，1996年拓宽改建，同期在金川河上建造各18米宽的新水关桥2座，同长江大桥相连接的8米宽的匝道桥1座，300米长的铁路跨线桥1座。

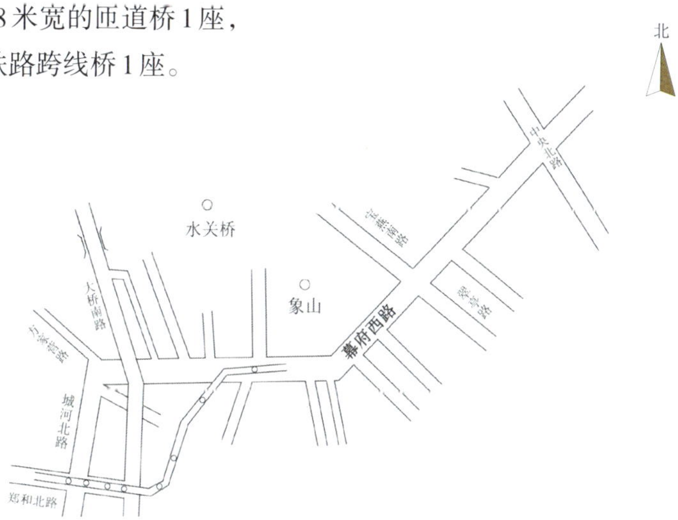

街巷链接

历史悠久的水关桥

1358年（元至正十八年），明朝开国功臣康茂才在龙湾屯田，兴修水利，为防止江水倒灌，在金川河上修建了木制水关。1376年（明洪武九年），水关进行拓建，并铺上8块石板，可以行人，故又称“水关桥”。1954年，水关桥改为混凝土浇筑的长56米、宽8.5米、载重量5吨的公路桥。1995年，由铁道部与南京市联合兴建的水关桥公铁立交桥建成，该桥包括箱涵主体和南北引道、泵站等辅助性工程。立交桥和泵站的建成，不仅保证了玄武湖蓄洪泄水得宜，而且为下关北部地区的居民生活、沪宁铁路的运行安全提供了保障。

幕府南路

位于中央北路以西，北起幕府西路，南至红山南路，并与其相接，长1900米，宽20米。因其在幕府西路以南而得名。周边有铁古庙小区。

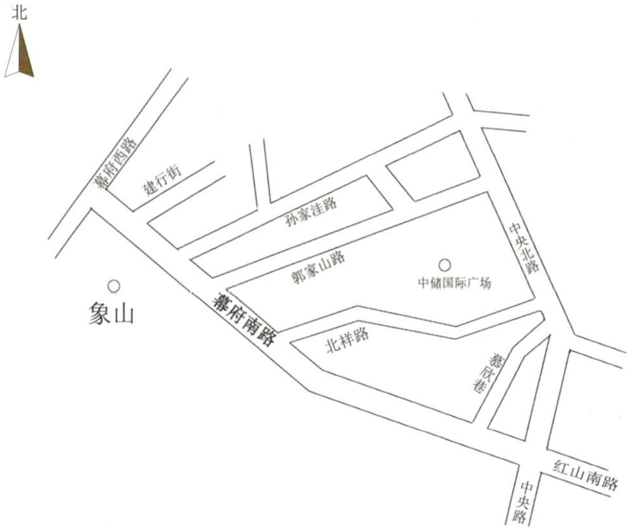

街巷链接

曾经的铁古庙

原称铁鼓庙，位于郭家山路南麓，据传庙内有铁鼓而得名，后“鼓”讹传为“古”，又称铁古庙。该庙明代即有记载，其铁鼓铸造于明正德年间，至清同治十三年尚存，已逾360年。后庙废鼓失，不知所踪。据传，铁古庙内供奉的是北宋大臣寇准的塑像。

象山路

位于大桥公园东南侧，幕府西路西北，东南起幕府西路，西北至宝塔桥东街，接长江大桥，长1500米，宽10米。因路经象山而得名。

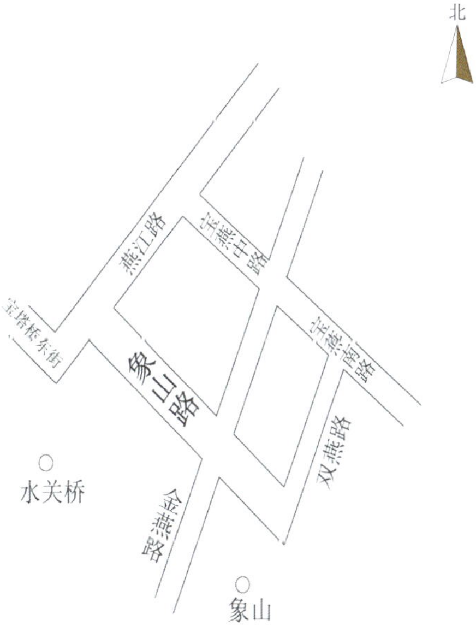

街巷链接

象 山

象山北与老虎山相连，属幕府山余脉，因山形似象得名，海拔40米。由于象山山清水秀，风景如画，且风水极佳，明清时期被官府划为“禁地”，只允许七品以上官员安葬，因此又称“人抬山”，顾名思义，安葬的人生前都有被人抬的待遇。新中国成立后因种满毛竹，又被称为“毛竹山”。

红山南路

位于和燕路以南，西起红山路，东至经五路，长2400米，宽25米。因位于红山路以南而得名，是南京站、南京汽车客运站进出城的主通道。

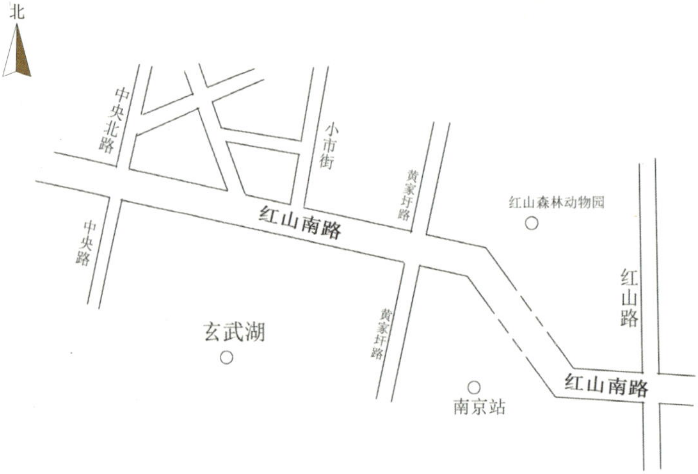

街巷链接

生产显微镜的大牌企业

红山南路建设以前，此地原是江南光学仪器厂厂区。江南光学仪器厂成立于1943年，前身是创建于重庆的科学仪器制造所。1946年，迁至南京后改称中华科学仪器制造所。新中国成立后，该厂先后改称中央文化部科学普及局仪器制造厂、南京科学仪器厂、南京教育仪器厂、南京江南光学仪器厂。1994年，改制为江南光电集团有限公司。该厂有着悠久的历史，作为中国最早的光学企业之一，填补了多项显微镜国内生产的空白，对中国几乎所有显微镜企业的创立都进行过技术指导和协助，和世界上著名的光学企业如美国LEICA和日本NIKON公司进行合作，生产出质量堪称世界一流的合作产品。

唐山路

位于中山北路西段南侧，北起中山北路，南抵南通路，长1100米，宽10米，始建于1927年（民国16年）。因原为土埂，两侧有水塘，西南还有小黄土山，初名“塘山路”，后更名唐山路。唐山路的东侧坐落着百年老店——扬子饭店。

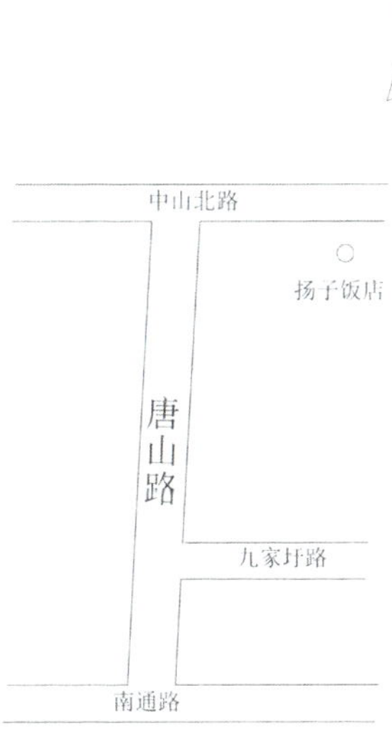

街巷链接

承载百年风云的扬子饭店

位于原宝善街2号，今中山北路599号的扬子饭店，始建于1912年，由英国人主持建造并经营。饭店占地面积3000多平方米，现存砖木结构三层楼1幢43间，二层楼房2幢32间，平房7间。整幢建筑由明城墙墙砖砌作，坐北朝南，木楼梯、木地板、木屋架，铁皮屋顶，屋面较陡，建筑面积2429平方米，是中国仅有的使用明城墙砖修筑的法式古堡型建筑。1933年，为营救陈赓、罗登贤等革命志士和国际友人牛兰夫妇，宋庆龄带领中国民权保障同盟住在扬子饭店，接待社会各界人士，研究营救措施，成为宋庆龄在南京期间开展政治活动的重要场所。2019年，扬子饭店入选为“第四批中国20世纪建筑遗产”。

北崮山路

位于中央门外，东起安怀路，西至中央北路，长1400米，宽16米。因经北崮山南麓而得名。该路原先东起迈皋桥街，后另规划扩建新路，东起点改为安怀路，现路为原路西段。

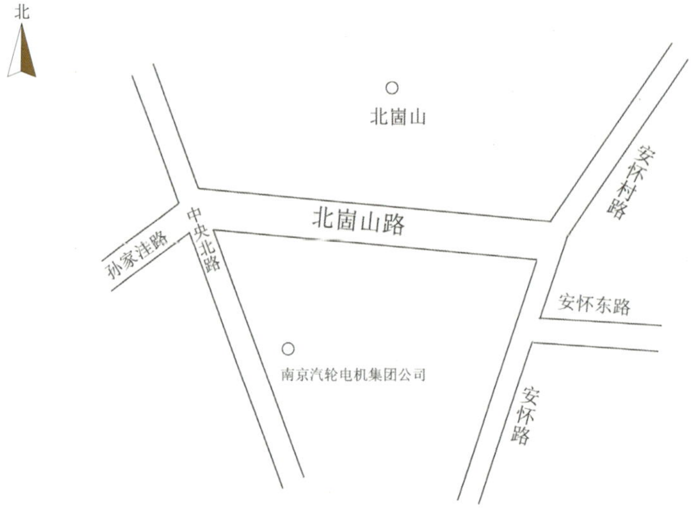

街巷链接

北崮山名称之演变

北崮山位于中央门外，山高63米，系幕府山余脉,古称“岳庙山”，因山上有岳王庙而名。山上旧有白果树，故又名“白果山”。郑成功攻打南京失败，部下伤亡惨重，清军将亡者在此筑成高台，名为“泰厉坛”，百姓见白骨累累故称其为“白骨山”。民国学者魏家骅鉴于“泰厉坛”名称为清廷所起，建议将之更名为“归仁坛”，后因嫌山名不雅，又建议更名为“北崮山”。

扬子江大道

位于夹江东岸江堤东侧，南起长江三桥，北至郑和南路，长14000米，宽50米。2003年，因沿长江边，以别称扬子江命名。扬子江大道最初南起汉中门大街西端，北至定淮门大街西端，经多次拓宽延伸为现状。

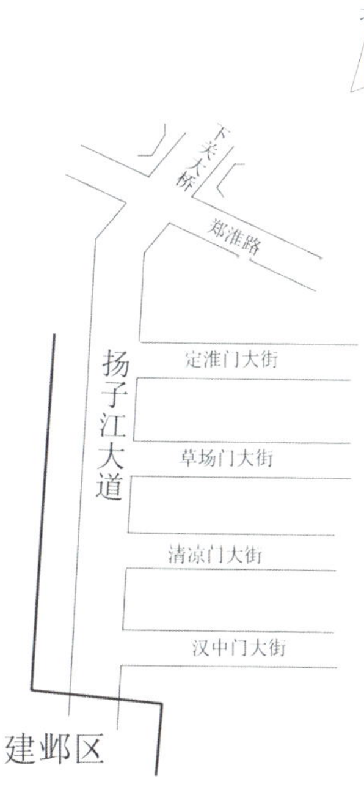

街巷链接

扬子江大道新貌

扬子江大道快速化改造工程自2018年4月正式进场施工以来，就备受社会各界关注。同年11月底，万景园隧道和地面道路建成通车。据悉，至2021年6月底，除受地铁9号线建设影响的绿博园隧道南出口和绿博园门口段，全线全面建成，实现全程无红绿灯的快速通行。全线绿化景观改造采用“观叶、观色和闻香”的理念，打造“逐花异色，彩印滨江”的整体新景观，实现三季看花、一季看叶的四季景色，形成一条繁花似锦、彩韵动人的印象江景廊道。

江边路

位于长江岸边，北起宝塔桥西街，南至中山码头，长1055米，宽20米。该路沿线为港口码头，北段是全国最大的内河港——南京港客运码头。1874年（清同治十三年），两江总督调用清兵修筑此路。民国期间历经多次整修拓宽，长江的自然美景与人文景观相映成趣，民国首都电厂旧址即在道路南端。

街巷链接

追忆百年电厂

民国首都电厂是中国第一家官办电厂，成立距今已逾百年。民国时期为“全国模范电厂”，与杭州闸口电厂、上海杨树浦电厂共称为江南三大发电厂。解放南京时的渡江第一船——“京电”小火轮就出自该厂。新中国成立后，作为江苏省装机容量最大、华东电网的主力骨干发电厂，承担了江苏省三分之一的发电任务，是具有代表性、突出价值的工业遗产。因城市发展，电厂于2009年迁往郊区。2018年，民国首都电厂入选中国工业遗产保护名录(第一批)名单，该旧址保留了当时电厂部分厂房、发电设备、运煤码头、浦龙号趸船、塔吊、传送带等。

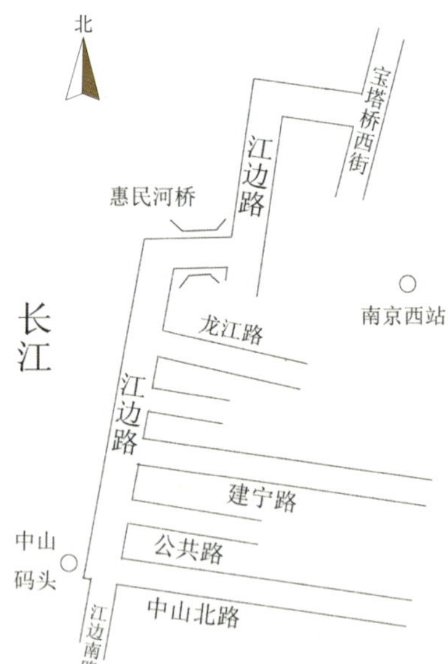

江边南路

紧邻长江岸线，北起中山北路，南至南通路，长1000米，宽7米。江边南路与江边路以及淮滨路相连，成为沿江道路的组成部分。江边南路的北首是古朴的中山码头，码头的红砖与浦口轮渡一同见证百年历史。

街巷链接

中山码头的变迁

中山码头又称下关码头，曾名首都码头，是一座渡轮码头，常年开行驶往对岸浦口码头的"宁浦线"轮渡。下关江边建设码头的历史可以追溯至东晋在老虎山一带建立的军用码头白石步，南宋时该处的龙湾渡为当时长江六渡之一。现代的轮渡运输则迟至1910年（清末宣统二年），津浦铁路贯通后，由浦口市场局于民间筹资开办，航线由下关至浦口，称"关浦线"。1928年（民国17年），为保障孙中山先生奉安大典的顺利进行，国民政府决定在下关江边建设码头以迎接先生灵柩，并定名为津浦铁路首都码头。奉安大典举行后，灵柩登陆的下关码头被定名为中山码头并沿用至今。2012年，中山码头出新，恢复成民国风格。

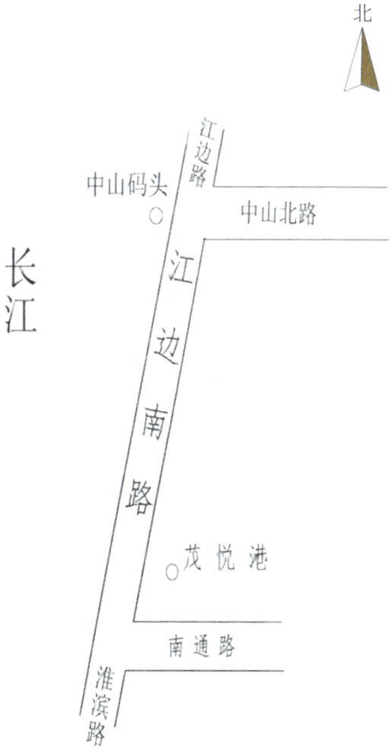

淮滨路

位于秦淮河入江口以北，东南自模范西路起，西北到江边南路止，呈西北—东南走向，长2200米，宽9米。因濒临秦淮河而得名。淮滨路道路贯通了下关大桥、三汊河桥和定淮门大桥，道路一侧还有希尔顿酒店、世茂滨江新城等现代建筑。

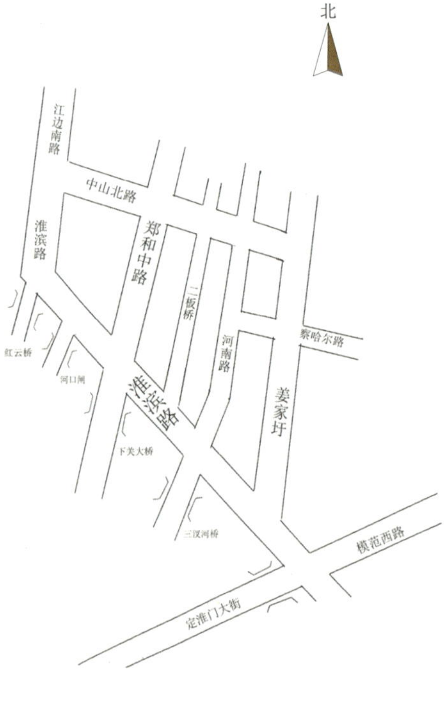

街巷链接

晏公庙寻踪

淮滨路在展现现代化风采的同时，也具有悠久的历史，它的演变可以追溯到明代的晏公庙。明洪武时期，朱元璋开下新河引外秦淮河在此入江，修建了两座晏公庙，一在孝陵卫街，一在此地。晏公庙供奉的晏公为水神，职司平定风浪，保障江海行船。下关晏公庙颇具规模，声名远播，商贾船工经过此地均要上岸祭拜，位置即在姜家园南端，东侧曾名晏公庙东，西侧曾名晏公庙街。2003年，旧时的晏公庙街、晏公庙东和石梁柱大街合并，以路南滨秦淮河并与其平行而名“淮滨路”。

金川河东路

位于安乐村以西，南起金川河北路，北至京沪铁路，长750米，宽6米。因处金川河东岸而得名。

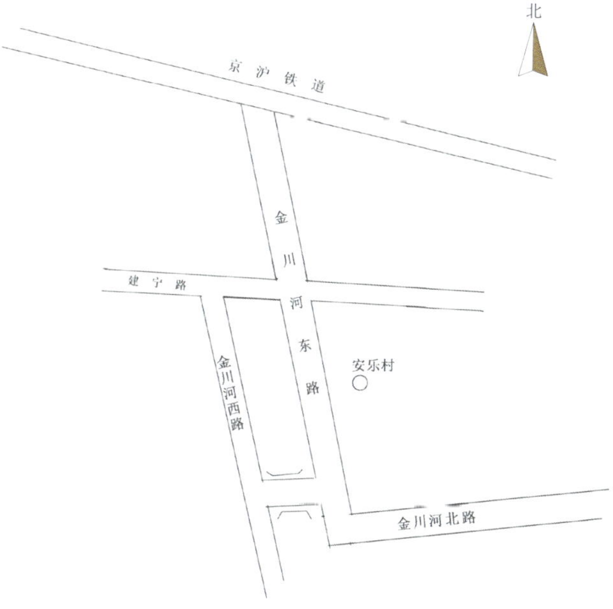

街巷链接

南京文明的摇篮

金川河在南京城北，为城区的第二大河，古称靖安河。明初建南京都城时，临靖安河设一城门，欲以河名门，但该河名寓意欠佳，因此，以该河历南唐、宋、元多朝，皆为运输盐粮等物资的黄金水道为典，遂更名金川河。金川河流域早在五六千年以前就建立了南京地区第一批原始村落。二十世纪五十年代以来，考古工作者在这一带发现原始居民遗址，如北阴阳营遗址等。先人们的辛勤劳动，为南京城市的形成和发展奠定了基础。

金川河西路

位于五所村以东，南起护城河南路，北至长平桥，长600米，宽6米。因处金川河以西而得名。

街巷链接

长平路和长平桥

长平路原为一土路，后为碎石子路，位于现在建宁路中段，民国期间曾进行拓宽。1959年，在金川河上建造长平桥，使长平路与民生街交通畅通。1967年，长平路与民生街、绥远路同时更名为“反修路”。1969年，反修路与建宁路连接，拓建后统称建宁路。1984年，长平桥重建，著名书法家武中奇题写桥名。

金川河北路

位于护城河以北，金川河以西，东起钟阜路，西至金川河东路，长830米，宽6米。按照老金川河河道方位命名的。

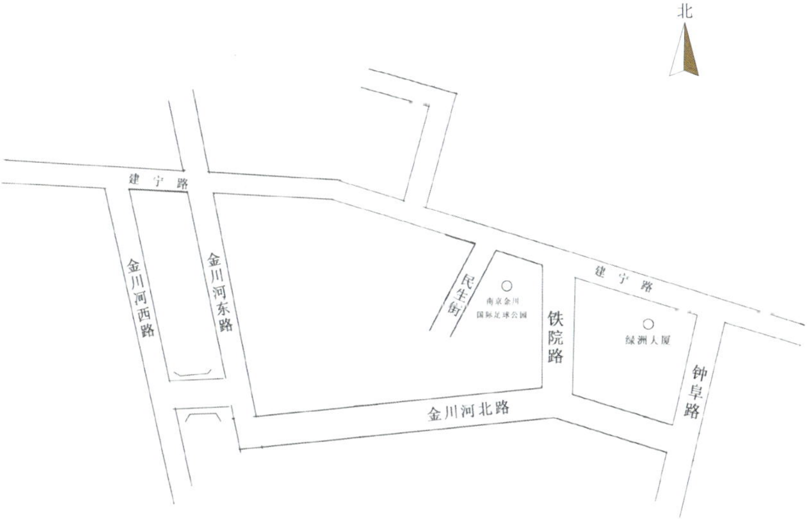

街巷链接

金川河水环境治理见成效

“南有秦淮，北有金川”。金川河水系覆盖南京城北，流域面积近60平方公里。由于流经老城稠密地区，水系复杂，水环境治理欠账多，过去长期黑臭，空中看像一条“黑龙”从长江大桥下窜入长江。南京以“河长制”为抓手，市领导挂钩负责，动员各级各部门打响金川河治水会战，多管齐下、标本兼治，终于降住了这条“黑龙”。监测显示，从2019年到2020年上半年，金川河宝塔桥断面主要水质指标基本稳定在Ⅳ类以上。水质变好不仅造福了沿河居民，还改善了滨水板块环境，推动了南京鼓北、铁北片区的发展。

干河沿前街

位于广州路南侧，东起中山路，西至豆菜桥，长400米，宽5米。传此处有条玉林河，南唐时为杨吴城濠旱濠一部分，枯水时干枯见底，即干河，后习称此河两岸为干河沿。此处清末成街，始名干河沿。解放初因地处干河沿之前，更名干河沿前街。

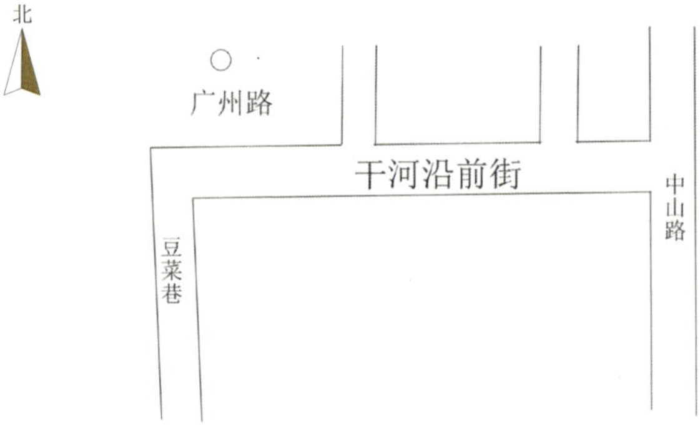

街巷链接

孩子们最喜爱的地铁站——糖果车站

从干河沿前街向东走到中山路，就是地铁1号线珠江路站，这个车站有一个甜蜜的名字：糖果车站。这一名称缘起一个真实的感人故事：一对夫妻带着患病的孩子到儿童医院治病，在珠江路地铁站乘车时，孩子哭着说想吃糖，囊中羞涩的父母很为难。一名地铁员工看到后拿出为自己儿子准备的糖果送给孩子。从那以后，珠江路地铁站的所有员工每天都带着糖果上班，拿到糖果的孩子们亲切地把南京地铁珠江路站叫做“糖果车站”。后来这一名称被地铁公司正式启用，并正式挂牌。每天当班站务人员，不定时向车站付费区内的儿童派发一定数量的糖果，发完为止。

干河沿后街

位于中山路以西，北起广州路，南至干河沿前街，与干河沿北街平行，长260米，宽9米。因处于干河沿之后，1952年定此名，隔着广州路就是儿童医院。

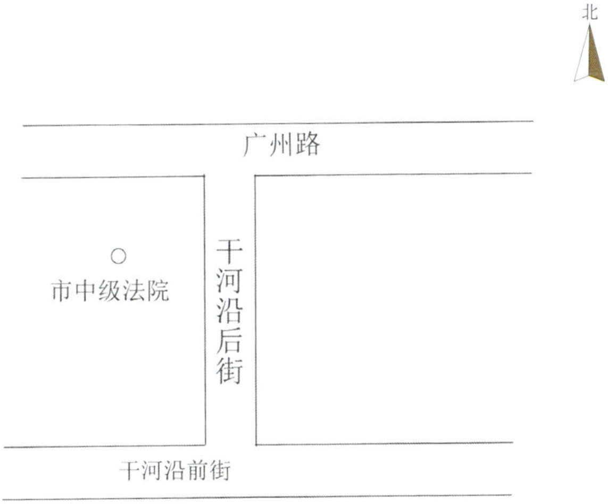

街巷链接

全国法院办案标兵——周晔

南京市中级法院法官周晔毕业于南京大学法学院，2005年参加工作，在法院民三庭工作期间专业审理知识产权案件。周晔具有较深的法学理论功底和较强的审判实践能力，办理的专业案件数量多质量高多次入选省市典型案例。她写的判决书思路清晰、技术分析准确，当事人心悦诚服。十多年来，她先后被授予江苏省五一巾帼标兵、江苏省优秀法官、全国法院办案标兵等荣誉称号。

干河沿北街

位于广州路南侧，南起干河沿前街，北至广州路，长103米，宽7米。原为高家酒馆。1956年，市第十中学（即金陵中学）、南京教育学院基建将原街截成两段，本段为北段，且在干河沿前街之北，故改称现名。

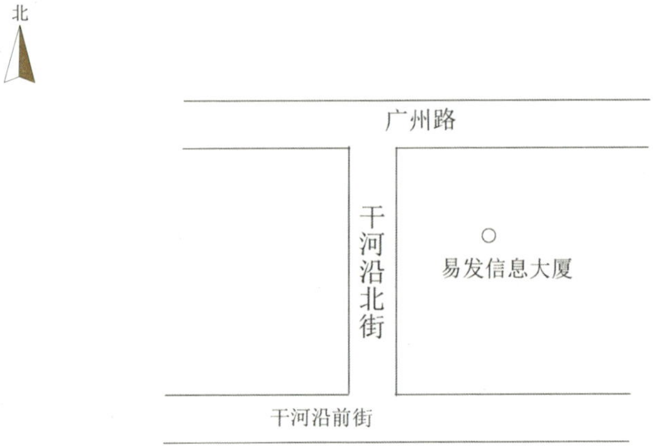

街巷链接

横跨三个世纪的名校

金陵中学，又名南京大学金陵中学，简称“金中”，创建于1888年，当时称汇文书院，是美国基督教美以美会在华创建的教会学校。1890年，正式设立中学部。1910年，与宏育书院合并为金陵大学，改中学堂为附属中学，简称金大附中、金陵中学。金陵中学具有悠久的历史和光荣的传统，在130多年的办学历程中，为社会培养了5万多名优秀学子，走出了26位两院院士、5位国际奥赛奖牌得主（金牌3枚、银牌2枚），陶行知、吴仲华、吴敬琏、厉以宁、田刚、傅新元、高行健、柯象峰、宗白华、程千帆等都是校友中的杰出代表。

西流湾

位于山西路广场北，南起中央北路，北至虹桥，长280米，宽4米。此地原为金川河西流途中的塘湾，故得名。周边有国民政府战略顾问委员会旧址。

街巷链接

国民政府时期的“中顾委”

1947年，国民政府战略顾问委员会正式成立，系最高军事咨询机关，设主任委员一人，委员若干人。原设军事参议院被裁撤。1948年，据《中华民国总统府组织法》规定，总统府设战略顾问委员会，由总统特聘战略顾问19~29人组成，并在委员中指定主任委员、副主任委员各一人，由主任委员召集会议，担任主席，下设办公室，置主任、副主任及将官高级参谋与校官参谋若干人，分掌特定事务。该委员会除处理总统交议事项外，对战略及有关国防事项得随时向总统提供意见。

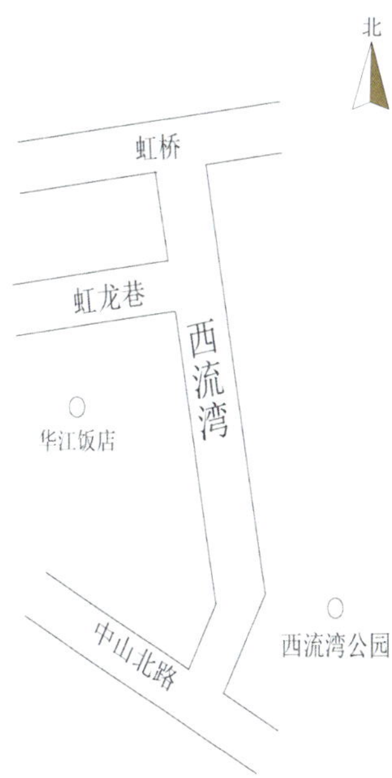

清河路

位于扬子江大道以东，东北起汉中门大街，西南至应天大街，长1650米，宽16米。2004年以此处有清江河而得名。

街巷链接

绿建大厦

位于清河路北端的江苏绿建大厦由清华大学建筑设计院主持设计，是我省第一座低碳生态绿色建筑，总建筑面积24000平方米，建筑高度88.95米。大厦采用光伏发电、智能控制、节能LED灯、立体绿化等国内外先进节能技术，建筑节能率达到68%。该大厦已通过产权合作方式转让给南京苏逸实业有限公司。

清凉山

位于清凉山公园以南，南起虎踞路，北至广州路，长150米，宽7米。因靠近清凉山而得名。

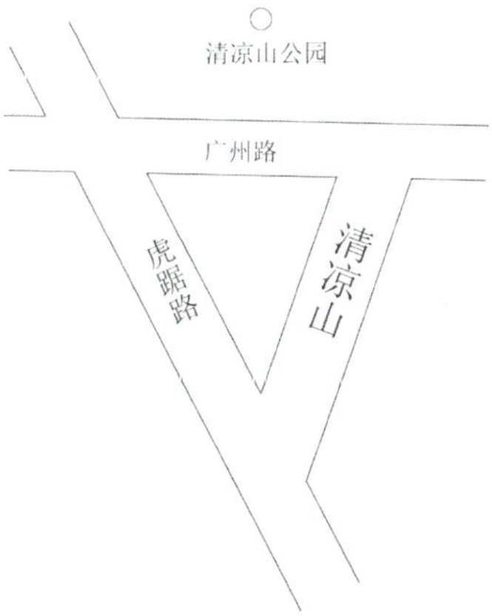

街巷链接

清凉山的成语故事

南唐时，清凉山清凉寺有一位法灯禅师，他性格豪放，平时不太拘守佛门戒规，寺内一般和尚都瞧不起他，唯独主持法眼禅师对他颇器重。有一次，法眼在讲经说法时询问寺内众和尚："谁能够把系在老虎脖子上的金铃解下来？"大家再三思考，都回答不出来。这时法灯刚巧走过来，法眼又向他提出这个问题。法灯不假思索地答道："只有那个把金铃系到老虎脖子上的人，才能够把金铃解下来。"法眼听后，认为法灯颇能领悟佛教教义，便当众赞扬了他。"解铃还须系铃人"的说法就此流传下来。

古平岗

位于古林公园之北，东北起虎踞北路，西南至模范西路，长300米，宽7米。《明代南京城图》即沿用古平岗名，后成街，街以岗名。“文革”期间，曾名红卫岗，后恢复原名。该路原先经定淮门转北至华严岗，建模范西路占用其中一段。

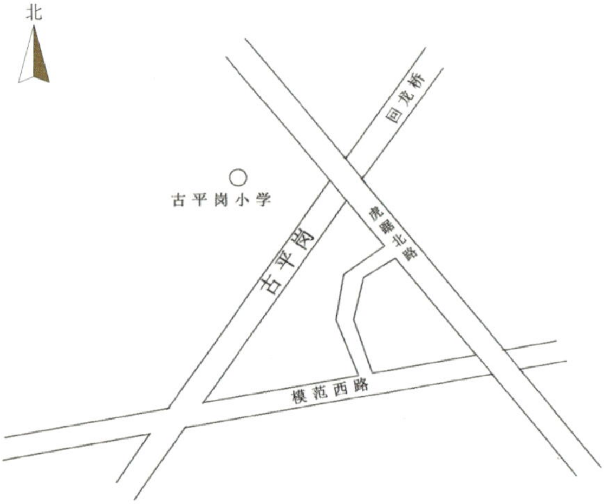

街巷链接

古林寺与古林公园

古林寺最早称观音庵，相传为南朝梁代高僧宝志创建，系敕赐古寺，南北朝时，周围就广植海棠与梅花，古林梅花名噪一时，赏梅者络绎不绝。至建国初期，历经王朝更替的古林寺已颓废不堪，沦为农民菜地。1959年，该处改为省级机关园艺场，残垣断壁的古林寺已不复存在。1964年，拨交市园林主管部门辟为古林苗圃。1981年，正式批准建园。1984年，对外开放，石壁上镌刻的园名为林散之题书。1992年，古林公园建成中国第三大牡丹、芍药基地。

10 周边建筑物、单位、行业命名

鼓楼街

位于鼓楼广场西北，南起鼓楼公园，北至中山北路，长285米，宽16米。民国初即有此街，因附近有明代鼓楼而得名。

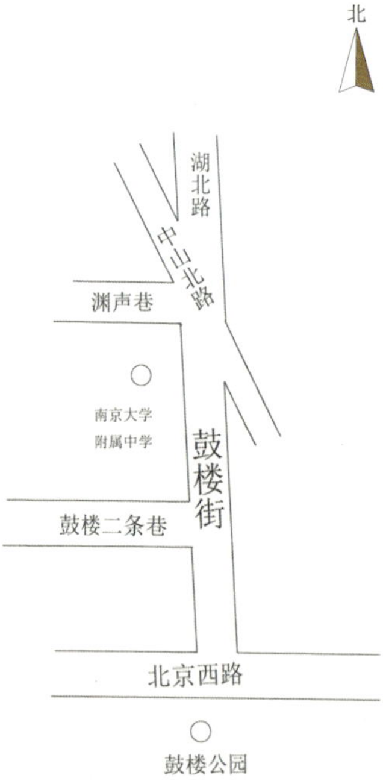

街巷链接

由教会女校到全日制中学

位于鼓楼街83号的南京大学附属中学（又称十一中），始建于1896年，当时是由美国基督教传教士赖瑛（Miss Lyon）女士创办并兼任院长的教会学校，定名为金陵基督女书院。1927年，改名为私立中华女子中学。1946年，中共南京地下市委就委派党员沙轶因同志到中华女中领导师生开展革命工作，之后在师生中发展党员多人。1952年，南京市文教局决定将私立中华女中、二初中、私立鼓楼中学合并为南京市第十一中学，在现址办学至今。

校门口

位于察哈尔路以东，东起中山北路，西南折至回龙桥，长505米，宽6米。因民国时期中央大学农学院校门在此而得名。此处明代为校尉营驻地，明清时名“小门口”，民国期间两个名称均见于不同时期地图，清代的江南陆师学堂校门位于此街北侧。

街巷链接

江苏最早的近代陆军学校

江南陆师学堂创设于1896年，是江苏地区最早的近代陆军学校。为了培养新式陆军军官，时任两江总督张之洞奏准开设江南陆师学堂，聘德国军官为总教习和教习，招收年龄在13~20岁、文理通顺、能知大义之聪颖子弟入学；学制三年，课程有兵法、行阵、地利、测量、绘图、算术、营垒、桥路各种功课及马、步、炮兵各种阵法等。辛亥革命领袖赵声上将、吴旸谷上将、抗日将领方振武上将等人曾就学于江南陆师学堂，鲁迅先生亦曾就读于江南陆师学堂附设矿路学堂。1909年，停办。

铁院路

铁院路位于金川科技园东侧，北接建宁路，南至金川河北路，长260米，宽8米。因南京铁道职业技术学院曾在此办学而得名。

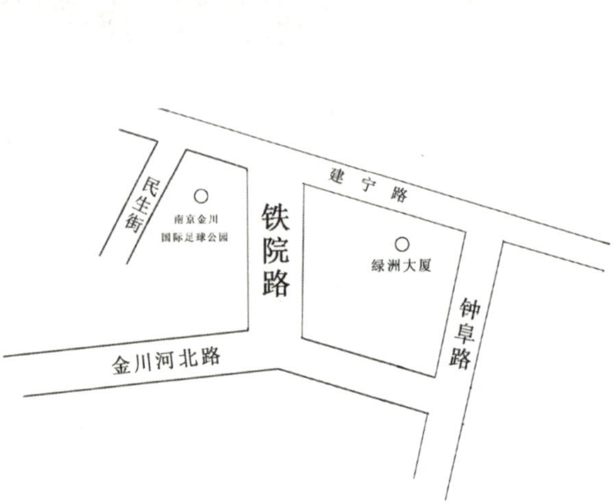

街巷链接

走进《致青春》里发呆

经过金川河建宁路段，屹立着一组别具风情的民国风貌建筑。西方折衷主义建筑风格的完美呈现，让人仿佛瞬间穿越回民国时期。这里原本是南京铁道职业技术学院老校区，经过改造后摇身一变，成为高科技顶尖人才聚集之所。值得一提的是，赵薇的电影《致青春》也曾在此取景，老树林立、鲜花盛开，勾起人们对学生时代的回忆。

体育馆路

位于广州路以南，南起永庆巷，北至广州路，长150米，宽6米。因路旁为五台山体育馆而得名。

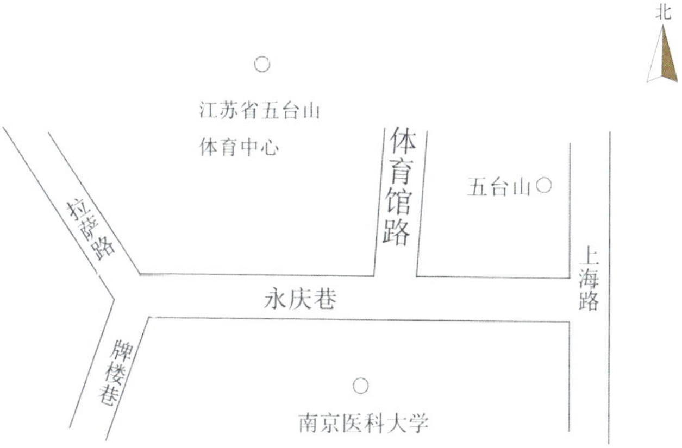

街巷链接

南京五台山体育中心

五台山体育中心始建于1951年，拥有体育馆、体育场、游泳馆、保龄球馆、网球馆、羽毛球馆、健身会馆等大型体育场馆，每年接待健身群众约400万人次，举办、承办各类文体活动200余场。五台山体育中心是江苏省对外政治、经济、文化、体育交流的重要窗口，自成立伊始共接待了来自全球100多个国家和地区以及全国各省市、自治区的文化、体育等艺术团体，相继承办了第三届全国大学生运动会、第三届全国城市运动会、第六届全国残疾人运动会、第十届全国运动会、第六届中国艺术节、第六届世界华商大会、第十四届国际女篮锦标赛、第九届世界健美操锦标赛、第二届亚洲青年运动会、第二届青年奥林匹克运动会、2017世界全项目轮滑锦标赛等文化、体育盛会，为传播体育文化、丰富群众精神生活做出了积极贡献。

画苑巷

位于石头城路以东，西起石城巷，东至虎踞路，长110米，宽6米。因路旁为江苏省国画院而得名。

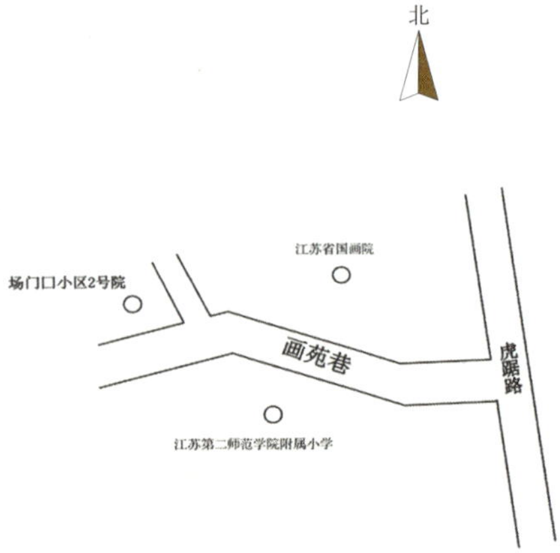

街巷链接

大师荟萃之所——江苏省国画院

江苏省国画院是北京画院、上海画院之外，全国最早成立的三大画院之一，1957年由著名国画大师张文俊筹建。1960年，正式成立。在半个多世纪的发展历程中，江苏省国画院先后涌现出了吕凤子、陈之佛、林散之、钱松喦、费新我、傅抱石、武中奇、魏紫熙、张文俊、亚明等一批德高望重、名垂青史的艺术大师和大家，他们用举世瞩目的艺术成就，构筑起江苏省国画院这一当代中国画学术高地。1987年，国画院搬迁至四明山庄，这里本是清凉山余脉，林木葱郁，风光迤俪，是一处令人流连忘返的所在。

渡江路

位于下关大桥南侧，东起郑和南路，西至渡江胜利纪念馆，长220米，宽20米。2010年因临近渡江战役胜利纪念馆，故名。

街巷链接

历史的转折　胜利的印记

渡江胜利、南京解放是重大历史转折性事件，它宣告了国民党政权的灭亡，标志着中国近代史的结束、新中国的诞生，同时赋予了南京英雄之城、胜利之都的历史文化内涵。渡江胜利广场六组“千帆竞渡”群雕呈红色直线柱体形式，截面为红色五角星。其中最高的一根红色立柱长49.423米，象征着1949年4月23日南京解放。夜幕降临，49颗红色五角星连同49根大型红色立柱在江边闪耀，犹如灯塔一般，又似连天烽火，让人们追忆起百万雄师过大江的雄风与豪情。

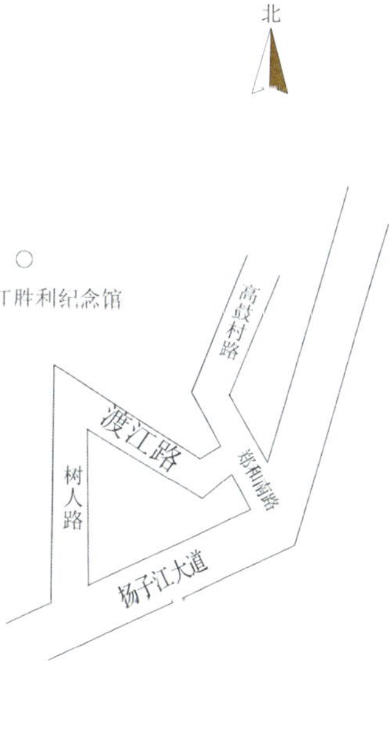

树人路

位于郑和南路以西，南起扬子江大道，北至渡江路，长280米，宽20米。因树人路1号是南京师范大学附属中学树人学校而得名。

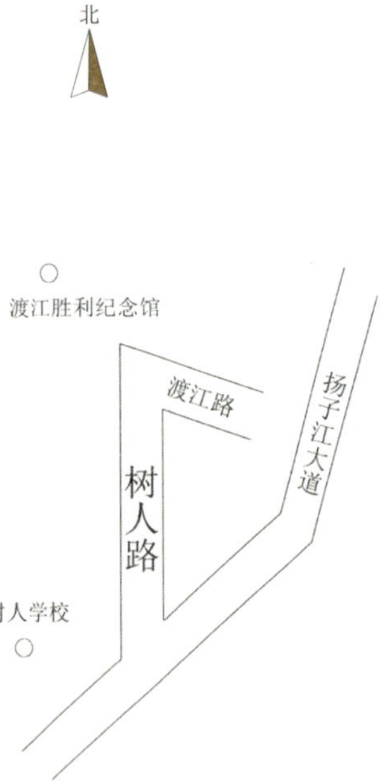

街巷链接

南京师范大学附属中学树人学校

南京师范大学附属中学树人学校前身是南京师范大学附属中学2001年独资创办的一所民办初中，即南京树人国际学校。2012年，根据南师附中与原下关区政府的联合办学协议，学校更名为现名，办学性质由民办改为公办，办学地点迁至树人路1号。学校秉承百年附中的文化血脉和精神底蕴，以“嚼得菜根，做得大事”为校训，坚持“健康生长”的教育理念，以“诚朴”为校风，努力创设师生在工作学习中获得幸福感的家园。学校办学成绩显著，历届中考总均分、高分段人数、升入南师附中人数均居全市最前列。

南瑞路

位于金贸大街以西，南起新模范马路，北至黑龙江路，长1600米，宽40米。以路东侧南瑞集团命名。原为紫竹林街区一部分和蔡家巷、东柏果园两巷，2002年拓宽成现状。

街巷链接

科技成果转化的领头羊

南京南瑞集团是国网电力科学研究院为促进科研成果产业化而创建的高新技术企业，具有"计算机信息系统集成一级资质"，是"国家火炬计划重点高新技术企业""中国软件100强企业""中国独立软件开发30强企业"。南瑞集团2004年被信息产业部评为"全国优秀计算机信息系统集成企业"，2005年被科技部评为"优秀软件企业"，2006年被国家科技部、发改委等部委评为"国家认定企业技术中心"。企业始终以技术领先为立足之本，发扬努力超越、追求卓越的企业精神，向着国际一流的科研开发和高新技术企业迈进，力争为我国电力工业、水利事业和自动化技术的发展做出更大的贡献。

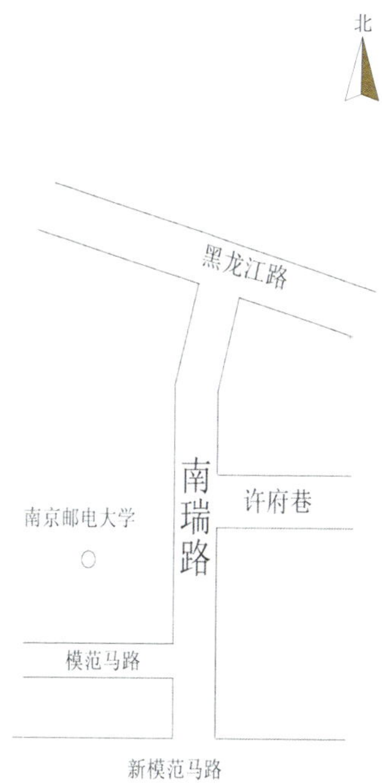

橡胶厂路

依傍金川河，东南起福建路，西北至排水管理处，长400米，宽10米。因曾有橡胶厂位于此处而得名。

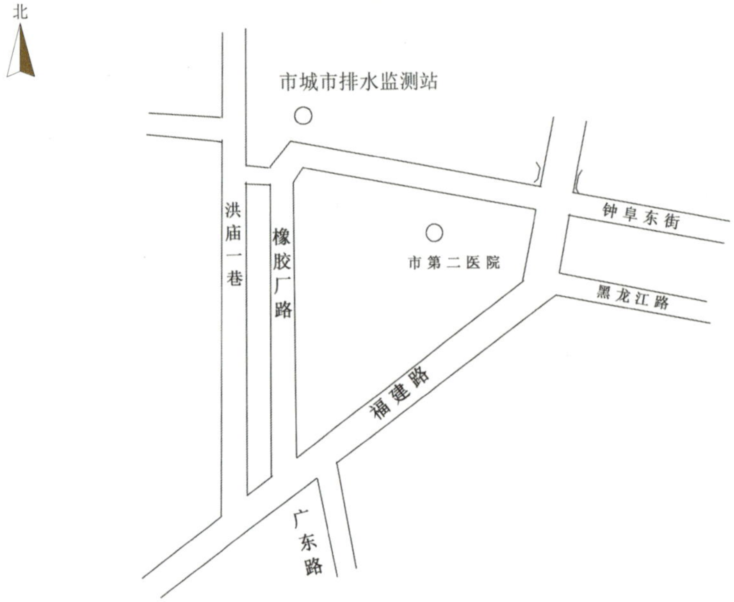

街巷链接

整治一新的橡胶厂路

橡胶厂路虽说是背街小巷，但这条约400米长的路上，住宅、商店、学校、社区党群服务中心等一应俱全，每天人流不断，车流不息。沿金川河设置有一条长约200米的景观绿化带，带内花木扶疏，曲径通幽，两端还各有一处景观小品，成为居民们游玩、健身的小乐园。沿街墙体按照青砖黛瓦马头墙的设计进行了改造，民国灰的墙垛间，花格窗点缀其中，尽显古韵。双向行驶的车辆在各自车道内井然有序地依次通行，道路一侧的人行道上，行人三三两两，惬意步行；另一侧的沿河绿荫步道上，居民或在此健身游园，或遛狗散步，十分自在。

江海巷

位于世贸滨江以西，东起二板桥，西至郑和中路，长230米，宽6米。因路南侧有江海集团家属区江海大院而得名。

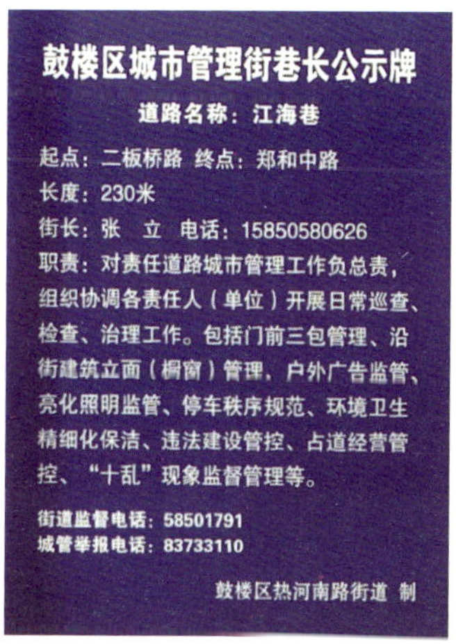

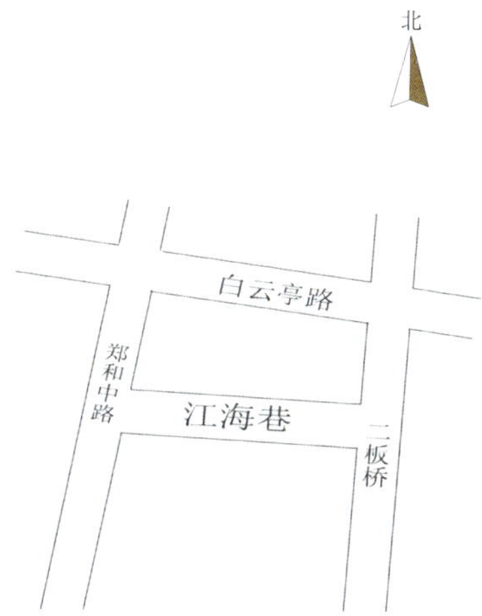

街巷链接

江苏航运领域的全能企业

南京江海集团创建于1956年。1991年，江苏省江海航运公司、南京市轮船运输公司和新华船舶修造厂（后划出）合并组建南京江海集团。2003年，企业改制。经过60多年的发展，江海集团已经成为全省唯一具有远洋、沿海、长江、内河、造船、码头中转综合运输能力的企业，拥有运力近150万载重吨，航线辐射长江沿线、中国香港及亚洲、欧洲、大洋洲、非洲、中东和美洲等世界各国家和地区，有着丰富的航海管理经验和开辟新航线的能力。

盔头巷

位于新街口以北，东起中山路，西至豆菜巷，长357米，宽4米。清末此巷为专门制作盔帽的作坊及其工匠的集住地，故名。

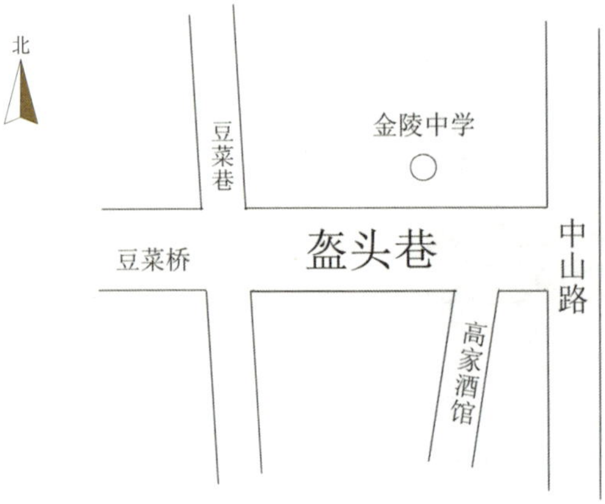

街巷链接

三进新街口的孙中山铜像

位于新街口广场环岛中央的孙中山铜像，是众多孙中山铜像中最为著名的一座，也是南京的著名地标和精神象征。历史上新街口曾有两座孙中山铜像，第一尊为孙中山生前挚友、日本友人梅屋庄吉捐资铸制，1942年矗立新街口，“文革”期间迁至中山陵园管理处，后再置于孙中山纪念馆前。第二尊为当代雕塑家戴广文所作，于孙中山诞辰130周年之际立于新街口；2001年，铜像因地铁施工暂隐于市。2010年，阔别九年多的铜像回迁新街口。

金银街

位于鼓楼西南，南起南秀村，北至北京西路，西至上海路，为丁字形，长430米，宽5米。相传在太平天国时期，此处是金银库所在地，故称金银街。另一说因金银首饰商人曾在此开金银楼而得名。清末有街，名金银街，沿用至今。

街巷链接

逃脱审判的侵华总司令

1945年8月15日，日本宣布投降。9月9日，国民政府在国防部大楼举行了日军投降仪式，冈村宁次代表日本政府在投降书上签字。次年年底，冈村宁次搬入金银街2号—4号寓所，2号为随从人员居住，4号为冈村宁次等高级军官居住。冈村宁次是日本陆军大将、甲级战犯，抗日战争末期任中国派遣军总司令官，在侵华战中犯下了累累罪行。1949年，因蒋介石庇护，被国民党军事法庭“无罪释放”，随即潜逃回国。

芦席营

位于中央路西侧，南起马家街，北至新模范马路，长415米，宽5米。因东侧原为芦滩地，居民以编芦席为业，故名。原南起马家街，北至黑龙江路，全长1415米，2000年的时候北段划出。

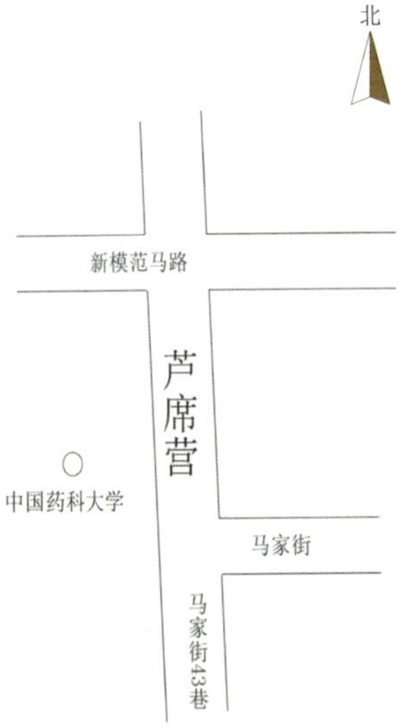

街巷链接

藏在居民区的外国使馆

芦席营26号曾是阿富汗驻民国大使馆。该处为吴淑英于1937年购地兴建，建有2层到3层砖木混凝土结构的花园式楼房和西式平房，计5幢29间，房屋建筑面积1862.1平方米。1946年，阿富汗政府派遣外交部次长泰尔齐为首任驻华特命全权公使来宁履任。1947年初，阿富汗公使馆租用此处。1949年，退租。新中国成立后为南京市公交公司幼儿园使用。1989年，拆除。

南东瓜市

位于五台山北，西起宁海路，向北折至合群新村，长310米，宽5米。源于北东瓜市，合称东瓜市，后分开，因据南而得名。

街巷链接

东瓜市的由来

清《同治上江两县志》已有“东瓜市”的地名记载，后形成南北两巷，故又分为南东瓜市、北东瓜市。南冬瓜市呈L形，北冬瓜市呈Z形。《同治上江两县志》、民国《首都志》均称东瓜市。传原为瓜类销售市场，因为其方位处东而得名。又传当时有一户在此处种冬瓜卖，后为集市，且“冬”讹为“东”，所以得名东瓜市。

北东瓜市

位于广州路北侧，东起上海路，向西至合群新村90度折弯向北至北冬瓜市小区，再90度折弯向西至宁海路，长430米，宽5米。清代的《同治上江两县志》、民国的《首都志》和1948年《南京市街道详图》均载有东瓜市名。传说此处最早为瓜类交易市场，以方位加“瓜市”二字得名东瓜市，后来分成了南、北东瓜市两巷。

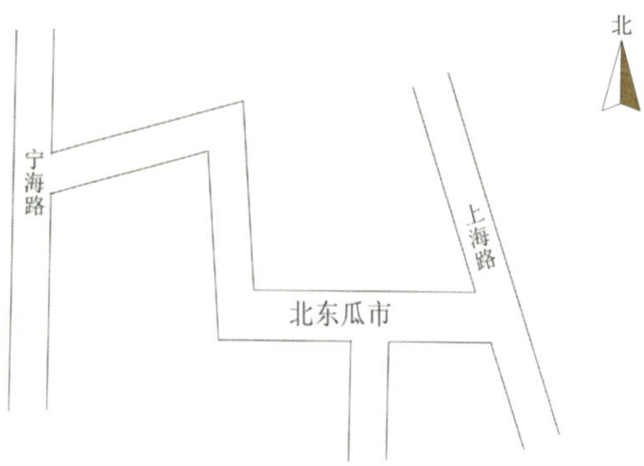

街巷链接

走进南京师范大学随园校区

从北东瓜市西头出来就是南京师范大学随园校区。随园的恬静，往往让人感受到“结庐在人境，而无车马喧”的意境。校园里，春天的花争奇斗艳，美不胜收；夏天的水杉和梧桐高大挺拔，郁郁葱葱；秋天的银杏浸染寒霜，金黄明媚；冬天的阳光温暖和煦，安静怡人。走进这里，仿佛走进了民国时代，那些古色古香的建筑让人惊艳，粉砖黛瓦，勾檐翘角，承载了百年风华。漫步随园，无处不在的古树名木令人印象尤深，银杏、重阳木、榔榆、雪松、枫杨等树种无不挺拔苍翠，它们像一位位岁月老人默默地见证着南师大随园的百年风雨。

老菜市

位于山西路广场以西，东起人和街，西至水佐岗，长420米，宽11米。古时此地原是菜市场，后附近因出现新的菜市，名新菜市，故此称老菜市。巷以原“老菜市”三字得名，清《同治上江两县志》即载有此巷名。老菜市8号是荷兰驻民国使馆旧址。

街巷链接

老菜市旁的老菜场

老菜市南侧的山西路菜场是一家有着80年历史的老菜场，始建于1939年。最初是用木栅栏围墙、铁皮盖顶的简易场屋，新中国成立后改为砖墙瓦屋。1993年，新楼落成，是当时华东规模最大、品位最高的副食品商场。如今，菜场的环境可与超市媲美，加备中央空调、免费WIFI，地面清爽，摊位有序。为保证食品安全，菜场还聘请了第三方检测机构入驻，消费者可以将食品免费送检。

小市街

位于中央北路东小市地区，是一条古街道，道路呈南北走向，北起和燕路，南至百灵街，长460米，宽6米。1927年（民国16年），以小市命名。

街巷链接

小市的由来

明朝定都南京后，修筑了举世闻名的南京明城墙，在所开的13个城门之一——神策门（今和平门）外，是广大的乡村，城外的农夫、商贩进城买卖均在此歇脚。因城门开启、关闭是有时间限制的，远路来的人不得不在此找客栈安顿下来，久而久之，此处便形成了一个小市场，称为“小市”或“小市口”。明以后，市口消失。清朝末年，沪宁铁路通车，在此设和平门车站。作为城乡物资交流集散之地，小市又发展起来。解放后，此处先后设有小市乡、小市镇、小市公社、小市街道。

正丰街

位于热河路南段西侧，东起热河路，西抵郑和中路，长190米，宽10米。民国时期商人李正立在此开正丰厚木行，街以木行“正丰”二字得名。2018年拓宽改造后的正丰街焕然一新，路两侧新建的长江航运中心大楼等高楼大厦充满着现代化的气息。

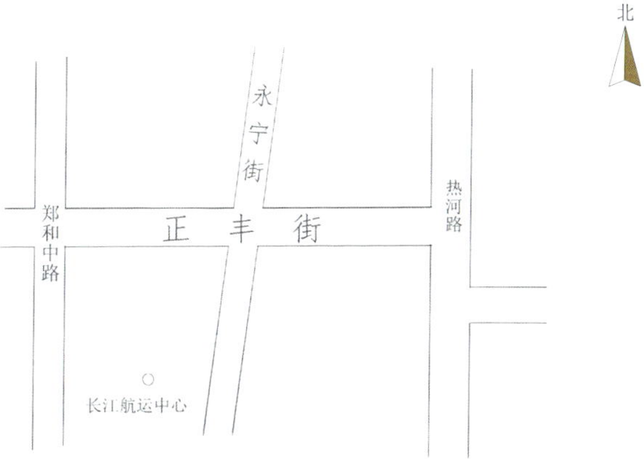

街巷链接

走向世界的南京航运

南京长江国际航运中心是全市海港枢纽经济的核心项目，也是江苏省交通厅与南京市共建的重点项目，主要承担长江国际航运物流中心的高端服务功能集聚区、口岸服务中心、航运综合服务中心等功能，建设有航运服务中心大楼，为航运管理机构、单位和企业提供服务场所。一大批航运管理机构、行政服务平台、航运企业，如南京海事局、南京航运交易中心、国内港航领军企业中集凯通、世界500强德国普及国际货运代理等已经入驻运营。

北圩路

位于莫愁新寓西侧，南起水西门大街，穿汉中门大街、清凉门大街北至凤凰东街，长1700米，宽19米。1988年由于途经原莫愁湖之北平原圩区而得名。原先向北只到凤凰西街，2008年延伸到清凉门大街，2009年又北延至现状。

街巷链接

伟大的人民教育家

位于北圩路41号的晓庄学院前身是陶行知先生1927年创办的“晓庄试验乡村师范”。陶行知先生毕业于金陵大学（1952年并入南京大学）文学系，是近代著名的人民教育家、思想家、伟大的民主主义战士、中国人民救国会和中国民主同盟的主要领导人之一。他曾任南京高等师范学校教务主任、中华教育改进社总干事，先后创办晓庄学校、生活教育社、山海工学团、育才学校和社会大学。陶行知提出了“生活即教育”“社会即学校”“教学做合一”三大主张，生活教育理论是其教育思想的理论核心。

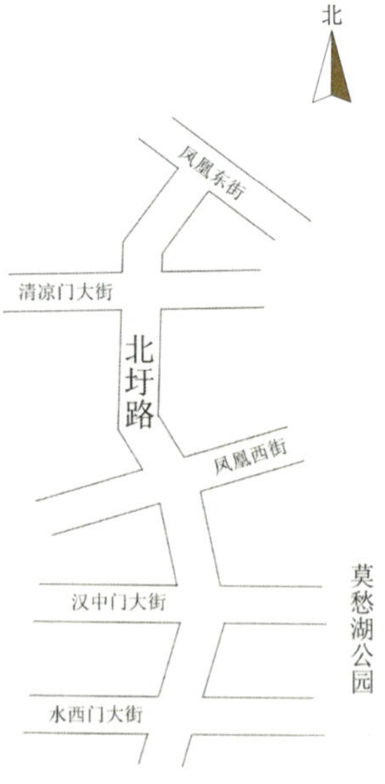

环玉路

位于中央门立交桥西北，南起建宁路，北接玉宁路，长210米，宽7米。因临近玉桥市场而得名。

街巷链接

难忘的通车典礼盛况

当中央门立交桥大修的消息传开，很多老南京人都回想起了34年前立交桥通车典礼的盛况。作为江苏省第一座大型城市道路立交桥，1986年，南京市举办了盛况空前的中央门立交桥通车典礼，吸引数十万名市民到场见证历史时刻。当时中央门立交桥上几百面彩旗猎猎，迎风招展，升空的大气球上悬挂着“热烈庆祝南京‘五朵金花’（五项工程）绽放”的巨幅标语，人们奔走相告，聚会在中央门立交桥上。

有恒路

位于江东北路北段西侧，东起江东北路，西至南京有恒面粉厂，长670米，宽10米。2003年，以面粉厂名称命名。

街巷链接

有恒面粉厂的发展史

1930年，私商黄光衢创办有恒面粉厂，后成为民国时期江苏规模最大的面粉厂之一。1954年，公私合营后该厂转为国营企业，改厂名为南京面粉厂。1992年，南京面粉厂和香港丽新集团共同投资1000万美元成立南京有恒面粉实业有限公司。公司拥有现代化全自动专用面粉生产设备，曾被评为全国100家最大食品制造企业之一。

11 人物、典故命名

中山北路

位于鼓楼广场西北，东南起鼓楼广场，西北至中山码头，长5662米，宽40米，为中山大道北段。1928年（民国17年），为迎接中山先生灵榇，国民政府决定在南京城内整修一条“迎榇大道”，又称中山大道。经过一年初步建成，1929年（民国18年）中山先生灵柩在中山码头上岸后即沿此路前往中山陵。1967年曾改名人民北路，1972年复称中山北路。该路作为鼓楼区最主要的主干道之一，历经多次拓宽改建。

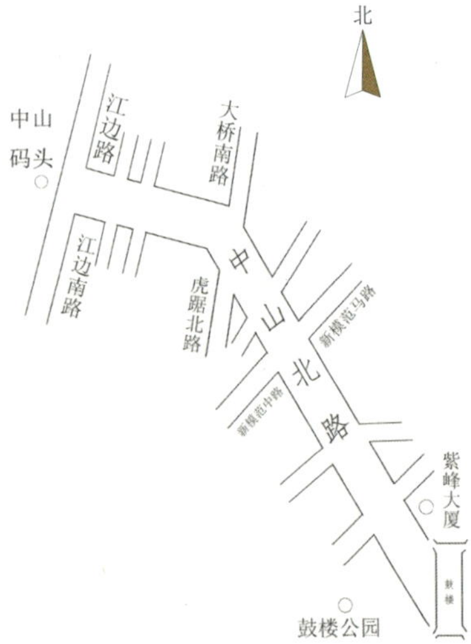

街巷链接

奉安大典

奉安大典，即1929年民国政府在南京为孙中山先生举行的葬礼。1925年，孙中山先生在北京逝世，经过三年建设，中山陵于1929年完工。当年5月，停放在北京碧云寺的孙中山先生遗体由专列运来南京，经中山码头上岸。孙中山灵榇抵达南京后，停灵于国民党中央党部礼堂。从5月28日起由中央委员、各特任官轮流在中央党部守灵，3人为一班，每班4小时。第一班由蒋介石、谭延闿、胡汉民守灵。守灵共22班，直至6月1日奉安日为止。

中山路

位于南京的中轴线上，北起鼓楼广场，南至新街口广场，长1740米，宽40米，是南京市内主要干道。始建于1929年（民国18年），为迎奉孙中山先生灵柩的迎榇大道一部分。翌年，国民政府定名为中山路。“文革”期间曾改为人民路，后恢复原名。路两侧汇聚了诸多优秀的民国建筑。

街巷链接

最早的中山大道

中山大道是为迎接孙中山先生灵柩而建，并由此而得名，是中国最早的中山大道，现由中山北路、中山路、中山东路和中山南路组成。1928年，为将孙中山先生遗体由北平移至南京，首都建设委员会计划修筑一条迎陵大道，并将朝阳门改名为中山门。中山门东至中山陵，称为陵园路，西往长江边的中山码头，称为中山路，也是现今常说的“中山大道”。1933年，以南京鼓楼、新街口为节点，中山大道又分为中山北路、中山路、中山东路三段，全长近13公里，是南京第一条柏油马路。中山大道是一道亮丽的民国建筑风景线，沿途分布着大小几十处民国机关部门，道路两旁栽种有参天的法国梧桐。1949年后，新街口以南的中正路改名为中山南路，中山系构成南京道路的基本框架，亦有人称为“民国子午线”。

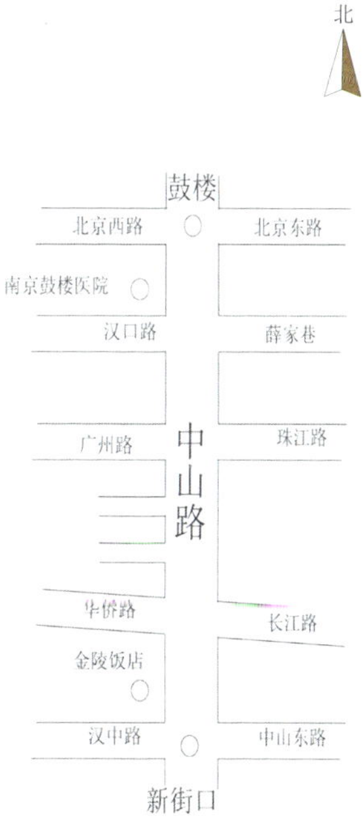

沈举人巷

位于新街口广场西北，东起管家桥，西至慈悲社，长250米，宽10米。因明代举人沈九思曾在此居住，故名。“文革”期间曾改称沈举巷，后恢复。

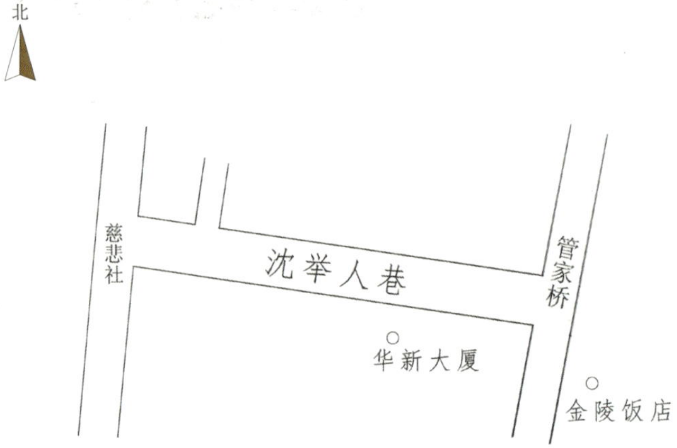

街巷链接

孔宋两家合办的银行

从沈举人巷向南是新街口邮政局，原为民国时期国货银行。该行是孔祥熙、宋子文所创设，系官商合办的银行，其时与中国通商银行、四明商业储蓄银行、中国实业银行合称为“小四行”。总行设在上海，成立于1929年。1930年，在南京设立分行，位置在中山路19号（原为中山路9号），现为南京市邮局新街口支局。它除了经营存款、放款、汇兑、信托等商业银行业务外，还兼营投资事业。该银行建筑共6层，另有地下室一层，钢筋混凝土结构，“综合现代建筑之趋势而仍不失中国原来之风味”，堪称是中国近代建筑史上“新民族建筑形式”的重要范例。

沈举人巷后街

位于新街口西北，东起平家巷，西至沈举人巷，长282米，宽5米。民初有街。此街因地处沈举人巷之后，故名。1969年曾名沈举巷后街，1981年复称原名。

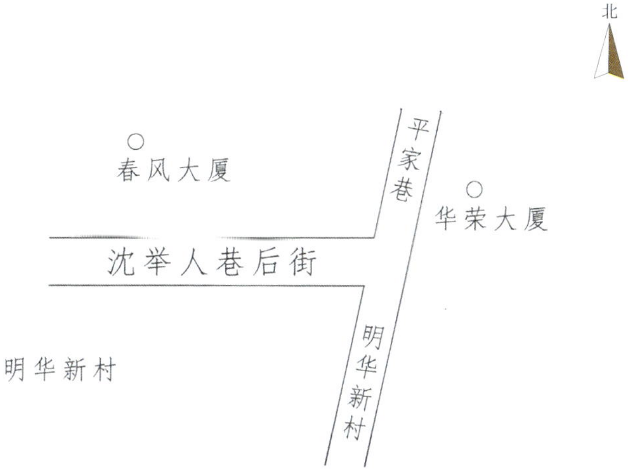

街巷链接

老街新貌

沈举人巷后街原是一条基础设施薄弱的老街巷，“晴天被绊脚，雨天泥上脚”，居民急盼路况能够得到改善。2019年，沈举人巷后街进行了两个月的出新改造。改造的沈举人巷后街，白墙黛瓦古韵十足。拥有百年历史的老街巷里经常可见三两居民沿街而坐，再泡上一杯清茶，看得见市井烟火，闻得到桂花飘香……

华侨路

位于新街口西北，东起中山路，西至上海路，长627米，宽33米。1930年（民国19年），经国民政府会议通过，成为我国第一条以“华侨”命名的道路，也是南京市最早的侨乡。据考证，清末民初时，这里人烟稀少，只有半边街道，故称“半边街”，街的东端是原清代慈悲庵的故址慈悲社。1934年（民国23年），一批归国经商办企业的华侨聚居于此，将半边街和慈悲社的一部分合并拓宽。上世纪九十年代拓宽改造为现状。

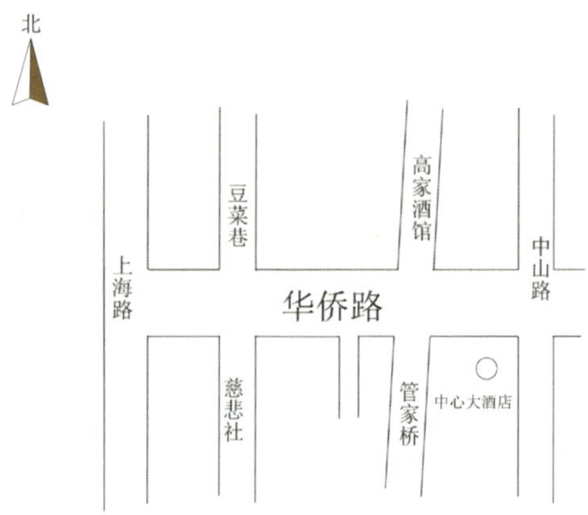

街巷链接

经历坎坷、初心不改的女战士

曾居住在华侨路81号的李桂英是一位经历传奇、品格高尚的老红军。李桂英，女，江西省寻邬县人。1929年，参加革命，因“扩红”工作出色，曾被中央苏区授予“扩红模范”称号。1934年，参加长征，是随中央红军长征的30位女红军之一。皖南事变发生后，她和战友历经艰险，将大笔经费送交盐城新四军军部，为重建新四军做出了重要贡献。解放战争期间，她荣立二等功，被评为二等模范。1955年，复员到地方工作。1962年，中央决定将红军时期的女指战员重新收回部队，她主动将全部复员费6000元作为党费上缴，受到解放军总政治部的表彰。她在“文革”中受到严重迫害，被错误开除党籍，拨乱反正后，党组织为她彻底平反。

马台街

位于中山北路以东，南起山西路广场东北湖南路，北抵新模范马路，长1095米，宽16米。因清代制台马新贻家居此，以“马台”二字得街名。2002年，道路改建，将军庙路段并入。

街巷链接

清末四大奇案之一“刺马案”

马台街的得名原因最普遍的说法是这里曾经居住过清末四大奇案之一“刺马案”的受害者——两江总督马新贻。马新贻生于官宦之家，祖辈几代为清朝官吏。1846年，考中进士。1868年，出任两江总督时居住在南京城西北的一条街巷，并且在这里建造了一座马府。总督又称制台，因此，当地的老百姓就称该街道为马台街。1870年，马新贻遭行刺身亡，案件轰动全国。因案情复杂，朝廷多次组织会审，最后还是留下诸多谜团，此案被称为清末四大奇案之一。

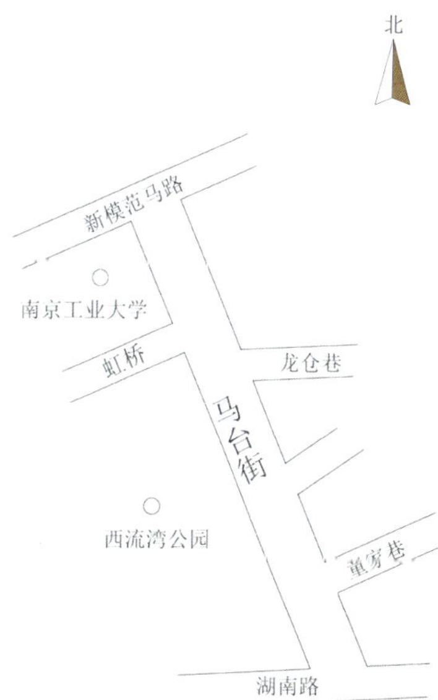

永庆巷

位于汉中路以北，南起牌楼巷，北至上海路，长325米，宽22米。因附近曾有梁朝永庆公主在此捐建的永庆寺而得名。清《同治上江两县志》即有此巷名。

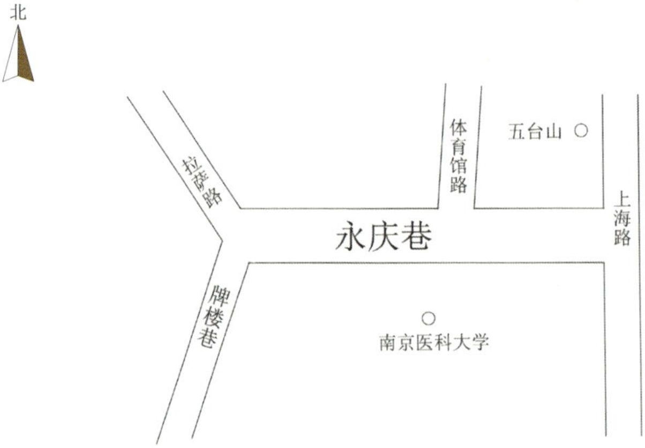

街巷链接

追溯永庆寺

永庆寺的历史可以追溯到南朝梁天监年间(502-519年)。梁武帝是一位虔诚的佛教徒，他的女儿永庆公主同样也虔诚拜佛。永庆公主将自己的住宅改为寺庙，称为“永庆寺”。她又捐“汤沐之资”，在寺内建五级石塔一座，此塔全用白石砌造，因此永庆寺又有了“白塔寺”的名称。明初，永庆寺已经非常衰败，只剩下那座白塔。明代建文、永乐、正德以及后来清代同治年间，永庆寺经历过4次重修。历经清末战火，永庆寺已达不到明代盛况，但依然是南京城西著名古寺，而那座白塔，却在太平天国的兵燹中被焚毁。新中国成立初期，该寺大殿改为“明亮油漆合作社”，但门上依然有“敕赐永庆禅寺”的横额。上世纪八十年代，永庆寺尚存佛殿一座。1995年，佛殿被拆除。

郑和中路

北起龙江路，南至下关大桥，长2300米，宽30米。该路面原为惠民河，后填河筑路，路基下埋设排水管道，故名惠民路。2005年原下关滨江大道改名郑和路，自北向南分别是郑和北路、郑和中路和郑和南路。其中原惠民路路段改名郑和中路，该路串联了秦淮河与通向静海寺、天妃宫、阅江楼的郑和北路，是一条历史底蕴深厚的道路。

街巷链接

三建三拆的中山桥

中山桥位于热河路广场之西，原惠民河上（今郑和中路），建于1914年。惠民河西的地块原为江中洲地，明代中期已与下关江岸合拢，即为“草鞋夹”，原所夹之江形成惠民河，之后草鞋夹渐有移民居住，为交通方便，修了一座简易木桥，因邻近复兴街，故名“复兴桥”。民国初因桥年久失修，拆除重建，仍为木桥。1929年，国民政府为迎接孙中山灵柩归葬首都，修建了中山大道，将复兴桥再次拆除，在原址上重建，改为水泥钢筋混凝土桥，大跨度的单孔两侧各增加了一孔分洪通道，为3孔双悬臂式结构，外表作拱形，墩台以木桩为基础。1999年，填惠民河筑惠民路时拆除。

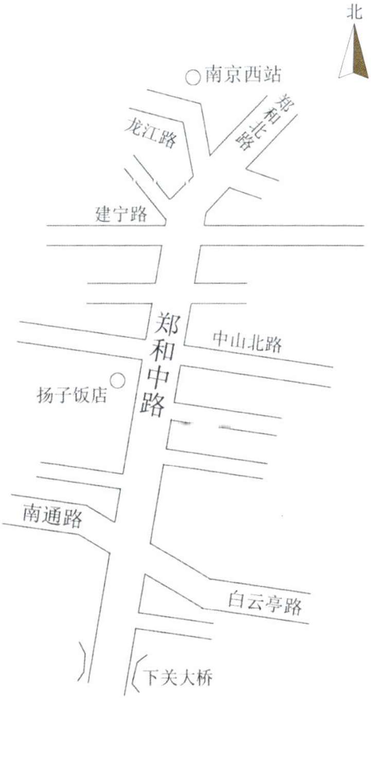

郑和南路

位于下关大桥南原三汊河大街，北起渡江路，南至定淮门大街，长730米，宽20米。2005年，更名为郑和南路，定淮门长江隧道出入口位于道路西侧。

街巷链接

江底70米深处的世界级工程

定淮门长江隧道原称南京扬子江隧道，位于长江大桥与应天大街长江隧道之间，对推进南京跨江建设意义重大。该隧道为世界同类隧道中规模最大、长度最长、地质最复杂的隧道。2010年，开工建设。2016年，正式通车。隧道全长7368米，为双管双层八车道规模。施工过程中研制的“天和号”和“天和一号”超大型盾构机打破了国外对直径12米以上的超大型盾构机的垄断，取得国际首创技术5项、中国国家级发明专利和中国实用新型专利各9项，并由此获得江苏省科学技术奖一等奖。

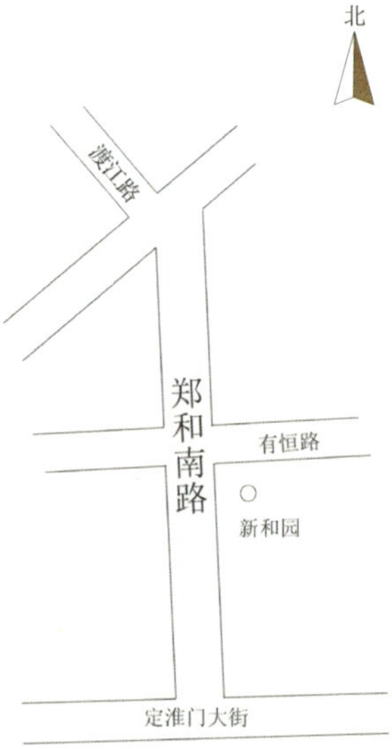

郑和北路

位于护城河以北，东起城河南路，西至龙江路，长1000米，宽16米。该路与京市铁路渊源颇深，曾名“京市路旁”，意为“沿铁路旁自然形成的道路”，铁路拆除后，因邻近护城河而得名“城河路”。2005年为纪念郑和远航而得名。

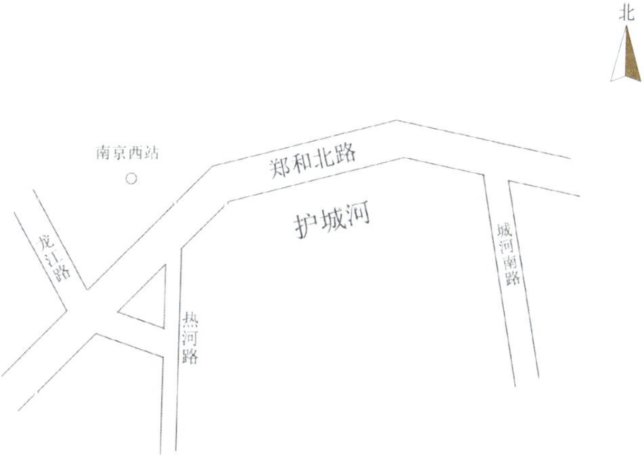

街巷链接

京市铁路

京市铁路作为南京地铁的前身，是当时中国各大城市中唯一的小铁路，不仅是南京城区现代化公共交通事业的发端，也是中国最早的城市轨道交通。京市铁路于1908年（清光绪三十四年）建成，长约11公里，设9个车站，初名“宁省铁路”，后改称“江宁铁路”“京市铁路”。1958年，该铁路被拆除，连接的宁芜铁路也同时被改动。

大方巷

位于山西路百货商场以南，东起云南路，西至江苏路，长610米，宽6米。传当时周边均为国民政府高级机关，以“大道理、大法则、大地之义”谓之“大方”二字得名。始建于1927年（民国16年），民国《首都志》即有此巷名。大方巷56号的田聚兴寓所，民国时曾一度被租用为苏联大使馆。

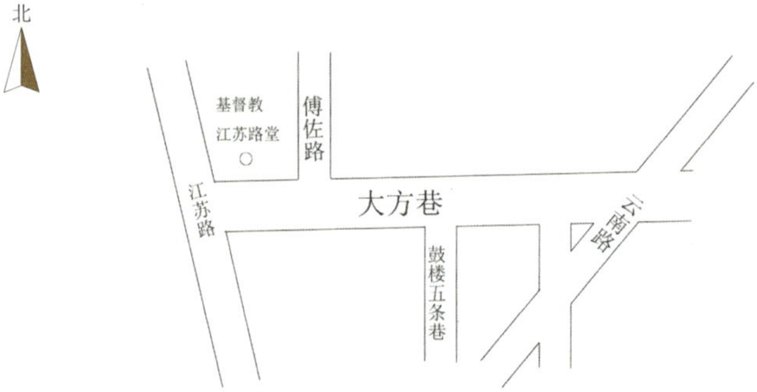

街巷链接

被拍卖的山百大楼

山百大楼被拍卖的消息传开后，曾引起老南京人对山百昔日繁华的记忆。始建于1957年的山西路百货大楼，绝对称得上金陵老字号，它与中央、新百、太平一样，是南京最早的大型综合商场之一。商场位于南京曾经最繁华的商圈之一湖南路商圈，隔壁就是军人俱乐部，可以说是老南京人公认的南京地标。

牌楼巷

位于五台山以南，南起汉中路，北至拉萨路和永庆巷交汇处，长611米，宽14米。据说明朝时该巷称为“青石街”。清代因巷内多大衙门，且门前有牌坊而得名。

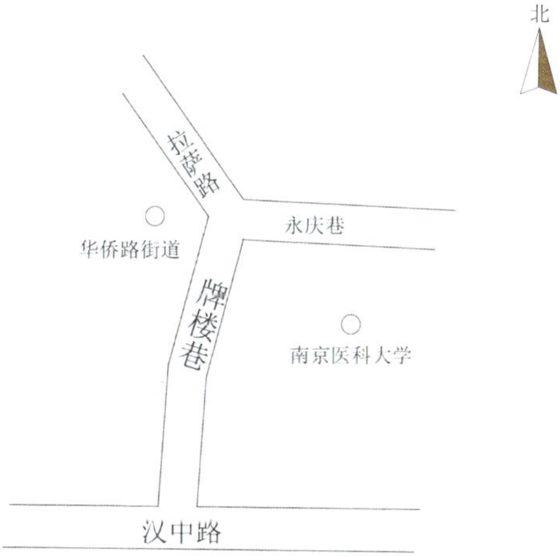

街巷链接

牌楼巷的前世今生

牌楼巷原南起石鼓路，北跨汉中路，通五台山百步坡，相传在汉中门处有个接官亭，有一官在此亭休息时见到牌坊，称其为“牌楼巷”。2003年，原石鼓路至汉中路一小段并入罗廊路，今南起点改为汉中路，北至点也因拓宽拉直改为永庆巷和拉萨路交汇处。

复兴街

位于热河南路以西，北起中山北路，南抵二板桥，长670米，宽12米。此处原为荒地，1908年（清光绪三十四年）号称“孙百万”的孙姓富豪在此建房开店，形成街市，并建牌坊一座，上书“复兴街”，遂成街名。另据考证，明朝初年朱元璋为纪念“驱逐鞑虏、恢复中华”钦定复兴街名称。

街巷链接

成为历史的老虎灶

复兴街5号曾有一处茶水炉子，被称为南京城内具有百年历史的最后一座老虎灶，2009年拆迁时引起媒体热炒。老虎灶因为有一个翘起的“尾巴”和灶头，形似老虎而得名。该老虎灶砌于民国初年，传了父子三代。烧老虎灶很是辛苦，先要从惠民河挑水，然后用明矾过滤沉淀。为了省钱，引火的柴禾都要烧灶人自己去劈去捡，一天忙到晚不得歇。

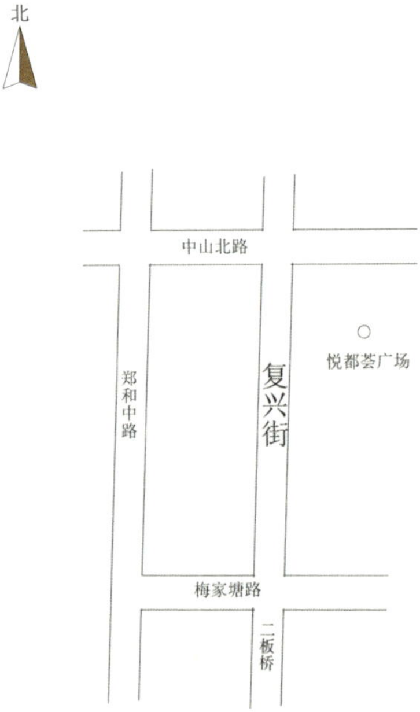

大铜银巷

位于上海路东，东起慈悲社，西至上海路，长245米，宽5米。古有山水涧，据《石城山志》载：“雨后山水入涧，其色如银。”后成巷，名涧银巷，旋“涧”又讹为“铜”。清代名大铜银巷，历史上曾有小铜银巷与之相区别，现已不存，故此巷又称铜银巷。

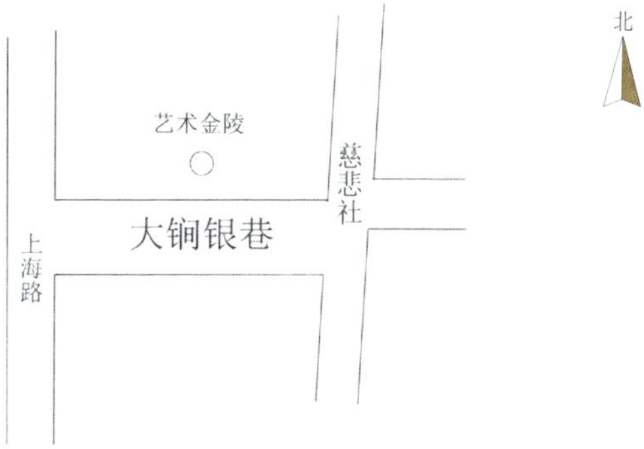

街巷链接

基督教的高等学府

大铜银巷17号为金陵协和神学院旧址。金陵协和神学院的前身是始于1911年的金陵神学院及其后的金陵女子神学院。1952年，在南京金陵神学院的基础上，由华东地区11所神学院及圣经学校联合而成，取意“协和”，形成今天的金陵协和神学院。1961年，北京的燕京协和神学院加入，联合办学的学校数增至12所。金陵协和神学院是中国基督教的全国性神学院校，由中国基督教三自爱国运动委员会和中国基督教协会主办，为中国教会培养牧师、传道人、神学院教师和基督教研究人才。2009年，神学院举校迁往江宁新校区，现原址保存完好的建筑主要有圣道大楼和两幢学生宿舍楼，均为西式风格。

三牌楼大街

位于中山北路东北，东南起新模范马路，西北至福建路，长896米，宽22米。传明代此处有三座牌楼，后成巷，巷以楼名。原先分为三牌楼、娄子巷，1997年合并拓建成一条街，1998年命名为三牌楼大街。

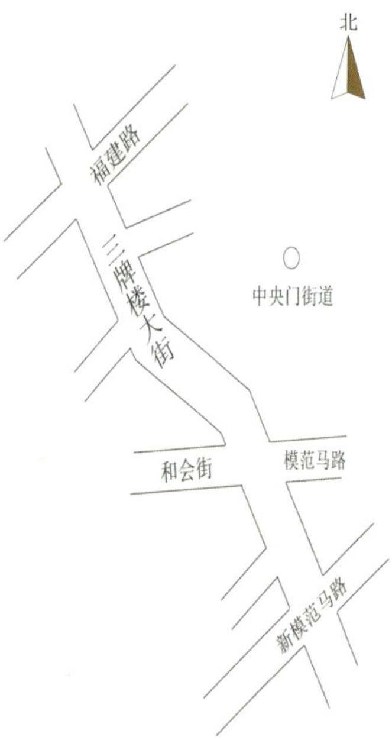

街巷链接

三牌楼的由来

相传在明朝初年，有一对以卖豆腐为生的夫妇，生活和乐却膝下无子。一天外面下着鹅毛大雪，老汉听见门外有婴儿的啼哭声，于是披上衣服出门一看，门口放着两个刚刚出生的男婴。老伴说："这准是哪个穷人养不起孩子，知道我们膝下无子，给我们送来的。"又说，"反正我们做豆腐，以后就喂孩子豆浆吧！"没过几个月老伴居然怀孕了，也生了一个男孩。三个孩子一同长大，情同手足。到了读书的年龄，老夫妇省吃俭用，供三个孩子读书。寒窗苦读数载，三兄弟同科考中进士，被传为美谈。做官后，三兄弟为官政绩卓著。皇帝认为老夫妇扶贫救弱，教子有方，就命令三兄弟每人为父母建一座牌坊，以示表彰。三座牌坊一字排开，久而久之，老百姓便把这里称为三牌楼。

豆菜巷

位于五台山以东，南起华侨路，北至豆菜桥，长160米，宽7米。此巷与豆菜桥相连，曾统称豆菜桥。原为豆菜桥南北向段，1950年划出称现名。

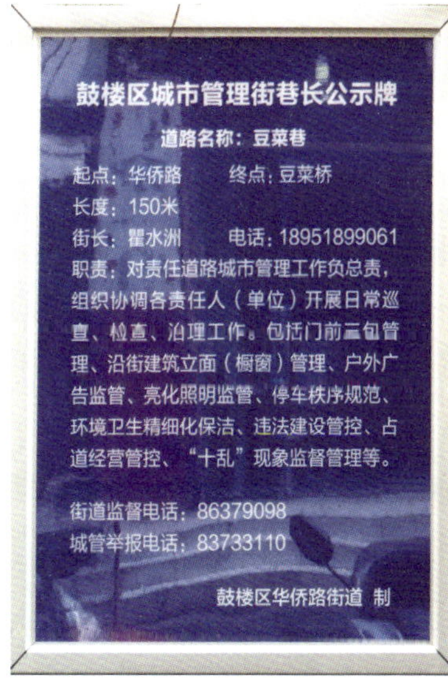

街巷链接

南京五台山

南京五台山位于南京主城内中部偏西地区，山顶平坦宽阔，犹如垒土之台。传山最早为5个台形岗地组成，故名，清代史料即有记载。清朝时，五台山为丛葬地，山上有著名文学家袁枚之墓。民国初年，山下有关帝庙，香火旺盛；同时，五台山成为西方人聚居地之一。日军侵占南京时，此处为难民区，后改建为居民区，以近五台山得名。

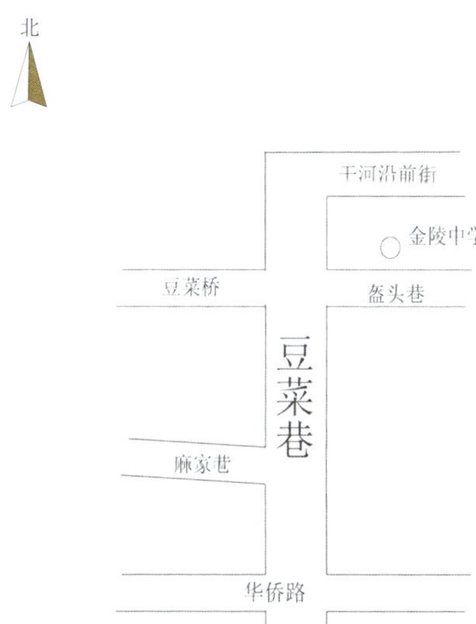

龙蟠里

位于清凉山公园附近，北起广州路，南至虎踞路，长500米，宽21米。相传三国蜀相诸葛亮赞金陵山川形势："钟山龙蟠，石头虎踞，此乃帝王之宅也"，由此取"龙蟠"二字加"里"字组合命名。清《同治上江两县志》即载有"龙蟠里"名，路侧遍布古迹和遗址。

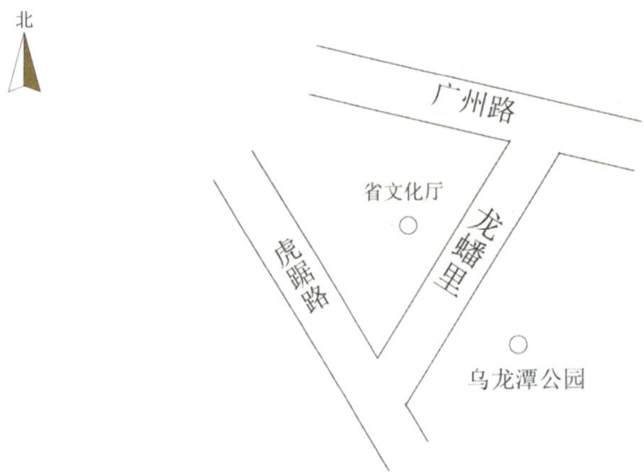

街巷链接

走进小卷阿

龙蟠里20、22号"小卷阿"是晚清思想启蒙先贤魏源在南京居住的地方。1832年，魏源来到南京，即相中地处城西清凉山下乌龙潭边史称"诗巷"的龙蟠里，于东侧购地造屋。他的故居历经180余年风风雨雨，至今仍有两间保存完好。他亲笔题写的宅门横额——"小卷阿"三个大字至今依稀可辨。魏源是近代中国历史上睁眼看世界第一人，他的一些政治主张不仅对"洋务运动""戊戌变法"等重大历史事件产生深远影响，即使在不断深化改革的今天亦有着启迪的作用。

虎踞路

位于秦淮河以东，呈南北走向，南起汉中路，北至北京西路，石头城、清凉山雄踞两侧，是南京快速内环西线的组成部分，长2300米，宽45米。始建于1973年，因路经石头城，以诸葛亮“石头虎踞”之句命名。后经多次拓宽改造，在1996年城西干道改造中采用了建高架桥跨越十字路口的形式，区域内建有草场门立交桥、汉中门立交桥。2014年，以“桥改隧”为主的道路综合改造竣工通车，原有立交桥改为草场门隧道、清凉门隧道2座下穿隧道，另在清凉山隧道处设汉中门进口匝道下穿清凉山路、广州路，新建清凉山通道连接清凉山与国防园山体。

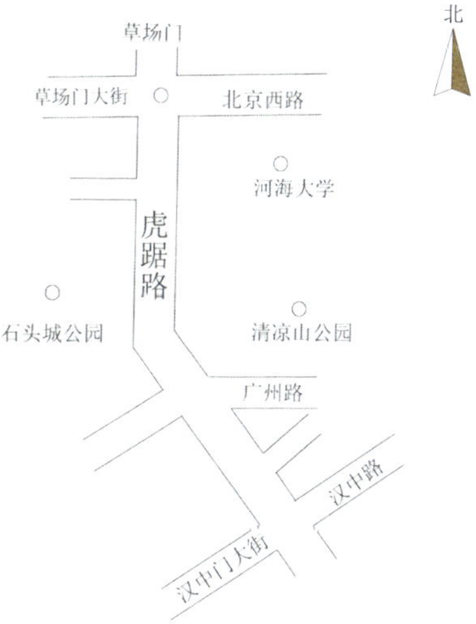

街巷链接

档案见证虎踞路名称的由来

在南京市档案馆库房里存放着一份名为“南京市鼓楼区第九届人民代表大会第一次会议提案处理情况报告”的档案，该档案记载着虎踞路名称由来。

1980年，在鼓楼区第九届人民代表大会第一次会议期间，张传智等代表提交了《关于城西干道尽早命名的提案》，南京市地名办做了答复：“‘城西干道’是我市统一规划命名的主要干道之一，六七月份，先后分别召开了几次有关单位的负责人会议，征求对全市地名命名、更名方案的意见，其中对城西干道的命名，倾向性的意见是：命名为‘虎踞路’（从盐仓桥至草场门命名为虎踞北路，草场门至汉中门为虎踞南路）；也有人建议，因地处清凉山，可命名为‘石城路’。”

虎踞北路

位于秦淮河以东，南起草场门广场，北至盐仓桥广场，途经古平岗立交枢纽，为城西干道重要组成部分，长2680米，宽45米。1976年始建，因地处虎踞路之北，以该路名“虎踞”二字加方位词“北”字组合命路名。

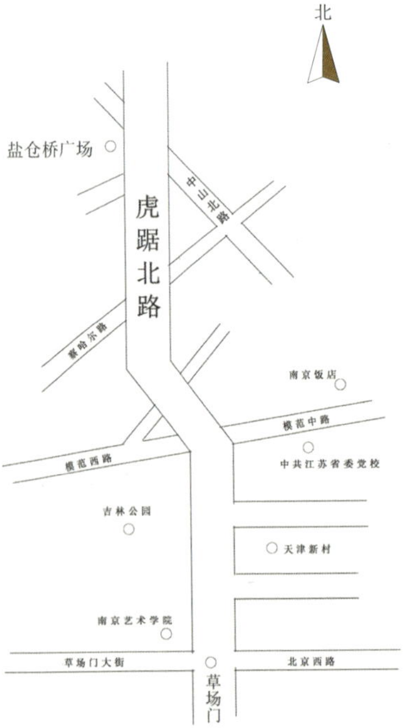

街巷链接

“井字内环”的最后一笔

古平岗立交是南京快速内环西线与北线交汇处，2008年建成后，往西可达南京扬子江隧道，联通南京江北新区，往东可达新模范马路、新庄枢纽。古平岗立交与新庄立交正好构成了快速内环的两个角，这意味着从城外经玄武大道，再走城市内环北线到河西将非常便捷。古平岗立交、双桥门立交、赛虹桥立交、新庄立交四大系统立交工程全部连接在一起，四大立交节点将延伸出八大主要放射性道路，与绕城公路衔接，进而联系高速公路，形成便捷的快速路系统。

虎踞关

位于清凉山东侧，南起广州路，北接西康路，长800米，宽26米。相传诸葛亮联吴抗曹时路经此地，评价金陵山川地势为“钟山龙蟠，石头虎踞，此乃帝王之宅也”。此路正处在石头山下，上石头城必经此路，坡陡难行，犹似一道关口，故后人以“石头虎踞”意命名“虎踞关”。

街巷链接

半亩园

虎踞关最著名的园墅，当为明末清初著名画家、位居“金陵八家”之首龚贤的“半亩园”。龚贤早年参加复社活动，明末战乱外出漂泊，入清隐居不出。据史料记载，龚贤晚年看中虎踞关风树从容、丛竹掩映的优美环境，花百金购之，定居于此。虽然地仅半亩，瓦屋四五间，但新竹成阴，龚贤只觉已置身于桃花源中。龚贤写有关于清凉山下家宅半亩园的词《西江月》，词中表现出他对半亩园新居的满意和自得。

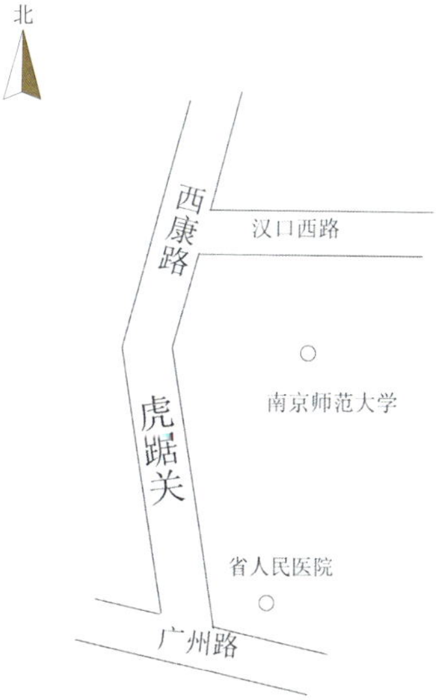

虎踞里

位于南京艺术学院以东，西起虎踞北路，东至虎踞北路10号小区，长140米，宽14米。以临近虎踞北路而得名。

街巷链接

现代化的高校美术馆

南京艺术学院美术馆，建于2012年，当时是中国最现代化的高校美术馆之一，总建筑面积为15000余平方米，展览面积6000余平方米，该馆按照国际美术馆标准建造。展厅采用国际一流的德国Erco照明系统，全馆具备恒温恒湿调节系统。作为百年名校的美术馆，南艺美术馆坚持严肃的学术立场、开阔的学术视野、高规格的展览水准、严格的收藏制度，塑造了一个开放自由的艺术与学术空间。

凤凰街

位于汉中门大街以西，南起石城桥西口，北至凤凰东街，长440米，宽18米。1935年（民国24年），民国《首都志》即载有此街名，民间传有凤凰落于此而得名。

街巷链接

凤凰街的传说

凤凰街源于凤皇井，凤皇井则与朱元璋、马娘娘、刘伯温有关。传说马娘娘册封皇后之后，想一睹凤凰真身，朱元璋就让军师刘伯温想办法。刘伯温建议用金银财宝招引凤凰，朱元璋照此办理果然招来了凤凰。凤凰离开后，朱元璋命人在凤凰停留之处挖出一精美玉杯，大喜之下就在此处凿井一口以示纪念，故称凤皇井，而井所在的街巷也就被称作凤凰街。

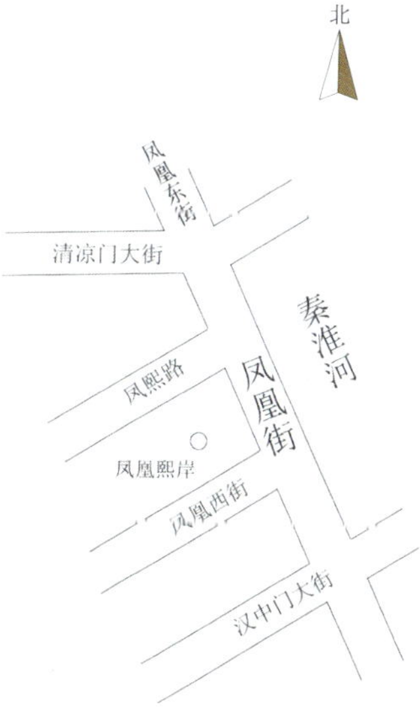

凤凰东街

位于外秦淮河西岸，东南起凤凰街，北至龙园南路，长1460米，宽8米。原名上圩，1937年（民国26年）后成街，以处凤凰西街之东，故名，路东隔河有石头城公园。

街巷链接

石城怀古

石头城又称“鬼脸城”，自古有“东吴第一军事要塞”之称，筑于楚威王七年（前333年）。东汉建安十六年（211年），吴国孙权迁至秣陵（今南京），在石头山金陵邑原址筑城，取名石头城。它扼守秦淮河与长江的交汇口，“因山以为城，因江以为池，地形险固，尤有奇势”，是保障首都建康城西部安全的军事重镇，也是兵家必争之地，素有“石城虎踞”之称。1990年，在石头城的旧址上兴建了石头城公园。公园以“石城怀古”为主题，将石头城的悠久历史与自然山水有机结合，融古代战场与现代国防教育为一体。

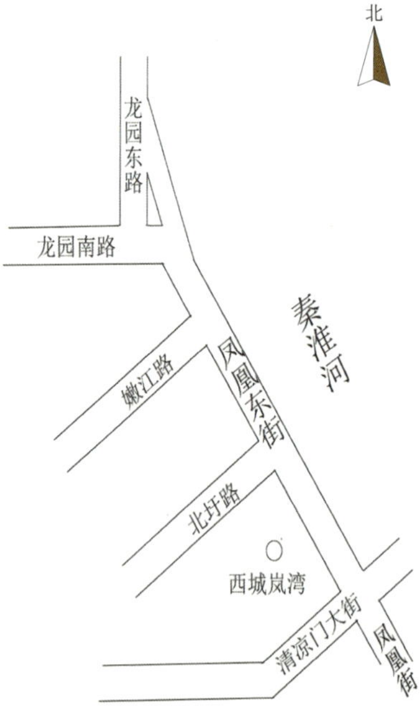

凤凰西街

位于汉中门大街以北，东起凤凰街，西至江东北路，长2030米，宽18米。1935年（民国24年）后成街，以东靠凤凰街得名。

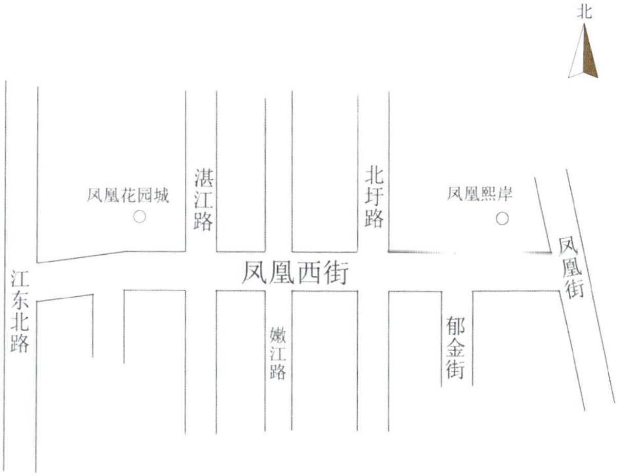

街巷链接

低调的美食街

凤凰西街位于河西老城与新区的交界处，一边是高楼林立的CBD，另一边是繁华热闹的市中心，使该街成为一条大隐隐于世的美食街，也是资深老饕们的夜宵天堂。这里的夜宵丰富多样，龙虾、烧烤、面馆、串串香、火锅一应俱全，无论是哪种偏好的味蕾，都能在这里被满足。

驴子巷

位于仪凤门（原兴中门）内，北起建宁路，向南再向东至北祖师庵，长180米，宽4米。巷以驴子贩运送货物出名，故名驴子巷。后因有林氏在北祖师庵巷口开当铺，又名当铺巷，又因此处有多家经营钉马蹄掌的作坊，也称马掌巷。1950年，又重新改回原名，并一直沿用至今。

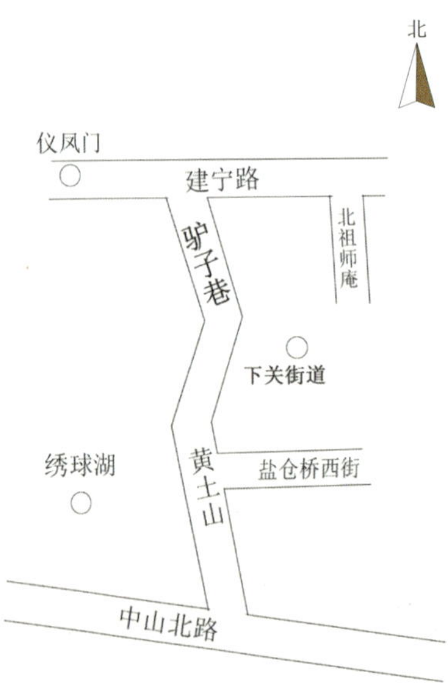

街巷链接

毛老三的传说

1853年，洪秀全攻打南京，林凤祥率领先头部队直抵下关。清军守将不愿丢弃搜刮的几十箱金银财宝，找来北祖师庵街旁驴行的主人毛老三，帮运财宝。货队正好碰上了赶陆路的太平军部队，毛驴四下走散，毛老三父子只得回家。太平天国进入南京城后，毛老三父子在家中忽然发现一头驴子走进院子，驴背上还驮着两箱货物。没几天，毛老三的40头驴子回来了38头，个个带回满箱的金银财宝。毛老三父子俩经商议，赶着驴子向东王杨秀清献宝。杨秀清大喜，赏了毛家父子大笔银两，并赐名所居住的巷子为驴子巷。

百灵街

位于红山南路以北，东起小市街，西至东门前街，长282米，宽6米。因新中国成立前，此地原有树林，百灵鸟在此栖息，新中国成立后形成街巷，即以此命名，南十里长沟即在路东侧。

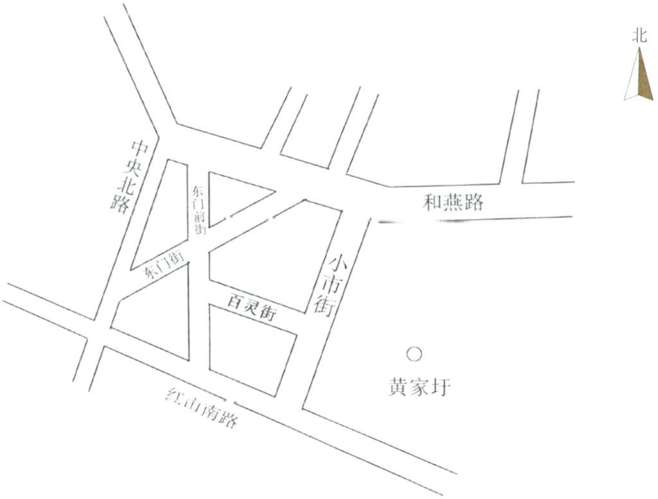

街巷链接

南十里长沟旧貌换新颜

南十里长沟是城北地区主要水系之一，为所在区域重要的防洪排涝通道，沿线原有不少工企单位和小作坊，生产污水肆意往河道排放，严重污染了水体，导致河水水质长期处于劣五类，有时河面上还漂浮厚厚一层白色泡沫状不明物质，发出阵阵恶臭，周边居民怨声载道，无奈称之为“牛奶河”。从2013年开始，市区政府启动了为期三年的综合整治，臭水沟变成了“水清岸绿，四季花香，步道贯通”的景观河，沿线两岸老百姓茶余饭后到此休闲健身已经成为日常生活习惯。

12 姓氏、家族命名

戴家巷

位于八字山公园以东，北起中山北路，向南折东南至虎踞北路，长960米，宽6米。清代时因戴姓居住于此得名。民国《首都志》已见今名。该巷原有两条：一条南起归云堂，北至龙池庵；另一条南起镇江路，北至四维新村。“文革”时期，戴家巷曾改名全新巷，后恢复原名。2003年，通往归云堂的一条并入归云堂巷，龙池庵（南北向段）和镇江路（虎踞路以西段）并入戴家巷。

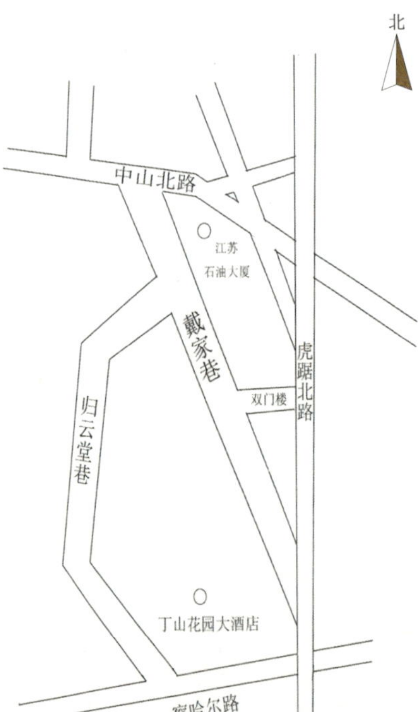

街巷链接

八字山公园的“八个字”

八字山古名四望山，史料记载：“吴大帝尝与仙者葛元(玄)共登涉之，山势崭绝，足供远眺，故名四望也。”1929年，为迎接孙中山的灵柩从中山北路经过，当时的国民政府用石头在山腰垒出“忠孝、仁爱、信义、和平”八个大字，从此改称此山为“八字山”。1949年后，改为“发展生产、繁荣经济”。“文革”期间，再次修改为“团结、紧张、严肃、活泼”八个大字。90年来，八字山名字虽然未变，但早已物是人非，它犹如一面镜子，折射出这座城市的历史变迁，人世沧桑。

姜家圩

位于热河南路以东，南起秦淮河，北至姜家园路，长470米，宽13米。清末时期，因有姜姓人家在此兴建住宅、修圩种田而得名。

街巷链接

老百姓身边的世外桃源

姜家圩南端是小桃园的南门，从此进入向北可以一直走到挹江门，与狮子山、阅江楼等景区联成一体。傍依千米护城河，风景优美，清雅静谧，河面上鱼戏波动，风泛涟漪，岸边杨柳依依，人随意缘，再配以亭台楼阁、水榭假山，使小桃园具有了鲜明的江南古典园林的风范。园里种植有20多个品种数千株桃树，如花桃、果桃、紫叶桃、寿星桃等等。历史上，小桃园有过多种不同的名称，东晋时曾被称为“迎担洲”，后又改为“苏峻湖”，辛亥革命后，俗称“海陵底”。民国初年，有住户在此处种植桃树，小桃园便由此得名。2003年，小桃园开始免费向游人开放。

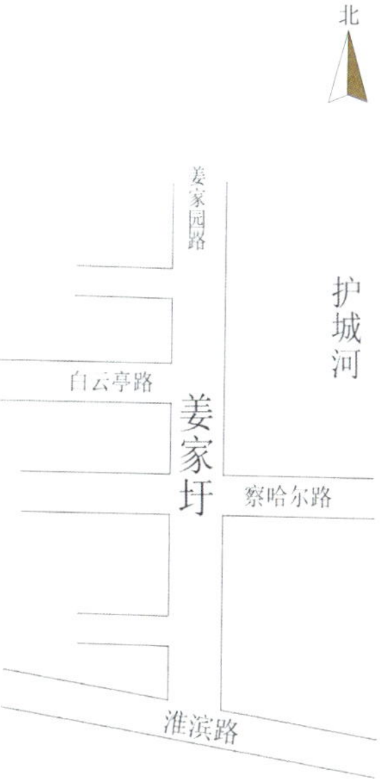

姜家园路

位于挹江门外南侧，南起姜家圩，北至中山北路，长1300米，宽12米。原名江沿，即江边之意。传明代姜姓等四户在此定居，遂更名姜家园。位于姜家园121号的南京医科大学第二附属医院是南京西北地区唯一一家省属三甲综合性医院。

街巷链接

见证历史的挹江门

挹江门是1921年为方便下关码头和城内交通开凿城墙新建的城门，原名海陵门，后改为挹江门。挹江门不到百年的历史与其他明代初期开设的城门相比是非常年轻的，但就是这座年轻的城门见证了中国近代史上三件大事：1929年孙中山先生奉安大典，灵柩从中山码头上岸后，经过挹江门进入城内；1937年日本侵略者炸毁了挹江门城楼，攻占南京；1949年4月，解放军取得渡江战役的胜利，从挹江门进入南京市区，宣告了中国近代史落幕。

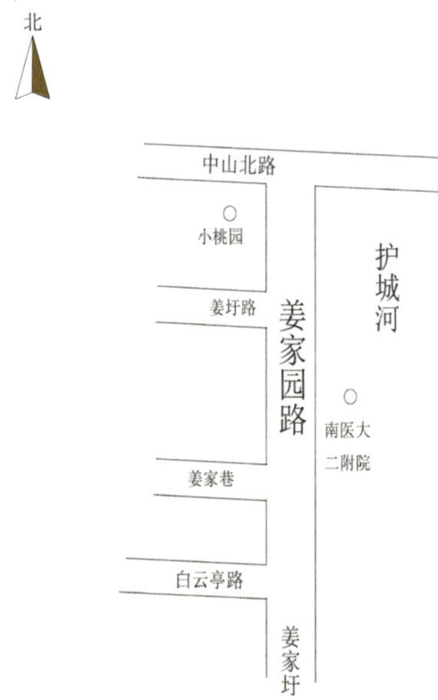

姜家巷

位于热河南路以东，西起热河南路，东至姜家园路，长258米，宽5米。2003年，以“姜家”二字命巷名。道路两侧分别为新旧居民小区，南医大二附院和十二中也在附近。

街巷链接

用邮票宣传党和国家发展的老党员

姜家巷所在的姜圩路社区有一位老党员，利用自己从事集邮活动50多年的经验，热情向广大居民宣传党的路线、方针、政策，受到群众广泛欢迎，他就是社区第三党支部书记郑开铭。郑书记从小热爱集邮，厚厚的集邮册足有十多本，在社区的帮助下多次举办专题邮展，用邮票来反映党和国家发展过程中取得的辉煌成就，比如：《中国梦——国家富强篇》《中国梦——民族振兴篇》《中国梦——人民幸福篇》《纪念中国人民抗日战争和世界反法西斯战争胜利70周年》《中华人民共和国历届全国人民代表大会简况》等。他对于政治理论学习特别认真，带领支部党员撰写了关于党的十九大学习心得体会共44份8万余字。

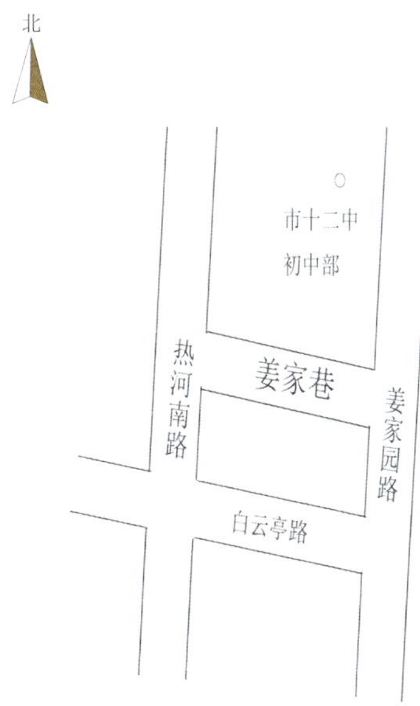

黄家圩路

位于南京火车站以西，北起和燕路，南至龙蟠路，长858米，宽23米，以圩得名。此处原为洼地，黄姓人家最早在此筑圩种地，名“黄家圩”。建国初期形成街道，称“黄家圩街”。

街巷链接

中国最美火车站

南京火车站始建于1905年（清光绪三十一年），原址位于下关地区。1968年，迁入现址，与南京长江大桥同时建成投入使用。2005年，完成车站改建工程，并首次采用“高进低出”的方式，成为中国各地火车站新建改建的范本。2014年，启用新建的北站房和北广场，占地面积36万平方米，总建筑面积42万平方米，站房总建筑面积11万平方米，站场规模为8台16线。南京火车站前临玄武湖，后枕小红山，是中国唯一临湖依山的火车站，被誉为“中国最美火车站”。

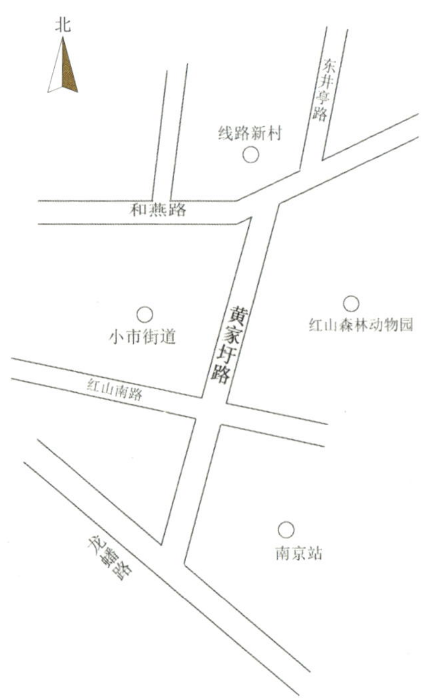

童家巷

位于湖南路以北，东起中央路，西至马台街，长1000米，宽6米。传巷因童氏最早居于此地而得名。清代即载有此名，为今童家巷东段。1931年（民国20年），西段成巷，因处国民党中央党部后，名党部后。1951年，两巷合并，沿用童家巷名。1983年，再向西延伸，今丁家桥至马台街一段并入。

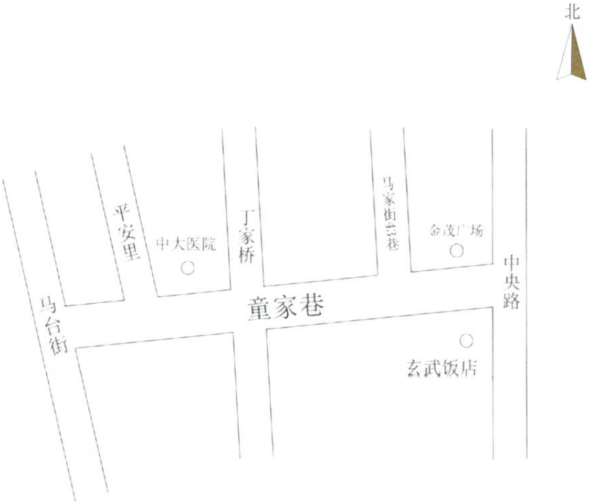

街巷链接

血战长津湖的志愿军团长

曾居住在童家巷10号的原江苏省军区顾问于春圃是一位“三八”式的老革命。于春圃，山东省荣成人，1938年参加革命，抗战时期和解放战争时期屡立战功，曾被评为华东野战军第9纵队甲级战斗英雄。抗美援朝第二次战役期间，他担任志愿军27军240团团长，率领全团顶风冒雪在长津湖地区与美军陆战队展开殊死搏杀，克服重重困难与兄弟部队全歼了号称“北极熊团”的美军31团。全团被全歼，这在美军历史上是罕见的，也是我军历史上唯一成建制歼灭美军一个加强团的光辉战例。

孙家洼路

位于凤凰新华创意产业园以北，东起尊园小区，西至幕府南路，长206米，宽15米。因该路经孙姓落户的孙家洼村，以村名命路名。

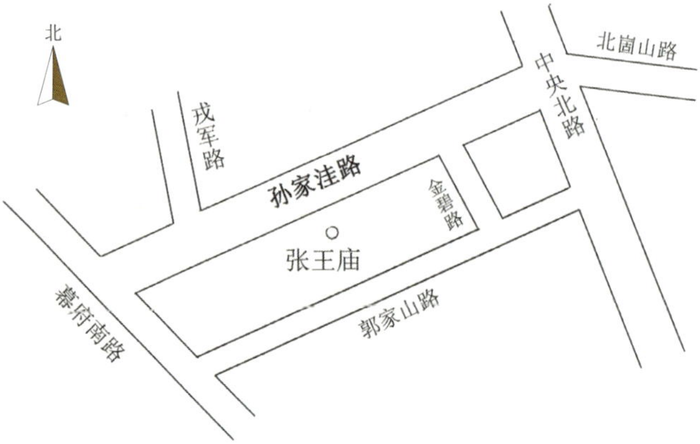

街巷链接

最高级别的数字中心

位于凤凰新华创意产业园内的凤凰云计算中心是由凤凰出版传媒集团投资建设运营的超大规模中立互联网基础设施服务商。作为一家基础设施自运维的第三方数据中心，凤凰云计算中心按照国际T3+标准建设，机房建筑面积为25000平方米，拥有近4000个标准服务器机柜，属于超大型云计算和大数据基础设施。数据中心整体于2013年12月23日投入使用，机房设备总数达1100余台，机柜设计总功率为12576kW，现使用总功率为11333kW，使用负荷比已达90%。

高家酒馆

高家酒馆不是一个饭店名称，而是一条街巷的名称，又名高家酒店。位于华侨路与中山路交叉路口西北，南起华侨路，向北再折向东，连到中山路，长250米，宽6米。清代《同治上江两县志》就载有此名。传说清代一位高姓老者在此开酒馆，名为高家酒馆，后成巷，以店为名。

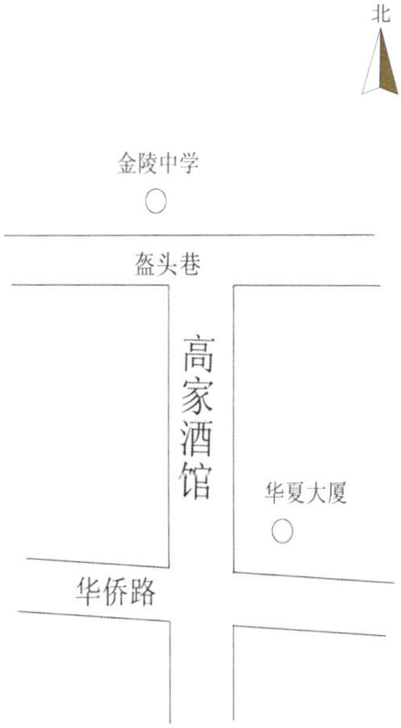

街巷链接

因祸得福的高家酒馆

清末，一高姓老者开了一小饭店，一天，一个名叫刘驼子的汉族官员陪同一满族官员私访，在此店就餐，店主高老发表了许多不满满族欺压汉人的言论。满族官员走后，好心的刘驼子对高老说，你即将被捕而遭杀身之祸，动员老者脱下衣服给自己穿上，扮成高老的模样。差役旋即来临，将其押至公堂。满族官员审问时发现老者是自己的好友刘驼子，甚惊，问其故。刘曰："你手下人不问青红皂白，随意把我捕捉，可见高姓老者并非虚言，你不应加害老者。"满族官员无言以答，高老得以免灾，一时传为美谈。民众对高老小店颇感兴趣，生意也日益兴隆，负有盛名的"高家酒馆"成为地名。

麻家巷

位于华侨路以北，豆菜桥以南，西起上海路，东至豆菜巷，长260米，宽4米。据传麻氏大户曾居于此，后成巷，以姓氏命名。

街巷链接

暹罗大使馆

麻家巷9号曾是民国时期暹罗（泰国旧称）驻华使馆旧址。该建筑始建于1935年，建筑面积585平方米，为砖木混凝土结构的西式三层楼房。1946年，暹罗政府与南京国民政府建交，任命杜拉勒为首任驻华大使，租赁该处为大使馆使用。“暹罗”一词最早见于元朝典籍，1856年被定为国名，1939年改称泰国，1945年复称暹罗，1949年又改为泰国，延续至今。

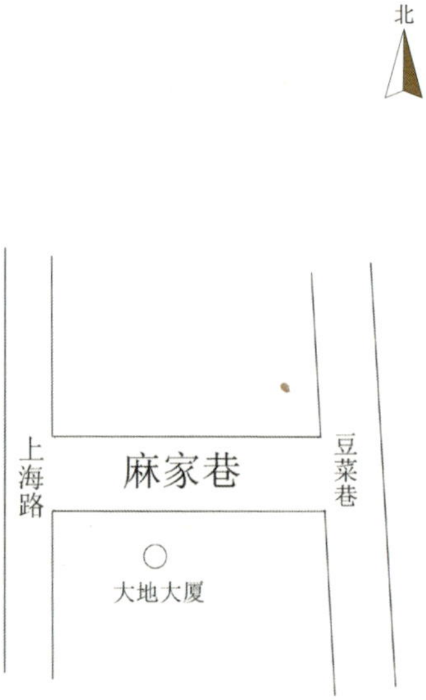

梅家塘路

位于中山北路以南，东起热河南路，西至郑和中路，长250米，宽18米。原名“新星路”，后改为梅家塘路。隔郑和中路原有一条老街“美孚栈街”，现已纳入世贸滨江项目的住宅区和学校范围。

街巷链接

有吃有玩的热闹街区——美孚栈街

美孚栈街位于中山北路南侧，北起中山北路，南抵宝善街，长650米，宽4米。1929年，美商美孚石油公司在扬子饭店南设有“美孚”油栈，街因此得名。美孚栈街是民国时期下关的主要商业街之一，美孚栈街路口的扬子饭店是民国外交部招待各国专使的定点饭店。1946年，明星大舞台建于美孚栈街中段。1948年，改为“明星电影院”，这是下关第一家以放映电影为主的专业电影院。1950年，美孚栈街和宝善街合并，更名“宝善街”。

马家街

位于药科大学以西，东起中央路，西至芦席营，长260米，宽6米。民国初年因马氏大户最早居于此而得名。

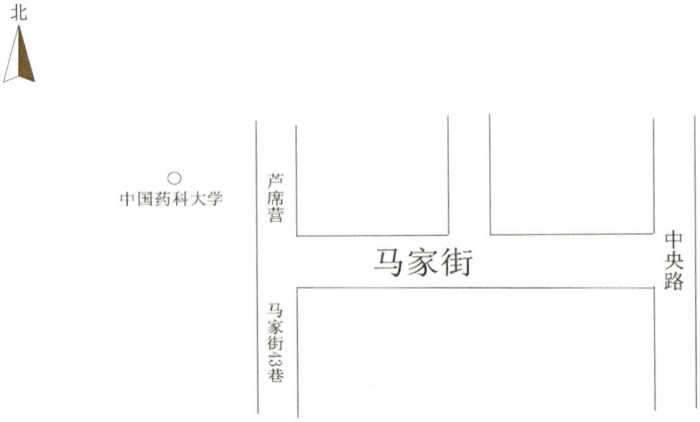

街巷链接

南京唯一一所“中”字号大学

中国药科大学是一所历史悠久、在药学界享有盛誉的教育部直属、国家“211工程”和“双一流”建设高校。学校前身为始建于1936年的国立药学专科学校（四年制），是我国历史上第一所由国家创办的药学高等学府。学校坚持“学术第一、师生为本、共生共赢”的理念，培养造就药界英才。先后培养10万余名高素质药学专门人才，走出了10位院士和一大批药学领域著名专家学者。2000年以来，该校已4次获得我国教育领域政府类最高奖励——国家级教学成果奖（四年一届）一等奖。

马家街43巷

位于中央路西侧，北起马家街，南至童家巷，呈南北走向，与芦席营相接，长276米，宽7米。因其为马家街南侧延伸出的一条街巷而得名。

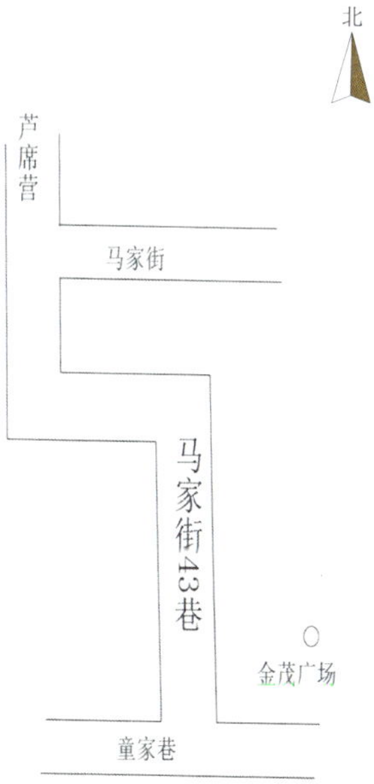

街巷链接

玄武门与玄武湖公园

与马家街43巷隔路相望的就是南京著名的玄武门，该门开辟于1908年，原名丰润门，位于神策门和解放门、太平门之间，因靠近玄武湖而得名，作为玄武湖公园的西门。丰润门的开辟标志着玄武湖走出皇家园林禁地的桎梏，成为真正意义上的公园。1929年，时任中央研究院院长蔡元培先生为"玄武门"题字，沿用至今。1931年，玄武门由单孔券门改建为三孔券门。1984年，为庆祝中华人民共和国成立35周年，在玄武门上加造了城楼。

童家山

位于虎踞北路以东，康藏路南，东起水佐岗，西至康藏路小区道路，长187米，宽5米。此处原有山丘，因童姓最早居此，其丘名童家山。据1948年（民国37年）出版的《南京街道详图》记载，当时仅有土路通向小丘，后成街巷，便以山丘命名。

街巷链接

系出名门的机械专科学校

童家山西头原是南京机械高等专科学校。该校原是机械工业部所属的一所高等工科院校，始建于1915年，前身是同济医工学堂附设机师科，历经同济大学附属高级工业职业学校等时期，后搬迁至南京童家山1号。1953年，该校改名为南京机械制造学校。1954年，改名为南京机器制造学校。1983年，学校升格为南京机械专科学校。2000年，学校与原南京电力高等专科学校合并组建南京工程学院。2006年，工程学院搬迁至江宁。

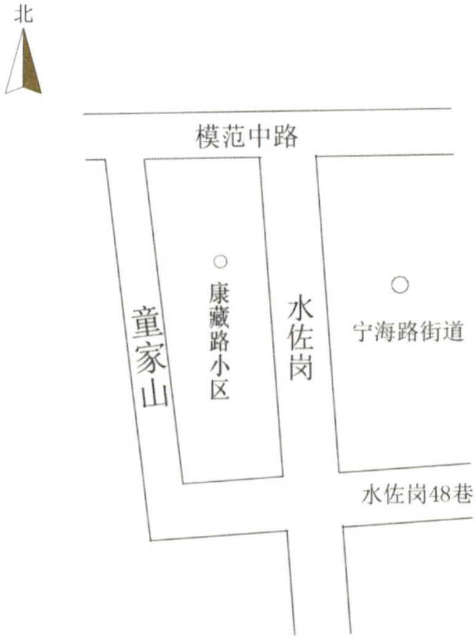

萨家湾

位于盐仓桥广场东侧，东起福建路，西至虎踞北路，长644米，宽8米。因路有三道转弯，原名为“三家湾”，后来在这条街上居住的多以萨姓为主，当地老百姓便以“萨家湾”称之，遂成街名。

街巷链接

民国时期的“国务院”

萨家湾东南两边环绕的是原国民政府行政院。行政院是国民政府五院之一，职权类似于现在的国务院，起源于孙中山的“五权分立”学说。中山北路252、254号在1937年之前为国民政府铁道部所在地；1945年后国民政府行政院迁入。院内有办公楼，以北“工”字形二层楼为办公人员宿舍，再北有3幢两层小楼，均为国民政府高级官员住房；院内北端有花园式别墅两幢，分别是行政院长和铁道部长官邸，孙科曾在此住过。解放后，该场所为解放军政治学院所用。2001年，列为全国重点文物保护单位。

于家巷

位于阅江楼以南，东起多伦路，西抵北祖师庵，长216米，宽4米。相传清代以于氏最早居此得巷名，民国《首都志》就载有此名。

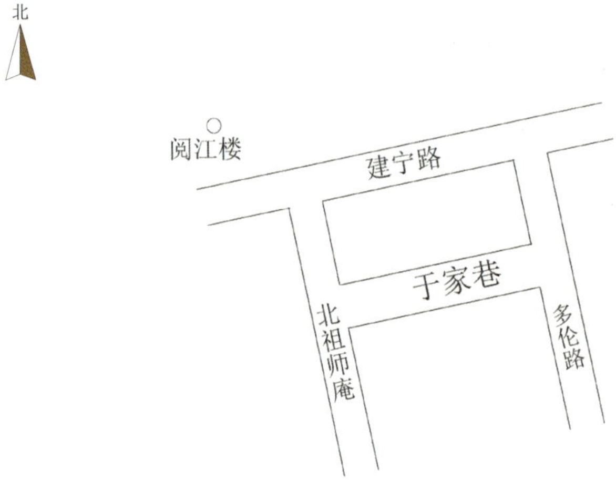

街巷链接

规划时间达600年的建筑

阅江楼位于狮子山巅，屹立在扬子江畔，饮霞吞雾，位列中国十大文化名楼、江南四大名楼，新金陵四十八景，有“江南第一楼”之称。当年朱元璋在狮子山击败了劲敌陈友谅，为其建立大明王朝奠定了基础，决定在山上建阅江楼以作纪念，并以阅江楼为题和学士宋濂分别撰写了《阅江楼记》和《又阅江楼记》流传至今，后因财力有限实际未建。2001 年，阅江楼才正式竣工建成，正式结束了六百年来“有记无楼”的历史。

方家营路

位于金川河入江口西南，东起城河北路，西至煤炭港，长820米，宽20米。清代方姓在此以种菜为业，名方家菜园，亦名方家园，后讹为方家营。新中国成立后形成道路。

街巷链接

三千同胞遇难之地——煤炭港

煤炭港位于东炮台街北侧，南起东炮台街，北抵宝塔桥西，是下关车站货场的中转地，铁路线纵横。日寇攻陷南京之时，3000名已解除武装的士兵及平民在这里被野蛮杀害。1985年，南京市人民政府在此设立“侵华日军南京大屠杀煤炭港遇难同胞纪念碑”，悼念死者，警示后人。

许府巷

位于新模范马路以北，东起中央路，西至南瑞路，长1100米，宽20米。因许姓人家居住于此而得名。清时即称许府巷，后更名为许家巷，因与三山街南的许家巷重名，1950年恢复现名。1934年，修缮完工时为碎石路面，之后进行了多次拓宽改建。南京市田家炳中学位于道路北侧。

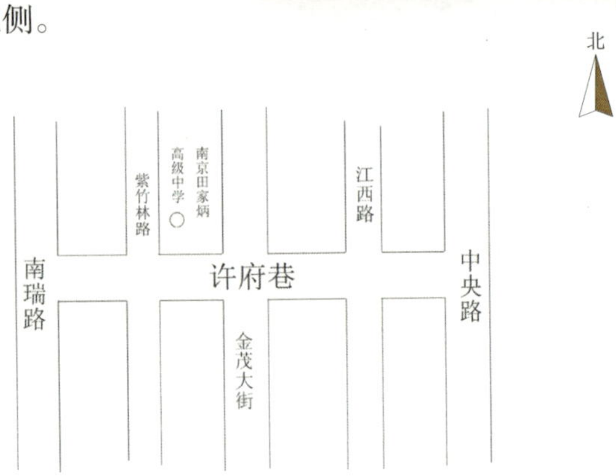

街巷链接

数一数田家炳中学知名校友

田家炳中学创办于1935年，70多年来，为国家培养了各级各类人才数万名，其中包括：

驻法大使、全国政协外事委员会副主任、外交学院院长吴健民；

中科院院士、南京大学副校长、计算机专家孙仲秀；

全美华人协会主席、美国马里兰大学荣誉教授、物理学教授吴京生；

台湾新闻学会会长、蒋中正和蒋经国秘书、著名报人楚崧秋；

全国政协常委、国家首席科学家、清华大学和上海交大双聘教授刘西拉；

国家一级作家、收藏家、书法家、《灵与肉》作者张贤亮；

江苏省美术馆专业画家、南京市残疾人协会主席、中国美协会员傅小石

……

13

吉词雅语命名

中央路

位于鼓楼以北，南起鼓楼广场，北接中央北路，长3200米，宽40米。因位于南京中轴线，故名中央路。始建于1930年（民国19年），当时路宽16米，原名子午线路，其中心线方向系1928年（民国17年）北极星方位测定的“子午方向”，故名。1969年，曾称大庆路。1981年，恢复为原名。

史话趣闻

中央门和中央路的纠葛

中央路是1930年《首都计划》的一部分。1931年，为子午路出城辟中央门。1945年，改称中央路。中央门是仿老式明城墙城门所建的半圆形门洞，比明城墙的门洞宽阔、高大许多，门洞上还有汉白玉门额。门内可以容纳2~3辆汽车并排通过。根据《南京城墙志》的记载，1957年，因中央门对中央路的拓宽工程形成阻碍，中央门被彻底拆除，就此消失。门因路开，路拓门拆，的确很值得回味。

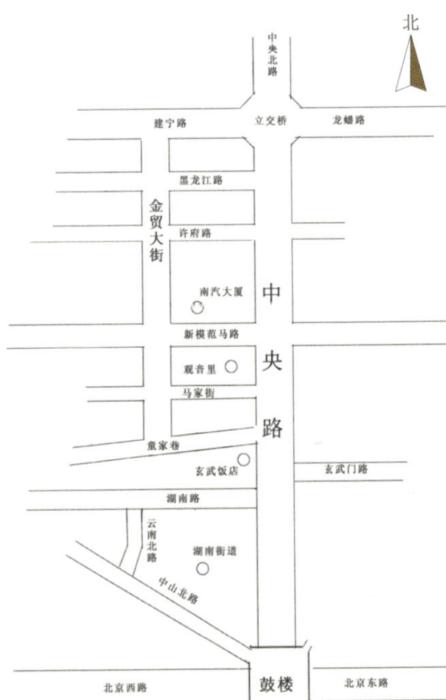

中央北路

位于南京商厦以北，北起上元门外长江边，南至中央门立交桥，长3140米，宽45米，因南接中央路而得名。始建于1932年（民国21年），因当时南北起点分别是和平门、上元门，故取名“和上路”。“文革”期间曾名大庆北路，后恢复原名。

街巷链接

南京商厦

南京商厦前身系南京中央门商场。1984年，中央门商场拆除，在原址新建大楼。1985年，经批准更名为“南京商场”。1986年，大楼竣工，营业面积2万余平方米开业。1992年，经市体改委批准，商场正式改制更名为“南京商厦股份有限公司”。1995年末，商厦建设的一座三星级酒店正式竣工营业。1999年，商厦进行大楼东扩改造。2008年至2010年，又分别实施了南扩、西扩改造和停车楼的建设。

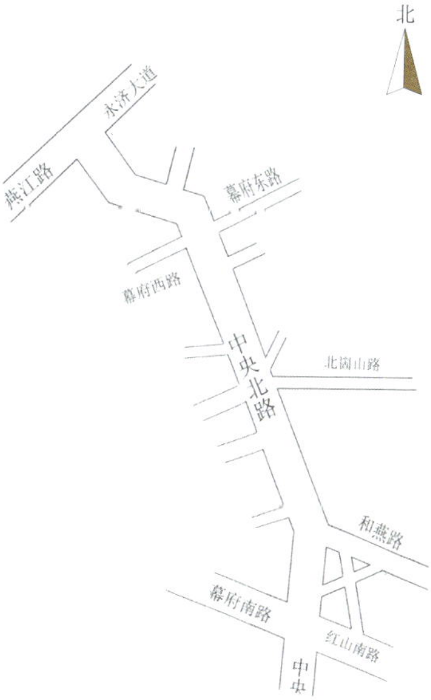

青云巷

位于中央路西侧，东接高云岭，向西再向南至厚载巷，长200米，宽7米。1935年（民国24年），筑此路时，因该路多居达官贵人，故取“青云直上”之意，命名为青云巷。

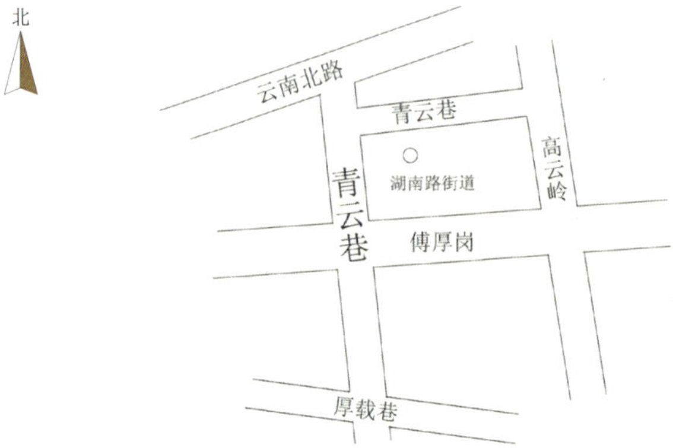

街巷链接

时间虽短影响深远的“八办”

青云巷41号（原傅厚岗66号）曾是八路军驻京办事处旧址。1937年8月，中国工农红军改编为八路军、新四军，八路军代表叶剑英立即筹建驻南京办事处。8月下旬，李克农就任八路军驻京办事处处长。9月初，中共中央代表博古率团来南京后，此处同时成为中共中央驻京办事处。此处是第二次国共合作时期中国共产党在国统区设立的第一个公开办事机构，从1937年8月到12月，虽然只有短短的四个月时间，却做了大量工作，为实现第二次国共合作，建立、巩固抗日民族统一战线，推动全民抗战，建立了不可磨灭的功勋。

人和街

位于山西路以北，东起中山北路，西至四卫头，长300米，宽6米。原名十字街，1932年（民国21年）为图吉祥，以天地人和之意改名为人和街，山西路面料城位于路北。

街巷链接

以布扬名的山西路面料城

在山西路广场附近众多鳞次栉比的商家中，山西路面料城的门头店招总是能最先吸引眼球：中间一个大大的艺术化“布”字，两边各傍着五个中规中矩的正体“布”字，再加上镶在墙上的复尺，给人以视觉上的冲击力。面料城于1995年开业，是当时南京规模最大、在全省也属罕见的面料城，以“品种多、价格低”受到消费者追捧。

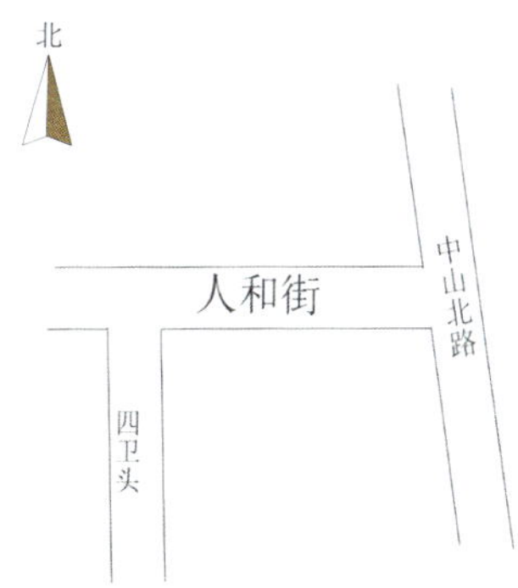

厚载巷

位于中央路南段两侧，东起高楼门，往西穿过中央路、高云岭，再折西北至湖北路，长732米，宽15米。民初有巷，以“厚德载福”之意命名。2003年，原巷南北向段与青云巷南北向段合并，命名为云载巷。

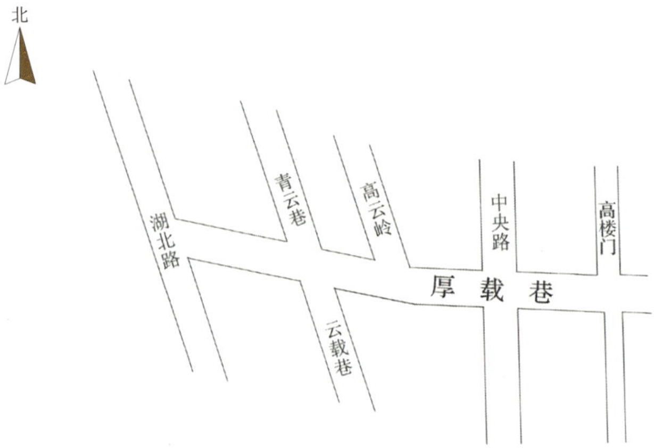

街巷链接

金陵“马祥兴” 清真老字号

厚载巷往南走不远就是马祥兴清真菜馆，是南京最早的一家清真老字号饭店，自1845年清朝道光年间传至今日，已170余载。创业伊始，马祥兴菜馆即融北方清真风味与江南食材佳肴为一炉，恬淡清雅、口齿流香，堪称清真回食南方派之翘楚。其中尤以“美人肝”“凤尾虾”“蛋烧卖”“松鼠鱼”四大镇店名菜流芳于世，吸引无数达官显贵、文人雅士竞相捧场。民国时期高官政要无不在此闻香下马，大宴宾客。中央大学教授胡翔东、胡小石即兴之创“胡先生豆腐”也曾名噪一时，传为佳话。书法大家于右任先生，酒食余味，欣然题写“百壶美酒人三醉，一塔秋灯映六朝”的雅句。

建宁路

位于中山北路以北，东起中央门立交桥，西至江边路，长4450米，宽40米，是沟通南京长江大桥、下关火车站、长途汽车站和南京火车站的主要干道。据传路名起源于“建设南京”之意。该路由原绥远路、长平路、库伦路、民生街、仪凤门大街合并而成，“文革”期间改为“反修路”，后恢复原名。

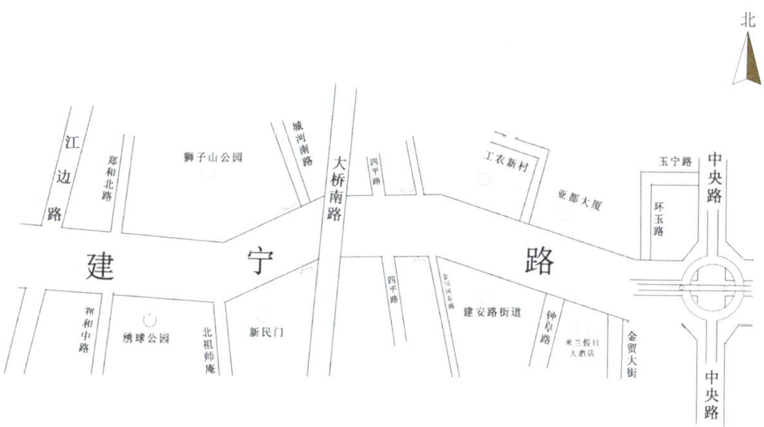

街巷链接

建宁路与“建宁精神”

1984年，为了改善城北地区交通阻塞状况，南京市决定拓宽改建城北地区最突出的“卡脖子”路——建宁路东段。这条路沿线拆迁量大，施工条件差。当时下关区广泛动员、全面发动，提前半年完成了项目建设，创造了南京市政建设史上从未有过的高速度，被誉为“团结、开拓、求实、创新”的“建宁精神”和“建宁速度”。改建后的建宁路缓解了市内交通压力，带来了市场的大发展，使这一带的市容及卫生面貌得到彻底改观。

民生街

位于护城河以北，北起建宁路，南至安乐村小区内，长100，宽3米。因当初此街附近居民店铺日渐增多，人们盼望生活越来越好，故名民生街，后并入建宁路。为留存记忆，特把附近一条小巷命名为民生街。

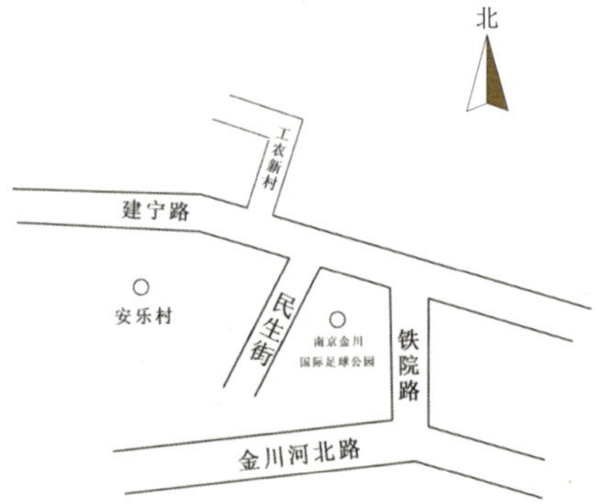

街巷链接

新老民生街之间的流转

老民生街建于民国时期，长500米，宽2~3米，碎石子路面。1967年，改为反修路。1969年，并入建宁路。目前有民生街集贸市场、民生实验小学、民生街公交站台留存——新民生街位于该站台附近。新老民生街均与安乐村有不解之缘，老民生街以南、新民生街以西原为清军牧马场，名“草场圩”。清代以后，有居民在此定居，开荒种菜。1952年，南京铁路局在此建职工宿舍，取“安居乐业”之意，称为“安乐村”。

永宁街

位于建宁路西段南侧，北起建宁路，南抵中山北路，长670米，宽5米。因取永久安宁之意而名。民国时期，永宁街与鲜鱼巷曾合并为交通路。清陆师学堂所绘《金陵省城全图》载有此地名。1890年，因建有天主教堂，附近渐成街市，为下关最早街道之一。新中国成立前夕，该地区店铺林立，有多家戏院剧场，白天车水马龙，晚上灯火辉煌。

街巷链接

下关最早的街道

据考，永宁街与鲜鱼巷隔一条官街（明称“仪凤门大街”），地近龙江关，因当时惠民河还未形成，所以为江边的一条小街。该街南延伸至晏公矶，传说明太祖朱元璋推翻元朝后，设龙江关，将沿江道路命名为永宁街。1500年（明弘治十三年），《应天府城图》载有永宁街等地名，这是下关地区有图文记载的最早道路。

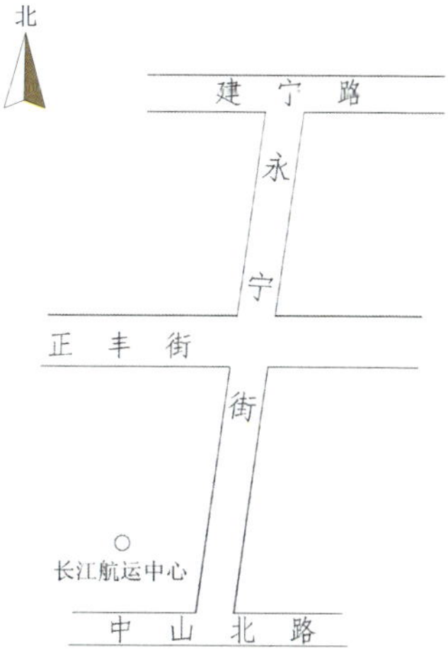

公共路

位于建宁路以南，东起郑和中路，西抵江边路，长394米，宽9米。该路段原为荷花塘，1937年（民国26年）填平后，湖南船民迁来此处并定居建路，初名湖南路。1940年（民国29年），因居民杂居增多，为求和睦相处，更名“公共路”。

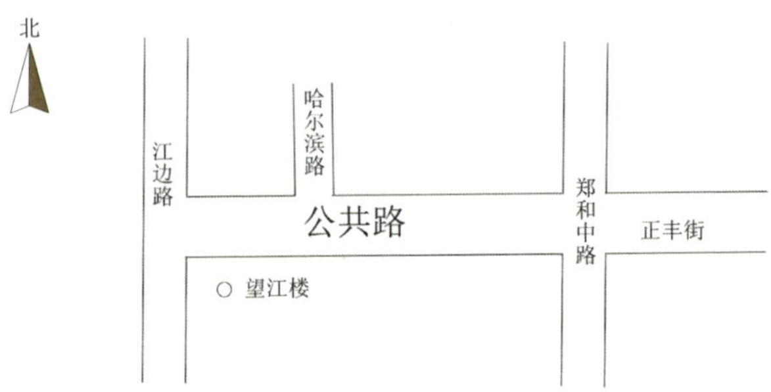

街巷链接

长江南京航道局

位于公共路64号的长江南京航道局是交通运输部长江航道局设在长江下游航道的维护管理机构，辖区横跨湖北、江西、安徽、江苏、上海四省一市。按照“共抓大保护，不搞大开发”的发展理念，航道局全面推进绿色发展：一是让水运优势绿色凸显、航道养护绿色升级、基础设施绿色达标，实现“底色绿”；二是抓住重点、盯住关键点、守住保护线、拉紧协调线、确保覆盖面，实现“保护绿”；三是积极落实“共抓大保护”指示要求，实现“生态绿”。

川江街

位于郑和宝船厂遗址公园以东，东起江东北路，西至漓江路，长260米，宽14米。2000年，以“名川”“大江”之义，取“川”“江”二字命街名。

街巷链接

见证宝船的文物

郑和下西洋的故事广为传颂，但是关于郑和宝船的规格大小一直存在争议。考古专家通过对宝船厂遗址的发掘考证，找到了许多印证历史的造船遗物。2000年，六号船坞出土了2000多件文物，其中就有一根长11.07米的大舵杆，按照这个舵杆长度算出船的大小和郑和“二千料海船”“长四十四丈四尺，阔一十八丈”的记载正好吻合，足见当时郑和船队的庞大规模和宝船的雄伟。

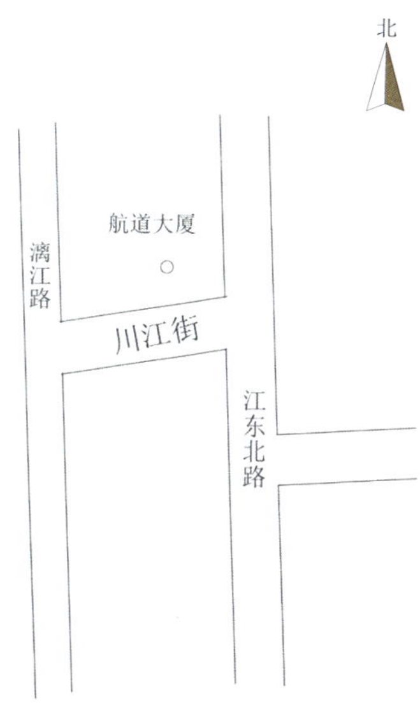

模范马路

位于新模范马路以北，东起东柏果园，西至三牌楼大街，长482米，宽7米。模范马路建于1909年（清宣统元年），距今已有100年历史。当时此路定位为南京城内交通线示范马路，故名模范马路。

街巷链接

我国电力设备研发领航者

在模范马路东头不远的院子里坐落着一家国网电力科学研究院的单位，看着不起眼，却是国家电网公司直属科研单位，专业从事电力系统自动化、交直流高电压技术、水利水电工程测控、通信与信息工程、一次设备及其智能化、电力电子、轨道交通及工业控制技术的研究、开发和应用，属于国家科技部"国家电力自动化工程技术研究中心"、国家发展和改革委员会"电力系统自动化系统控制和经济运行国家工程研究中心"、国家质量监督检测检疫总局"国家高电压计量站"和国家电网公司"特高压交流试验基地"的依托单位。该单位拥有一批电力行业重点试验室及重大装备，设有"电力工业电力系统自动化设备质量检测中心""电力工业电气设备质量检测中心"和"电力工业通信设备质量验测中心"，保存有高电压、大电流国家标准，担负着标准量值的溯源和传递工作。

新模范马路

位于玄武门以西，东起中央路，西至中山北路，长1755米，宽30米。因临近模范马路而得名。始建于1960年，1997年改建，为市区主干道之一。

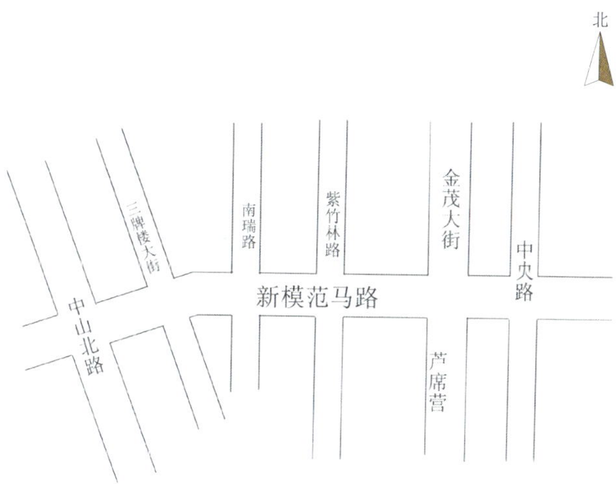

街巷链接

鼓楼“硅巷”的轴线

“硅巷”一词源于纽约曼哈顿，是指位于城市中心的创新科技集聚街区。新模范马路因沿线有多所高校和研究院所，成为鼓楼区“硅巷建设”两条轴线之一。该产业轴主要推进十四所453地块、南工大丁家桥校区和虹桥校区、南邮科创中心、中国药科大学童家巷校区及周边项目的硅巷建设。硅巷建设体现了国际化视野和前瞻性城市建设思维，不仅可以推进老旧办公载体的空间改造，促进产业转型升级，也能发挥老城区的商业人文魅力，建成具有吸引力的人才生活、工作空间。

模范中路

位于新模范马路以西，东起中山北路，西至虎踞北路，长974米，宽38米。因东接新模范马路，西连模范西路而得名。始建于1998年，为市区主干道。

街巷链接

南京饭店和国际联欢社

模范中路东首的南京饭店是一家拥有八十多年历史的旅游涉外饭店，由“国际联欢社”逐步拓展而来，后由郭沫若先生题名为“南京饭店”。民国时期的国际联欢社，是一个以各国驻华外交使团成员为主，并有中国外交界人士参加的旨在联络国际人士感情的团体。它成立于1929年，因原活动地址不敷使用，1935年国民政府拨款在现址重建，1936年完工。南京沦陷后，国际联欢社被日伪占用，改为“东亚俱乐部”。抗战胜利后，国民政府外交部收回国际联欢社，并扩建餐厅、公寓、办公等附属用房。国际联欢社的扩建部分由著名建筑师杨廷宝设计主持，于1947年竣工。古色古香的江南园林式庭院内，亭台楼榭有花木山石点缀四周，正中一坪三四百平方米的茵茵芳草地，为市内其他酒店所罕有。

模范西路

位于定淮门东，东起虎踞北路，西至定淮门桥，长1123米，宽38米。为模范中路向西的延伸段而得名。始建于1998年，1999年与模范中路相接。

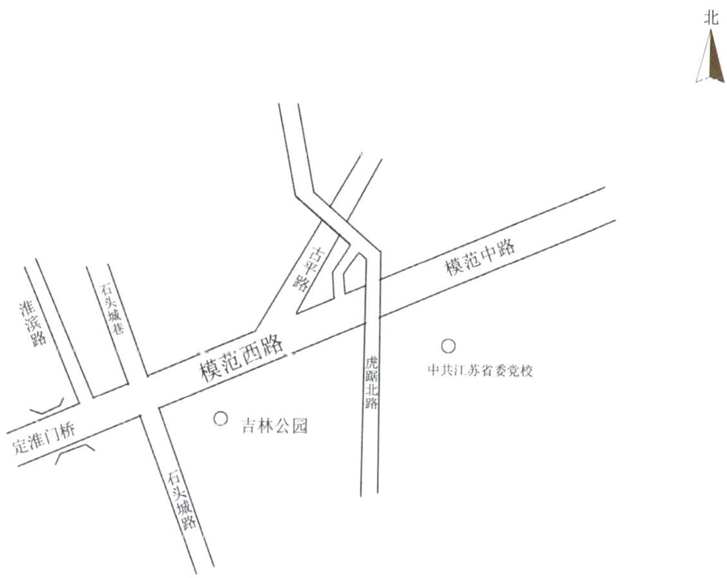

街巷链接

擦亮三军之“眼” 锻造国之重器

模范西路北侧的中国电子科技集团公司第十四研究所是中国雷达工业的发源地，国家诸多新型、高端雷达装备的始创者，信息化装备研发的先驱者，先后在“两弹一星”“载人航天”等诸多国家重点工程中承担关键任务。研制的各类新型雷达如同“千里眼”，在辽阔天空为战机擦亮战鹰之眼，在苍茫大海护卫军舰走向深蓝，在浩瀚宇宙护送卫星进入轨道。目前，十四所虽已迁至新区，但是其献身科研的精神依然长留此处。

裕盛路

位于凤凰西街以北，东到北圩路，西至江东北路，长1740米，宽12米。与江东北路相交处即为清江苏宁广场。

街巷链接

清江苏宁广场

2015年开业的清江苏宁广场地处龙江商圈核心位置，总体量达6万平方米，另有2万平方米市民绿地广场，业态涵盖精选超市、时尚零售、餐饮美食、休闲娱乐、苏宁云店、红孩子等。清江苏宁广场引入“S+智慧邻里中心”概念，加上诸多科技元素，是一个集购物、休闲、娱乐、生活于一体的智能体验型广场。

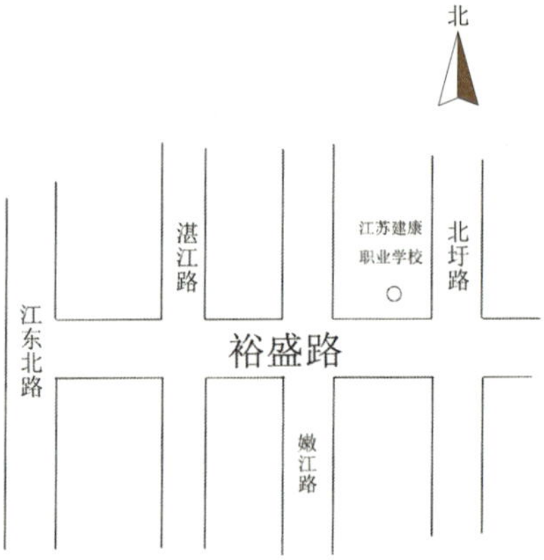

北祥路

位于郭家山路以南，西起幕府南路，东至金碧路，长640米，宽46米。为城市主干路。喜年中心商业综合体位于道路南侧。

街巷链接

花样年喜年中心

花样年喜年中心所在地原是传统的钢材交易市场，如今华丽转身为城市旗舰综合体。喜年中心占地面积5.6万平方米，总建筑面积约32.2万平方米，商业部分超过6万平方米。其将森林主题儿童天地、欧洲小镇多国美食风情街区、工业风零售主题体验场等多种风情融为一体，为喜年花生唐增添多样化场景式互动，为顾客带来不同凡响的空间体验。

关爱路

位于郑和中路以东，长180米，宽8米。东至热河南路，西至二板桥。道路西端是南京特殊教育师范学校第二附属小学。

街巷链接

特殊教育的先行者

南京特殊教育师范学校第二附属小学创办于1983年，是江苏省最早开办弱智儿童教育的学校之一，是周边地区智障青少年接受学前及九年义务教育的特殊教育学校。2000年，被江苏省教育厅授予“江苏省特殊教育现代化示范学校”。学校积极开展各种课外活动，挖掘学生潜力，发展智障儿童的兴趣爱好和特长。该校特殊篮球队在全国第三、四、五届特奥会篮球比赛中连续获得冠军；2011年，参加在雅典举办的第13届世界特奥会篮球比赛获得冠军。

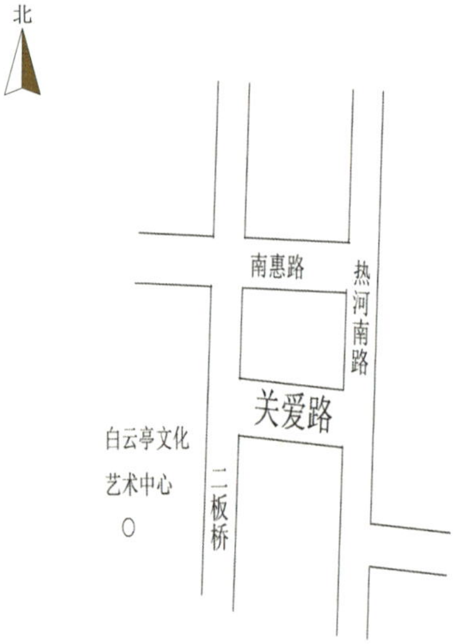

集贤路

位于江东中路以西，东起燕山路，向西折向南至集庆门大街，长920米，宽20米。鼓楼创新广场、苏宁睿城小区、科睿小学等位于道路两侧。

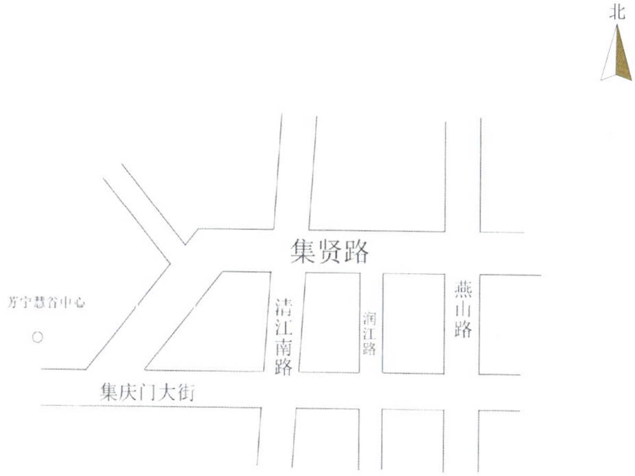

街巷链接

鼓楼创新广场

在高楼林立的江东快速路沿线，由6栋高层建筑组合成的鼓楼创新广场并不显眼。这里最高的一栋楼高度是149.8米，最矮的一座61.8米。但是这个综合体量约30万平方米的广场投入使用后，预计2、3年内税收收入可达30亿，也就是每平方米达到一万元的税收，是名副其实的钻石广场。这里集聚了鼓楼高新区三大主导产业——软件互联网、金融和科技服务业，是国际性企业总部及上市公司的高新技术发展高地，可容纳约15000名高科技人才入园办公，配建有2万多平方米的商业、商务、休闲场所，融合“工作、生活、学习、娱乐”，是一个能吸引、培养、留住优质人才的基地。

颂德里

位于福建路东南，东起三牌楼大街，西至中山北路，长396米，宽4米。以颂扬功德之义命名，原名妙耳山，1929年（民国18年）建中山北路时，被切成两段，北段即现路与国民政府交通部旧址交叉相隔。

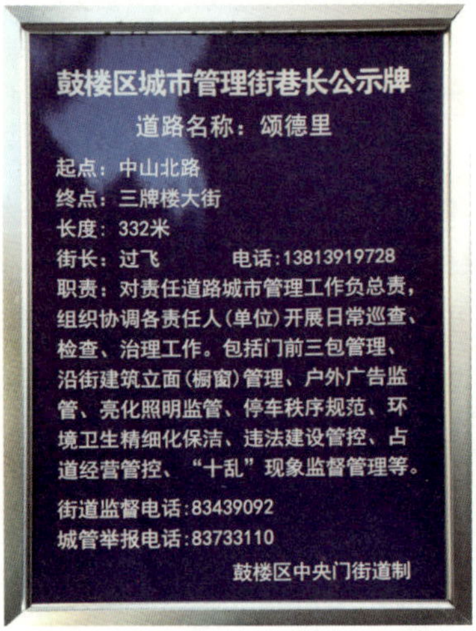

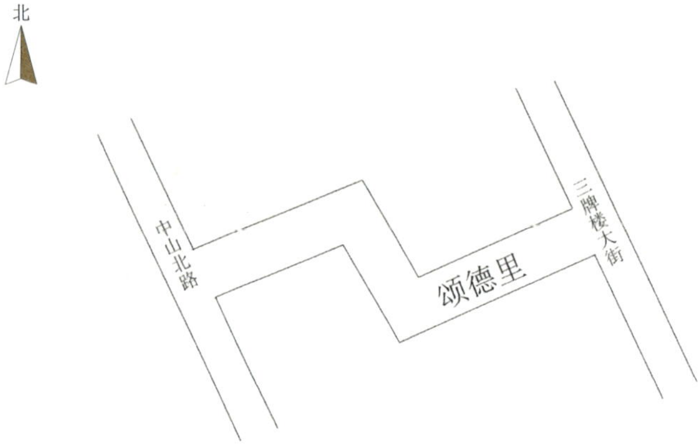

街巷链接

国民政府交通部的职能演变

国民政府交通部成立于1927年，负责管理路政、电政、邮政、航政，并监督民营交通事业。1928年，铁道部成立后，交通部管理经营的铁路事业划归新成立的铁道部管理，后铁道部撤销职能返还交通部。1938年，交通部职权扩大为规划、建设、管理和经营全国国有铁道、公路、电信、邮政、航空并监督公有及民营交通事业。此后，除公路业务两度划归军委会下设专门机构管理外，交通部的基本职能未变。1947年，国民政府交通部设立民用航空局，负责民用航空管理。

福润巷

位于鼓楼区政府东侧，进出口均在山西路，绕成套大厦大半周，北至四卫头，南至山西路，长180米，宽3米。

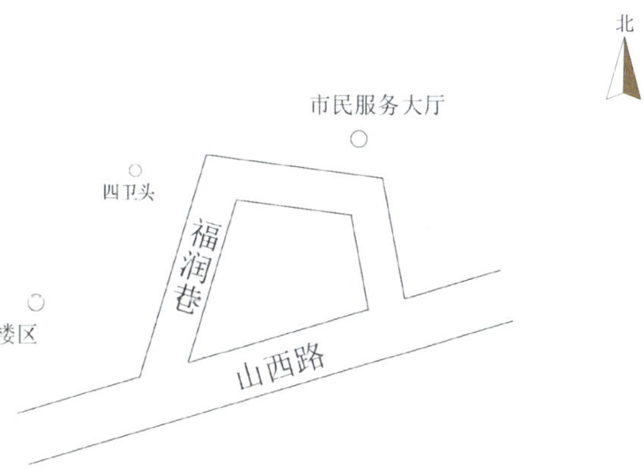

街巷链接

办理庚子赔款的专门机构

在鼓楼区政府大院临街有一座与众不同的两层中廊式建筑，琉璃瓦大屋顶，它就是中英庚款董事会旧址。1900年，八国联军入侵中国，逼迫清政府签订《辛丑条约》，条约规定，中国赔偿列强4亿5千万两白银，这笔钱被称为“庚子赔款”。1914年，为争取中国加入协约国参战，英国表示愿意退还部分庚子赔款。1930年，由中英两国政府正式换文成立董事会，退款主要用于教育、交通等方面。

永佳路

位于五塘广场西北侧，西起幕府佳园北门，折向南，止于幕府西路，长600米，宽10米。

街巷链接

“民族风”和“国际范”在此交融

五塘广场是地铁3号线过江第二站，该站艺术墙较有特色，主题为“太虚幻境”，用彩雕艺术玻璃呈现《红楼梦》开篇的“太虚幻境”场景：贾宝玉立于壁画的最右边，只见他抖开手中书卷，顿时奇山怪石、各色风景等从书卷中喷涌而出，小到“根并荷花”，大到“玉带林中挂，金簪雪里埋”的场景，还有众仙姑、舞女、两个疯道僧都得到了呈现，而壁画最左边则是警幻仙姑的脸。艺术墙的创作人为外籍华人吴达立，在构图方式、用色上融入了西方特色，颇具“国际范”。

龙翔街

位于龙园东路以西，西起龙园中路，向东再折向南至龙园南路，长380米，宽7米。二十九中和南师大龙江幼儿园交叉处，机动车道被阻断。2003年因处龙江花园城地区，其街名以“龙”字为首字系列，加“翔”字组合命名。

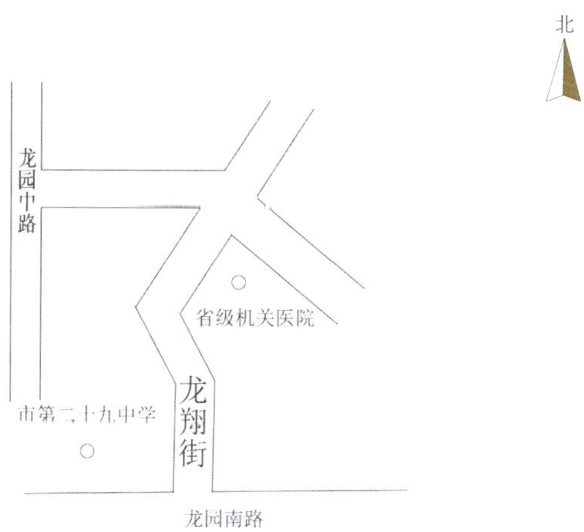

街巷链接

跨越发展的二十九中

创建于1945年的二十九中厚积薄发，跨越发展，从一所名不见经传的私立学堂发展为现在位居全市中学前列的名校。学校秉承“有教无类”的办学理念。在教育教学过程中，坚守“质量为魂”，视教育教学质量为第一生命线，中考、高考成绩连创佳绩。学校重视学生个性发展，认真贯彻全面发展的教育方针，在体育、艺术、文学、科技教育、儒学教育等方面都形成了鲜明的办学特色。

龙津街

位于江东北路以东，西起龙园西路，东接龙腾街再向北至定淮门大街，长300米，宽12米。2003年因处龙江花园城地区，其街名以“龙”字为首字系列，加“津”字组合命名，江苏盐业集团位于道路以西。

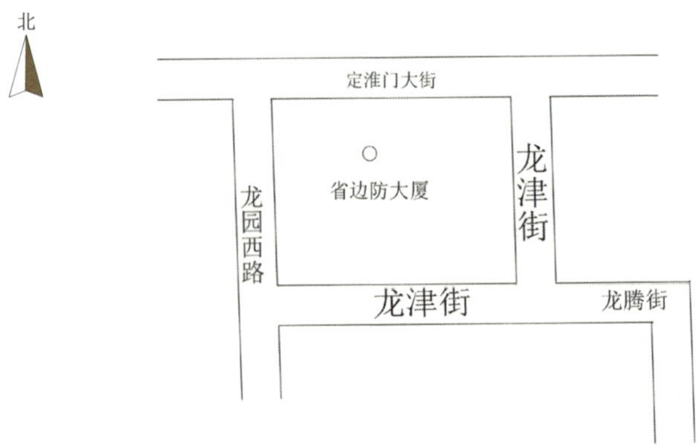

街巷链接

淮盐的名气

苏盐集团拥有的“淮盐”已有2500多年历史，有记载的生产时间可追溯到春秋时期。古人云“淮盐出，天下咸。”“淮盐”又雅称吴盐，“诗仙”李白盛赞“吴盐如花皎白雪”。淮盐即江苏盐场出产的盐，因淮河横贯江苏盐场而得名，淮盐产区是中国四大海盐产区之一。“淮盐”是全国唯一获美国FDA认证、内地唯一进入香港市场、全国唯一荣登“世界第一屏”——美国纳斯达克大屏的食盐品牌，荣获10多项国家奖项。

龙鼎街

位于龙园北路以南，东起龙园东路，西至龙腾街，长213米，宽5米。

街巷链接

龙须沟换新颜

龙鼎街周边的五河四沟，原先是河西地区受到严重污染的龙须沟，长期以来河道黑臭、蚊蝇滋生，不但影响城市市容，还影响到周围居民的正常生活。为了改变这一现状，政府全面启动水环境提升工程，实施全面清淤，采取暗涵排查与修复、控源截污、清淤疏浚、水位优化控制、生态治理等多项措施，加强水系互联互通，优化引流补水，有效解决了河西片区河道水流不畅和部分河道无水源补给的问题，水清岸绿整治成效初步显现。

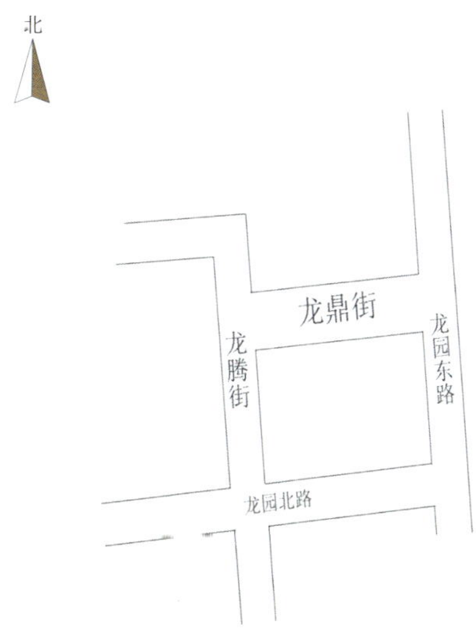

龙腾街

位于龙园东路以西，北起龙津街，纵穿龙园北路，南至龙园中路，长510米，宽16米。2003年因处龙江花园城地区，其街名以“龙”字为首字系列，加“腾”字，即“龙腾虎跃”之意命名。

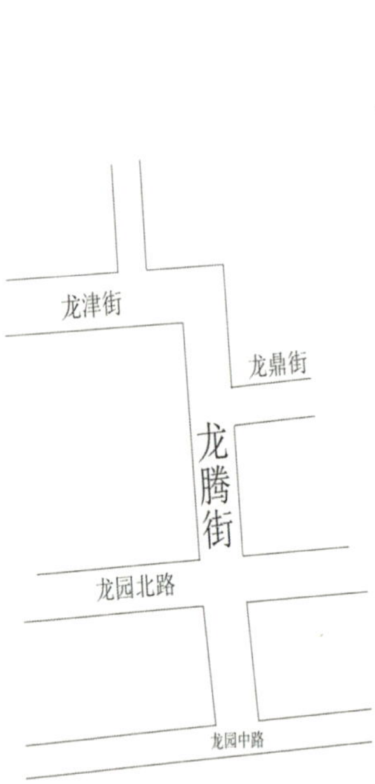

街巷链接

“80”后老人创办的社区小饭堂

在腾飞园社区有一个特别的小饭堂，它就是由秦安舲、沈汉、邱上进共同“创建”的互助取餐点。3位创建者都是80岁以上的“80后”，从饭堂硬件设备到服务流程设计，全由他们一起协作完成。创办小饭堂的初衷是方便节假日社区老人用餐，三位老人不只想自己方便，也照顾到了小区里其他老人。如今已有十几位老人参与服务工作，他们分工明确，组织有序，无偿帮助小区里的空巢老人和独居老人提供订餐服务。

复昌路

位于安怀东路以东与其对接，西起安怀东路，东至金宁新路，长286米，宽20米。因路旁为复地新都小区并取“昌盛”之意而得名。

街巷链接

南京有线电厂先进人物名录

复昌路所在地原是南京有线电厂厂区，南京有线电厂最早建于1937年，在企业发展过程中涌现了多位国家级、省级模范人物：

1、邓桂永于1950年被授予全国劳模称号；

2、沙启亮于1977年、1980年两次被授予省级劳模称号；

3、史东北于1991年被授予省级劳模称号；

4、郑志昌于1977年被授予省级先进生产者称号；

5、管蔷菊丁1977年被授予省级先进生产者称号；

6、洪德亮于1977年被授予省级先进生产者称号。

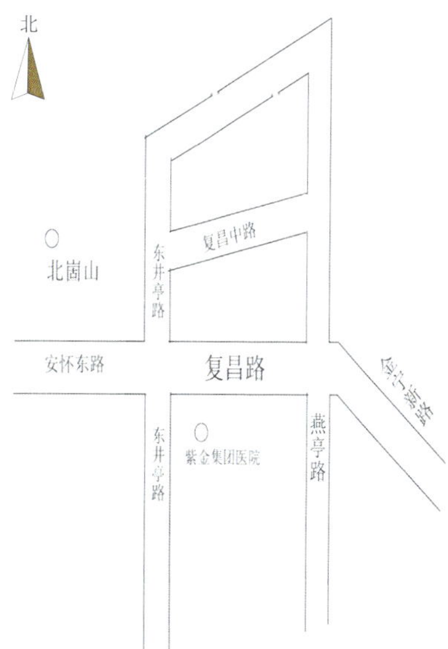

复昌中路

位于复昌路以北，西起东井亭路，东至玉苑路，长600米，宽8米。因复昌路而得名。

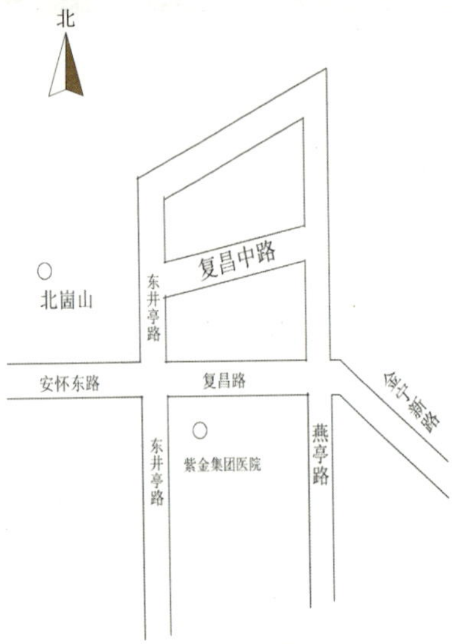

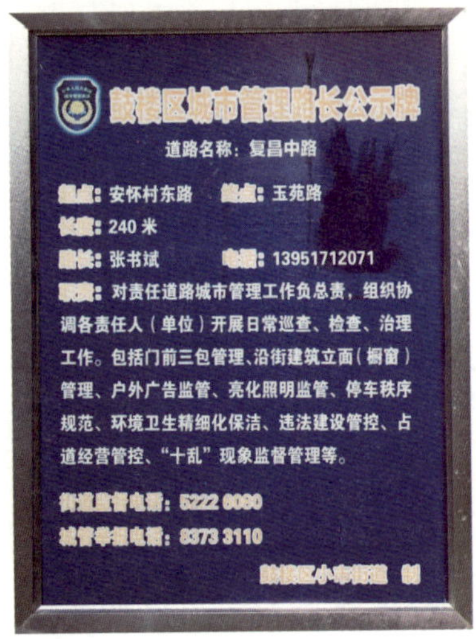

街巷链接

中国电力金具行业领军企业

位于复昌中路西南不远的紫郡兰园小区原是南京线路器材厂厂区。作为中国能源建设集团有限公司的下属单位，前身是1952年在下关江边龙头房建立的南京水泥杆制造厂。经过六十多年的发展，南线厂见证了中国电力行业发展壮大乃至迈入世界先进行列的征程。我国第一条110千伏、220千伏、330千伏、500千伏、750千伏、1000千伏、±800千伏输电线路及220千伏、500千伏紧凑型输变电线路，第一条630、720、900、1000平方毫米大截面长距离输电线路所用电力金具均由该厂参与设计研制和供货，国内绝大部分跨越大型江河线路的非标金具也都出自该厂。南京线路器材厂已经成为参与开创中国电力金具行业发展的三大国企之一，是电力金具国家标准起草单位之一。

丽江街

位于新城市广场以南，西起江东北路，东至龙园中路，长430米，宽12米。

街巷链接

龙江新城市广场

2005年开业的龙江新城市广场是南京第一家真正意义上的销品茂。这家占地12.6万平方米、建筑面积28万平方米、拥有400家知名品牌专卖店，集购物、餐饮、娱乐、休闲运动、文化社交、办公、居住为一体的销品茂，是南京当年继百货店、连锁经营、仓储销售中心之后的又一新型复合业态。它的出现，标志着南京商业的"进化"迈出了一大步。之后十多年，新城市广场也一直在不断调整升级。目前，龙江新城市广场二期已经开工建设。

青年路

位于长江大桥南引桥下，南起幕府西路，北至金川河，长635米，宽5米。与和记洋行旧址隔河相望。

街巷链接

95年前的和记下关惨案

1911年，英国在南京下关金川河两岸筹建"江苏国际出口有限公司"，简称为和记洋行。和记洋行主营冰蛋、冻肉、家禽及野味出口业务，是当时南京最大、最现代的食品加工厂，雇佣中国工人达四五千人，最多的1919年达1万余人。然而作为具有殖民买办性质的工业企业，这里的先进中也夹杂着对工人的压迫，因此随后成了南京工人阶级反帝反封建反剥削反压迫斗争的前沿。1925年，上海发生震惊中外的"五卅惨案"，在共产党领导下，和记洋行成立了罢工委员会和各界救济罢工委员会声援上海。当年7月31日，英国海军陆战队开进工厂，打死、打伤工人数十名，当场逮捕工人百余名，制造了著名的和记"下关惨案"。

凤羽街

位于北圩路以东，南起清凉门大街，北至凤熙路，长170米，宽8米。路西是商业综合体中海环宇城。

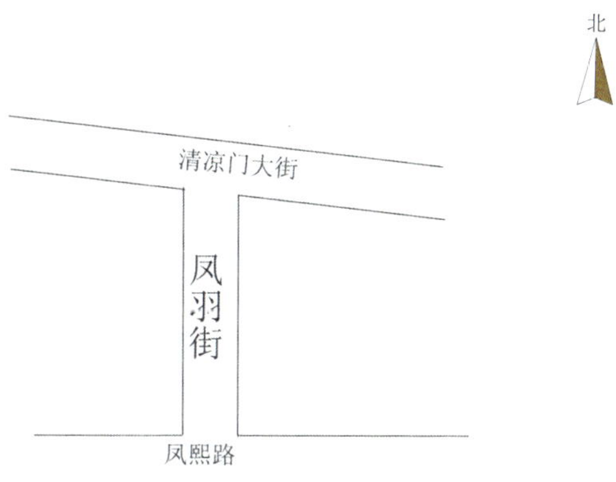

街巷链接

中海环宇城

2015年开业的中海环宇城是名副其实的核心区城市综合体项目，占地面积3.3万平方米，建筑面积23万平方米，其中包括购物中心、甲级写字楼及酒店式公寓。南京环宇城“慢时尚”的主题定位，向消费者传达了“慢下来、享生活”的现代生活理念，希望在都市生活节奏愈发快速的时代背景下，为市民提供一个舒适惬意、有趣味、有格调的新型都市生活“慢主场”。

建行街

位于建宁中学西南侧，西起幕府南路，东至建宁中学，长200米，宽5米。

街巷链接

建宁中学

建宁中学是南京市也是江苏省唯一一所教育和保护有严重不良行为未成年学生的专门学校。学校为普通教育系列，主要接收南京市各中学在校就读的，行为习惯偏常、学习基础差、家庭教育有困难、家长无能力教育、影响学校正常教育教学秩序，年龄在12~16周岁的初中学生。学校以“没有不能发展的学生，只有潜能尚未开发的学生；没有不能教育的学生，只有不适合学生的教育”的办学理念，牢固树立以人为本的观念，坚持走科学育人之路，努力把处于问题悬崖边的孩子拉回来。

行健路

位于龙园西路以东，北起龙园中路，穿草场门大街，南至龙云路，长480米，宽10米。2003年取《周易》里“天行健，君子自强不息”中的“行”“健”二字组合命名，江苏消防指挥中心位于该路中段。

街巷链接

同老百姓贴得最近、联系最紧的消防队伍

2018年，公安消防和武警森林部队集体转制到应急管理部，组建成国家综合性消防救援队伍，同年习近平总书记向国家综合性消防救援队伍授旗并致训词。江苏消防救援队伍围绕消防改革大局，坚持稳中求进总基调，观大势、谋全局、破难题，确保了改革转制的顺利进行，圆满完成了各项工作任务。

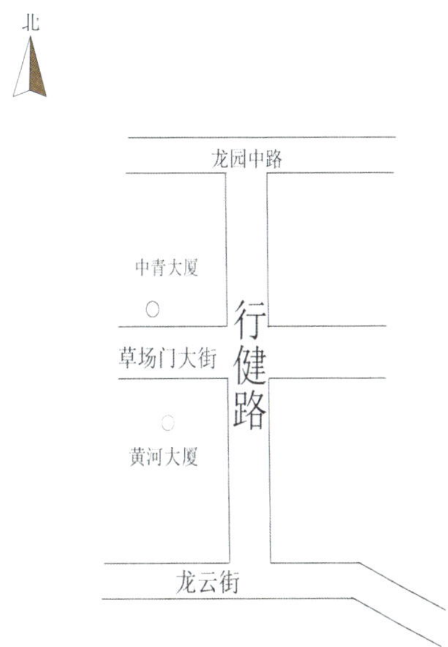

高云岭

位于鼓楼广场西北，南起厚载巷，北至湖南路，长928米，宽9米。1950年因其地势较高且祥云环绕，故得此名。清《同治上江两县志》名“十八家”，民国《南京市街道详图》谓“高门楼”，因易与中央路东侧的高楼门相混淆而更名。

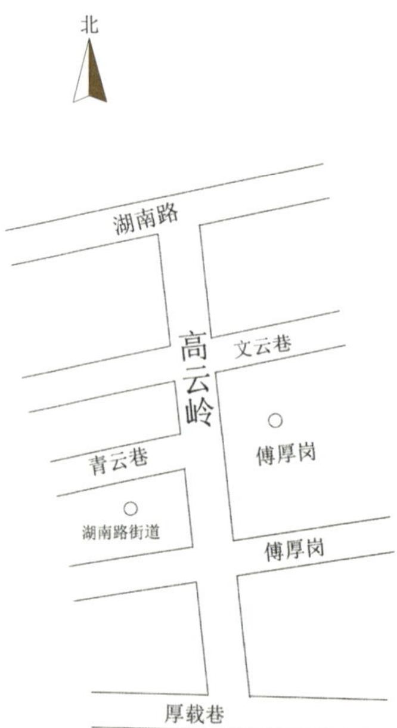

街巷链接

焕然一新的湖南路

2019年，历经半年立面出新后的湖南路沿街呈现出了浓浓的民国风。此次整治是重振湖南路商圈的重要内容，整治范围东起中央路，西至中山北路，全长1.1公里，针对此前建筑功能陈旧和空间杂乱等问题，按照精细化的标准进行了更新和升级。沿街两侧共29幢建筑，采用近代建筑元素和现代商业街元素，增强了建筑的层次感。色调上，按照《城市色彩导则》以暖色系为主，上半部分为浅色，下半部分为咖色。居民楼采用装配式构件，统一的雨棚、空调格栅，让建筑外观看起来既清新又美观。湖南路商厦采用大片蓝色玻璃幕墙和弧面造型，营造现代感；凤凰台饭店临街的内嵌式造型，被改造成垂直绿化，立面藤蔓攀爬，二层月季绽放，屋顶添置乔木，成为全街亮点。街道店招设计在维持原街风格的基础上，采用迷你发光字、树脂字、灯带等多元风格，体现商业区的个性化，让湖南路的白天和夜晚各具特色。

平家巷

位于新街口西北，南起沈举人巷后街，北至华侨路，长240米，宽5米。原为高家酒馆部分，新中国成立后分出一段，取平安康泰之义得名平家巷。

街巷链接

南京最早使用电梯的饭店

位于平家巷以东的福昌饭店是南京著名的“老字号”饭店，在民国时期与中央饭店、都城饭店齐名。福昌饭店创办于1932年，主体高六层，砖混结构，是30年代西方现代派建筑的代表作之一，也是民国时期南京最高的建筑之一。饭店内拥有当时世界最先进的、国内少有的OTS手摇式电梯（当时南京城只有两部，一部在国民政府办公大楼“子超楼”内，另一部就在福昌饭店）。整个工程历时3年，耗资250万银圆，1935年，竣工营业。福昌饭店开业之日，上流社会和达官显贵聚集，轰动南京。解放后作为重要的接待场所，接待过黄炎培、溥仪、卢森堡大公等中外贵宾。

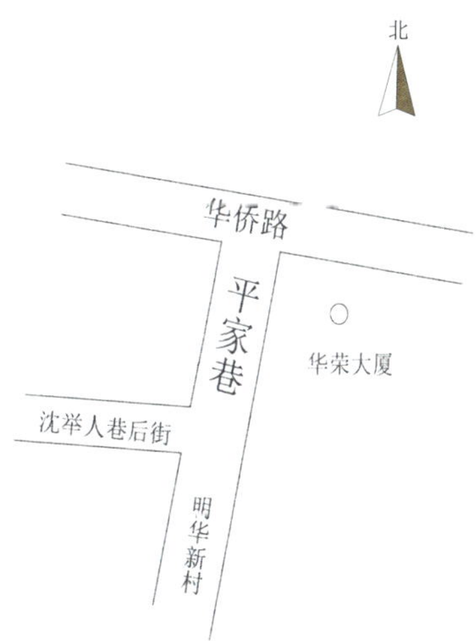

14 数字、谐音命名

鼓楼头条巷

位于鼓楼广场西北，主巷南起北京西路，北至鼓楼二条巷；另一条北起鼓楼二条巷，南端无出口，长100米，宽4米。清南洋陆师学堂新测《金陵省城全图》即载有头条巷名。因处鼓楼西北，按顺序排列此为首巷，故名“头条巷”。建国后，在巷名前加“鼓楼”二字。著名作家三毛曾居于鼓楼头条巷4号。

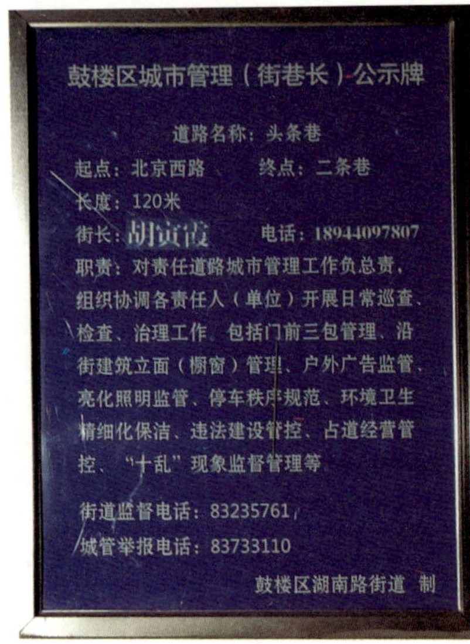

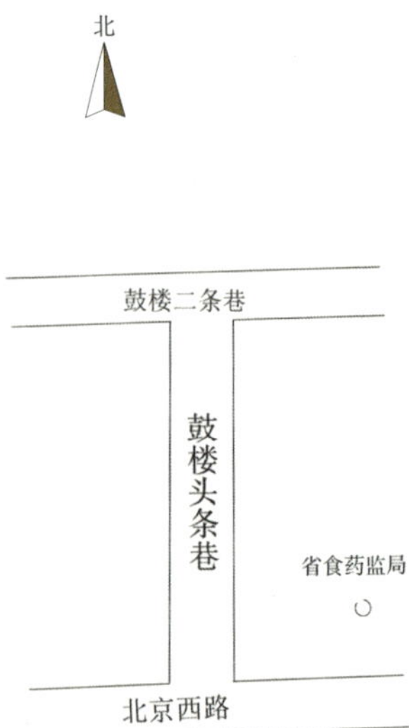

街巷链接

“和平将军”一生追求和平

鼓楼头条巷15号曾是“和平将军”张治中旧居。张治中从大革命时期就坚决拥护孙中山先生提出的“联俄、联共、扶助农工”三大政策，对国内局势的稳定起到了推动作用。抗战时期，张治中一面坚决抵抗日寇侵略，一面坚决贯彻联共抗日方针，保障了国共合作抗日战线的稳定性。抗战结束后，张治中参加两次国共和谈，虽均未成功，但其追求和平之意愿众人皆知。新中国成立前张治中为促成新疆和平解放做出了巨大贡献，新中国成立后为积极争取和平解放台湾做了大量工作。

鼓楼二条巷

位于鼓楼广场西北，东起鼓楼街，西至鼓楼四条巷，长453米，宽4米。清南洋陆帅学堂新测《金陵省城全图》载有二条巷名。因处鼓楼西北，按顺序排列，此为第二条巷，故名“二条巷”。新中国成立后，巷名前加“鼓楼”二字。20世纪20年代曾一度改名驴子巷。

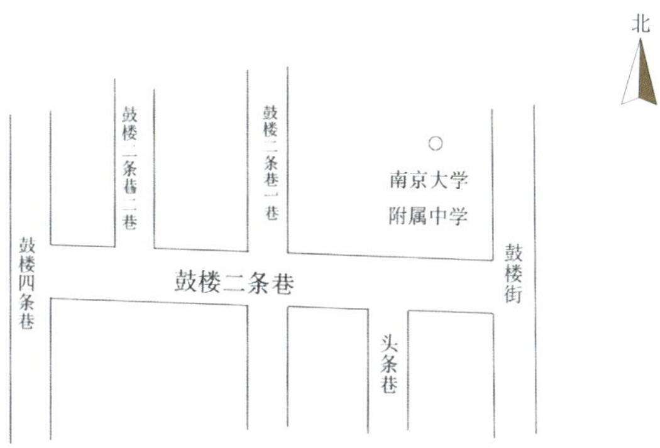

街巷链接

鼓楼广场上的绿“孔雀”

2016年以来，每每路过鼓楼广场，首先映入眼帘的就是中心环岛两只绿“孔雀”，它们姿态优美，引项顾盼，羽毛层次分明，分别由五色草、龙柏绿植、银姬小蜡及金叶卵叶女贞等三层绿植有机组成，羽毛上的鳞片选用的是当季花卉角堇。水滴状的花池内布置着三色堇，周边由龙柏等植物包围着。到了晚间，孔雀身体设置的投光灯，可以通过程序控制变换色彩，美丽不比白天逊色。孔雀的形象并非一成不变，每年12月换冬装，4月换春装。不过每次换装不会改变孔雀主题颜色，而是周边布置的五色草随季节的变化而变化。

鼓楼三条巷

位于鼓楼广场西北，南起渊声巷，北至云南路，长284米，宽6米。清南洋陆师学堂新测《金陵省城全图》即载有三条巷名。1935年（民国24年）以在鼓楼西北，按顺序排列，此为第三条巷，故名“三条巷”。新中国成立后，因重名改成鼓楼三条巷。

街巷链接

宋美龄创办的幼儿园

在鼓楼三条巷附近曾有一所南京第三幼儿园，始建于1946年，当时为宋美龄女士委托国民党社会总部开办的“儿童福利站”，1948年，建成招生。1949年，由人民政府接管主办，改名为“南京市民主妇联托儿所”。1956年，正式命名为“南京市第三幼儿园”。“三幼”以“一切为了孩子的发展”为办园宗旨，积极从事幼儿美育（包括生态式美育课程、美术欣赏与创作、幼儿园美术自主游戏）、幼儿主体潜能识字等方面的教育科研，在促进幼儿体、智、德、美全面发展的基础上逐步形成了美育特色。1992年，第三幼儿园被评为南京市美工特色园，在全市及至省内外均有广泛的影响。

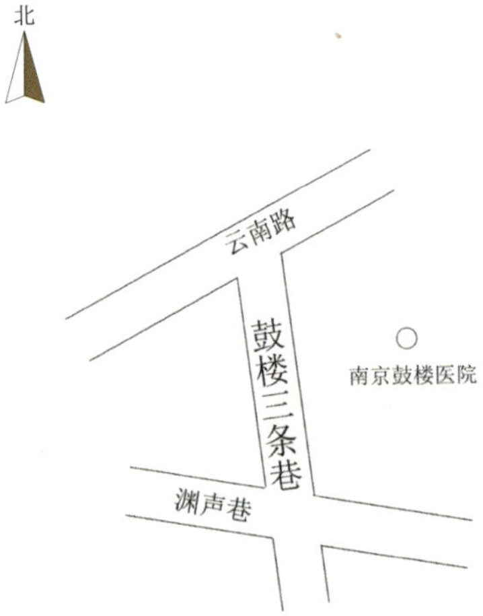

鼓楼四条巷

位于鼓楼广场西北，南起北京西路，北至大方巷，长611米，宽4米。清南洋陆师学堂新测《金陵省城全图》载有四条巷名。1943年（民国32年），因处鼓楼西北，按顺序排列，此为第四条巷，故名“四条巷”。新中国成立后因重名，巷名前加“鼓楼”二字。

街巷链接

武中奇之“奇”

著名书法家武中奇曾居住在鼓楼四条巷4号。武中奇老人为革命奋斗终身，也为艺术奉献终身，堪称“一生传奇”。武中奇其人有“三奇”，第一“奇”在于步枪打飞机。抗战时期，武老指挥战士用步枪打下日本人的轰炸机一事，在当时极其轰动。第二“奇”在于书法造诣高深。武老的书法解放初就很有名，老人的真、草、隶、篆书均有深厚的功力，尤以真、草见长，特别是草书，是以碑融草的大胆尝试者和创立者，开宗立派，独树一帜，世称“武体”，在中国书法史上占有重要的位置。第三“奇”在于得享高寿，老人出身农家，早年参加革命，历经枪林弹雨、各种磨难，然心性豁达，淡泊名利，故离去之时已有百岁高龄。

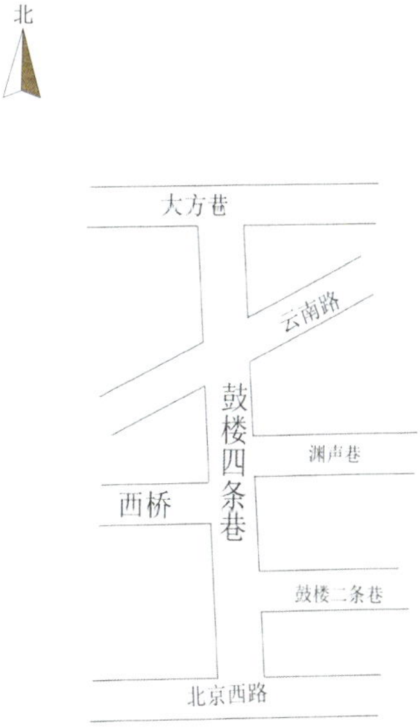

鼓楼五条巷

位于鼓楼广场西北，南起西桥，北至大方巷，长266米，宽5米。清南洋陆师学堂新测《金陵省城全图》载有五条巷名。因处鼓楼西北，按顺序排列，此为第五条巷，故名“五条巷”。新中国成立后因重名，巷名前加“鼓楼”二字。

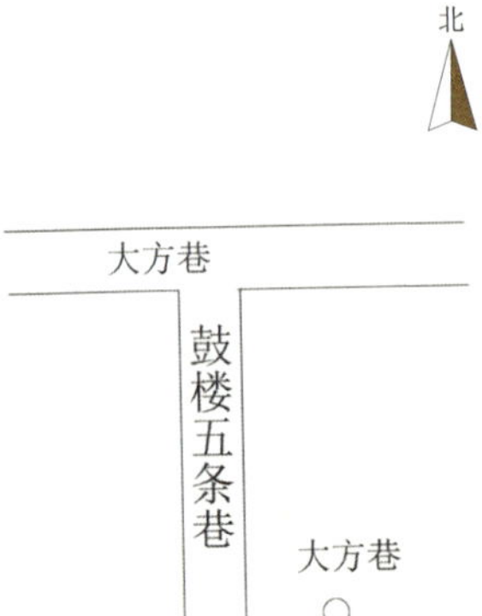

街巷链接

江苏议事园

位于鼓楼五条巷北端的江苏议事园始建于1930年，最初是国民政府侨务委员会的招待所，故称华侨招待所。该建筑外形上十分讲究民族性，高三层，庑殿顶，外墙以混凝土仿中式立柱，入口设卷棚顶抱厦，雕梁画栋，飞檐翘角。1947年，华侨招待所改为对外营业性的华侨饭店，是当时南京的著名宾馆之一。南京解放后，该处先后作为江苏省招待所、江苏省人大常委会办公楼等，现为省级机关事务管理局所属宾馆。

大马路

位于建宁路西段北侧，原惠民河西岸，东起热河路，西至江边路，南接建宁路，北靠龙江路，呈“7”字形，原名“河西”，长616米，宽11米。该路处于下关滨江商业功能区和航运功能区的中心位置，是城市由内河迈向外河的街接点以及下关商埠的中心地带，也是一个集中体现民国商埠建筑群之所。河西是下关惠民河西的第一条路，后两江总督张之洞主持修筑南京第一条穿越城区的近代道路——江宁马路，将河西拓宽改造，更名为大马路。

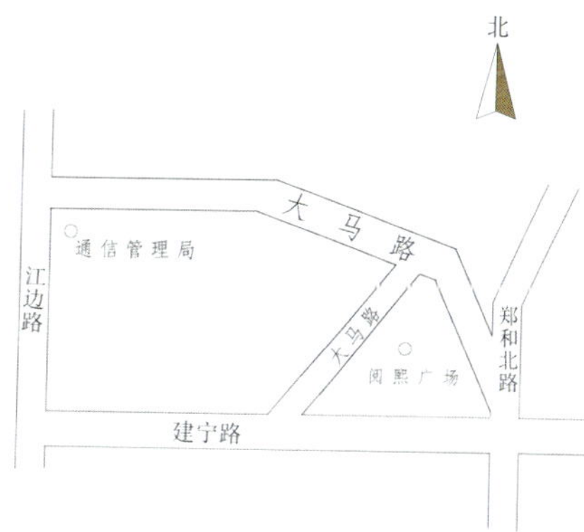

街巷链接

“大马路”的繁华

据1931年《最新首都指南》载：“首都繁荣市街分为城内与下关两部，下关以鲜鱼巷、龙江路、惠民桥、大马路、二马路等处最为热闹”“凡至三牌楼以南者，皆就下关购买物品”“夜市常延至11时半”。此时，单大马路沿街就有西服店18家，绸缎庄4家，还有多家旅馆、酒店、茶馆，较有名气的商店有荣盛泰古玩铺、达丰洗染公司、专营布鞋的戴金锦鞋店、沈幼谷照相馆、天然池浴室以及大方栈、多利栈等。尤以亨得利钟表眼镜公司、大西洋手表眼镜公司、庆华鞋帽洋货庄和铁路桥口的泰成、大华绸布店最具规模。单以1928年统计的出租车行业内较大的汽车行在大马路就有6家。时人流行一句民谚：“南有夫子庙，北有大马路”，而此时的大马路影响度远超夫子庙。

二板桥

位于郑和中路以东，北至梅家塘路，南至淮滨路，长1100米，宽8米。因以前此处有木板便桥而得名。

街巷链接

二板桥与陡门沟

宋、元、明时期长江水道西移，二板桥一带已形成江滩陆地，夹有水沟。清代中叶，在水沟建了三个涵洞（即陡门），现在二板桥北段就称作“陡门沟”，南起晏公庙西，北至复兴街，后并入二板桥。为方便通行，在涵洞上面铺设了木板，人们按顺序称呼“头板桥”“二板桥”“三板桥”，因二板桥居中，有菜市，后成街巷，1920年，统称为“二板桥”。

鼓楼二条巷一巷

位于鼓楼幼儿园西侧，北起中山北路，南至北京西路，长546米，宽5米。因临近鼓楼二条巷而得名。

街巷链接

陈鹤琴与“鼓幼”

鼓楼幼儿园的创办者是我国著名幼儿教育家陈鹤琴先生。从1920年长子出生，陈鹤琴便将其作为研究儿童心理的对象，对其从出生起的身心发展进行连续跟踪观察和记录，并作系统研究。陈鹤琴于1923年创办鼓楼幼稚园，是中国历史上第一所开展教育科学研究的幼儿园。在陈鹤琴指导下，鼓楼幼稚园取得了令世人瞩目的实验成果，国民政府教育部根据鼓楼幼稚园的课程实验成果，拟订了《幼稚园课程标准》向全国颁发。鼓楼幼稚园成为当时全国幼稚教育实验中心，在国内外幼教界享有盛誉。全国解放后，1952年，陈鹤琴先生主动要求将鼓楼幼稚园交给南京市人民政府接办，改名为南京市鼓楼幼儿园。

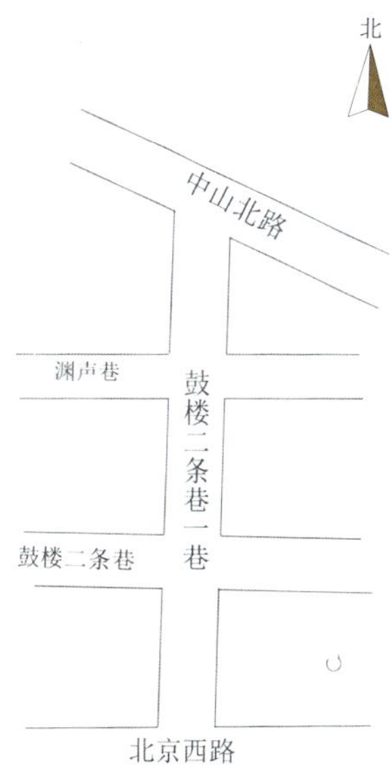

鼓楼二条巷二巷

位于渊声巷小学西侧，鼓楼医院西侧，东北起中山北路，南至渊声巷，长180米，宽4米。因临近鼓楼二条巷而得名。

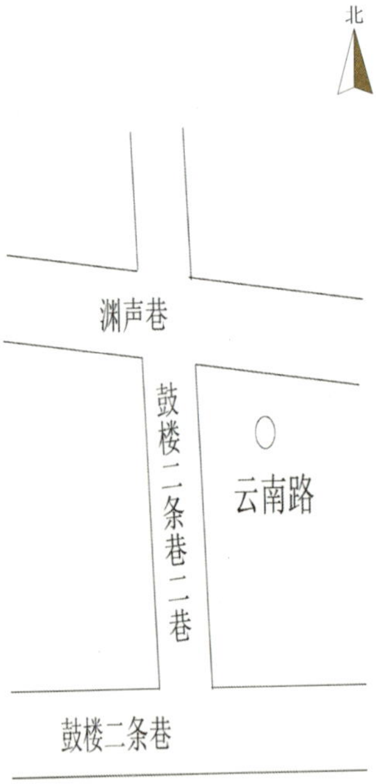

街巷链接

曾经是教会的诊所，如今是人民的医院

位于中山路321号的鼓楼医院，最早源于1886年美国医生兼传教士马林开设的马林诊所。1887年，马林得到了国人景维行捐赠的土地50余亩以及其他捐助款，于1890年开始兴建一座砖木结构四层楼房，1892年底落成，命名为基督医院，由马林出任首任院长。1914年元旦，金陵大学出价27000元金洋购进基督医院，更名为金陵大学鼓楼医院。北伐战争之后，南京国民政府接收医院并更名为南京市立鼓楼医院。后在宋美龄干预下，鼓楼医院归还金陵大学并复名。1941年12月，日本宪兵队侵占医院，医院更名为同仁会南京鼓楼医院。南京解放后，医院仍由金陵大学管辖。1951年6月12日，南京市人民政府接管鼓楼医院，易名为南京市立人民鼓楼医院。“文革”期间曾改为反帝医院，现称南京市鼓楼医院。

渊声巷

位于鼓楼西北，东起中山北路，西至鼓楼四条巷，长450米，宽5米。相传，旧时此处低洼，雨天巷道泥泞不堪，行人“怨声载道”，故名怨声巷。1940年（民国29年），以“怨声”谐音定名为“渊声巷”。道路西北有渊声巷小学。

街巷链接

渊声巷小学

渊声巷小学始建于1948年，全校占地面积为4564平方米，现实行“三轨制”教学，有近500名学生。该校以激发学生学习兴趣，提高学生全面素质，拓展学生综合能力为目标，开展丰富多彩的教育教学活动，力求建设一个“小中求美、小中求特、小中求实、小中求新”的花园、书苑式小班化学校。

和会街

位于中山北路东北，新模范马路和福建路之间，东起三牌楼大街，西至中山北路，长445米，宽10米。明代即沿用此名，又名荷花街，为鼓楼境内最古老的街道之一。

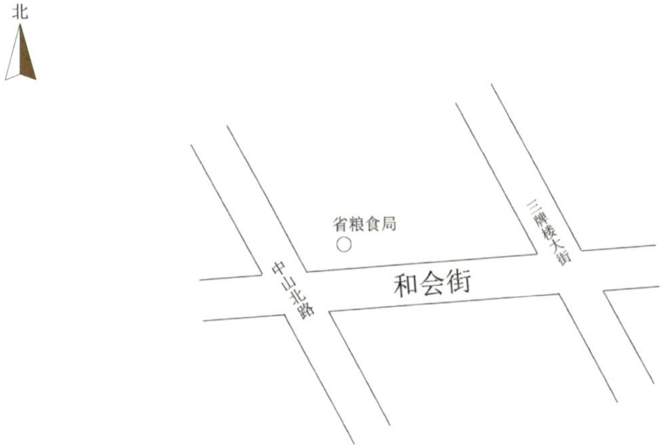

街巷链接

三牌楼夜市

三牌楼夜市虽然已经关闭七年了，但它当年的辉煌还是让人记忆深刻。三牌楼夜市始于1998年，当时由于企业体制改革，大批职工下岗，为解决就业问题而设立。那时车还不是那么多，马路还没有那么拥挤，整个夜市欢乐又和谐。便宜的小商品、诱人的美食和各种小游戏，让人流连忘返，吆喝声、讨价还价声、笑声、叫声不绝于耳。

狗耳巷

位于新模范马路西端北侧，东起金川河斜桥，西至中山北路，长450米，宽4米。此地原有一条大沟，填平建为巷，故称沟儿巷。1935年民国《首都志》更称狗耳巷。1966年曾名新华巷，后建新里并入。1981年复称狗耳巷。狗耳巷蜿蜒曲折，也确实形似狗耳朵的轮廓。

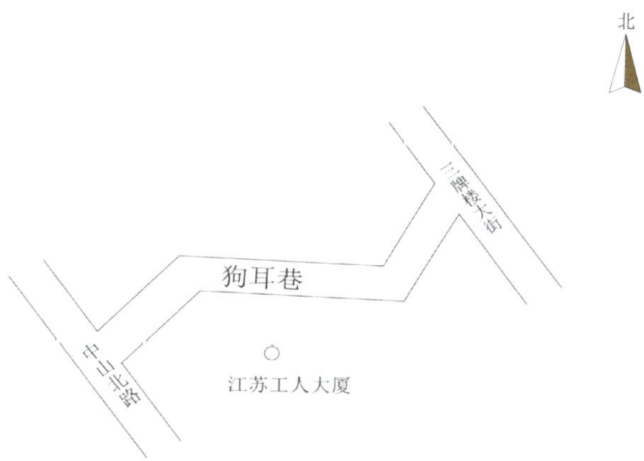

街巷链接

充满烟火气息的狗耳巷

狗耳巷周边多是老居民区，充满着生活的气息，常能看见老人带着孩子在健身器材旁边锻炼、闲谈。居住在这里的人们会在狗耳巷馄饨店坐下来，吃一碗热腾腾的馄饨，还有为了地道的美食慕名而来的食客，小小的店铺里经常挤满了人。巷口有一家裁缝店，店铺门口以前会有一位卖炸萝卜饼的老奶奶，住在这里的孩子都很爱吃，每每路过，都会央求父母给自己买一块……

九家圩路

位于原草鞋夹内，东起郑和中路，西至唐山路，长230米，宽7米。清代此处为仪凤门第九甲，故名“九甲圩”。因“甲”与“家”谐音，百姓俗称“九家圩”，今仍沿用。

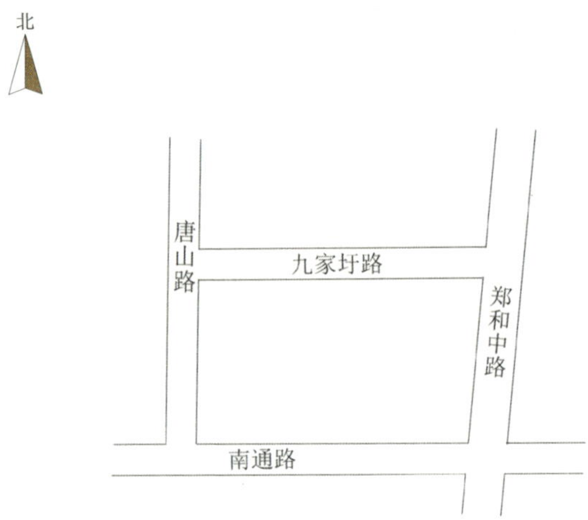

街巷链接

回溯草鞋夹

草鞋夹一名最早出现在《永乐大典》内，《明都城图考》所载也有其名，原为江中洲地，其形状像一只草鞋，故称“草鞋夹”。明中叶草鞋夹已融入岸内，东与下关江岸合拢，西为新的长江江岸，所夹之江形成内河，连接外秦淮河，使外秦淮河至老江口入江，时称“淮口”，后因河上建惠民桥改为惠民河。草鞋夹即为后来南京口岸开放地块，清末明确为南京港口范围，洋人可在此开设洋行，设立码头货栈，西炮台、石营盘、大马路、商埠街等都在其范围内。

15

周边地名简称命名

和燕路

位于中央门以北，西起中央北路，东至燕子矶地区临江街，长8000米，宽45米。因原先起点在和平门，故以起止地点简称命名。该路在鼓楼区境内为1438米，到东井亭截止。

街巷链接

由驿道到区域主干道

和燕路原为驿道，起点在和平门，1916年，全线整修，1923年到1926年，铺筑片石路面。新中国成立后，道路逐步拓宽，并将原起点和平门至小市段改线，由东门街北端接中央北路，作为新起点。1982年，进行了拓宽，改建路幅从16~30米拓宽为45米。2009年以后，结合南十里长沟沿岸环境整治，进行了道路翻修、立面出新等工作，这条铁北地区的主干道通行秩序和沿街环境由此得到很大改善。

金燕路

位于象山以西，南起幕府西路，北抵燕江路，长1567米，宽20米。因靠近金陵村及燕江路而得名。始建于1928年（民国17年），因燕子矶是南京名胜，为方便观光者前往，南京工务局募雇安徽灾民建此路，当时为泥结碎石路面，1998年改建成沥青路面。

街巷链接

“白下”的由来

白下城位于今象山一带，为南朝齐武帝所建。据《六朝事迹编类》引《舆地志》载：白下城“本江乘之白石垒，齐武帝以其地带江负山，移琅琊居之”，筑城为琅侨都治所，其时在齐永明元年(483年)。南京古称“白下”，即以此城得名。唐武德九年(626年)，金陵县移治于此，再筑城，袭旧名改为白下县。近世于遗址附近之明城墙中，发现多处使用了六朝砖，考古界认为当为白下城之遗存。

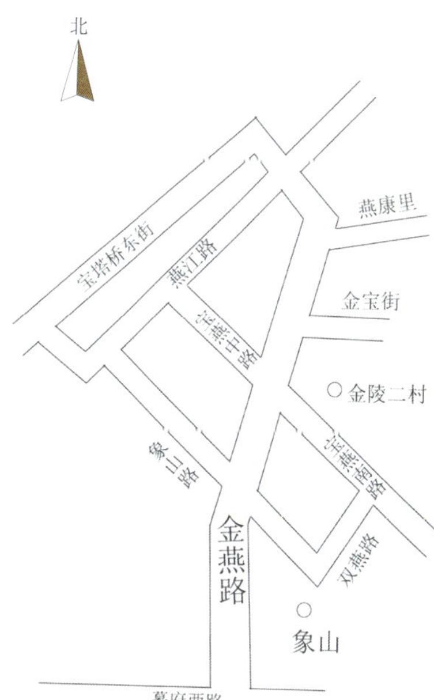

幕燕路

位于大庙村17号小区以北，北起幕府西路，南至森林湾花园东北门，长190米，宽20米。因此路附近有幕燕雅苑小区而得名。

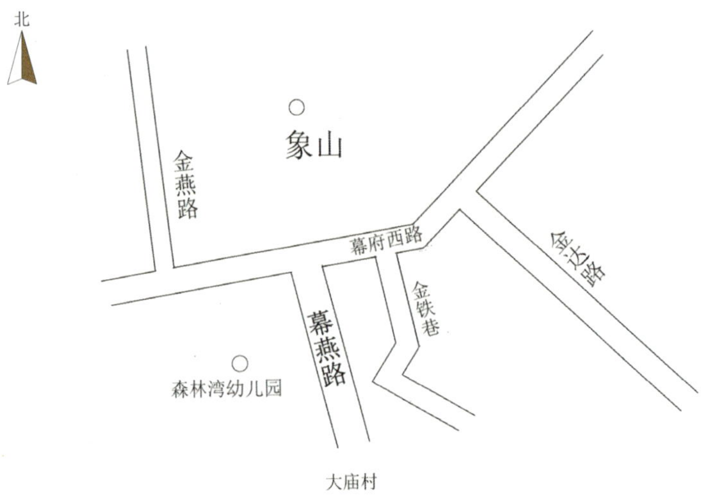

街巷链接

大庙不存村尚在

清时在象山之南，现位于幕府西路公交车站的位置建有一座“关帝庙”，香火旺盛一时，后来人们把“关帝庙”叫成“大庙”，周边即为大庙村，一直沿袭至今。大庙在人民公社时期尚在，1968年，因长江大桥铁路桥在境内通过，遂改名“大桥村”。1987年，建居民区，仍沿用旧名。此时，大庙已不复存在。

安燕街

位于安怀路以西，中央北路以东，北起和燕路，南至和燕园小区，长120米，宽5米。因和燕路及安怀村小区而得名。

街巷链接

陶行知先生创办的百年小学

与安燕街隔路相望的小市中心小学是著名教育家陶行知先生于1919年创办的乡村学校之一，1928年，陶行知先生亲任校长，是一所人文积淀深厚的学校。学校曾先后称神策门小学、东门街小学，“文革”期间用现名，2008年，小市小学并入。多年来学校秉持“质量为本，爱心育人”的办学理念，始终坚持以德育为首，科研为先导，教学为中心，艺体活动为载体，扎扎实实地实施素质教育。

文云巷

位于凤凰广场以南，东起中央路，西至云南路，长354米，宽6米。建国初因巷内原有江苏省文联，南有青云巷，故以“文”“云”二字组合得巷名。

街巷链接

24小时与书相伴

走进凤凰广场的凤凰云书坊，全天候都会有一盏黄澄澄的暖灯，为南京读者们点亮通往智慧与知识的道路。这是南京首家城市文学客厅，以促进跨界融合为目标，致力于打造一个城市文化和创意创新的综合展示窗口，促进南京实体书店和阅读空间总体提档升级，吸引更多民众参与形式多样的文化互动活动。

燕亭路

位于金宁新路与复昌路交界处，北起玉苑路，南至和燕路，长488米，宽12米。因和燕路和路旁的东井亭小区而得名。路西侧分别有求真中学、鼓楼第二实验小学等学校。

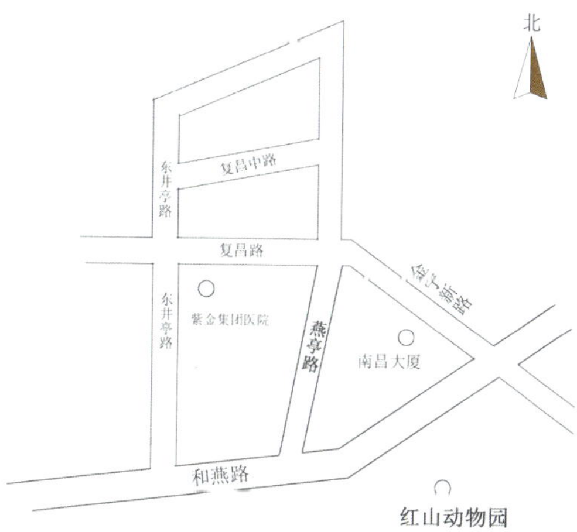

街巷链接

城北首屈一指的民办中学

求真中学创办于2001年，前身为南京民办育英第三外国语学校。2006年为放大优质教育资源，南京一中进驻下关地区和育英三外联合办学，将育英三外改制为股份制民办学校并命名为南京民办求真中学。“求真”是南京一中的校训，源于教育家陶行知先生的名言“千教万教教人求真，千学万学学做真人”。以“求真”为校名，意在继承弘扬行知精神和一中优良传统，也表示学校是一中的有机组成部分。求真中学以其显著的教育教学成绩跻身南京一流名校行列，成为社会各界关注的热点。多年来，中考总均分、上线率均位居全市前列，学校荣获“江苏省民办学校先进单位”等多项省、市表彰，多名教师被评为南京市先进工作者、优秀青年教师、优秀班主任。

幕欣巷

位于中央门西北，东北起中央北路，西南至幕府南路，长120米，宽7米。基督教小市教堂坐落于道路西南。

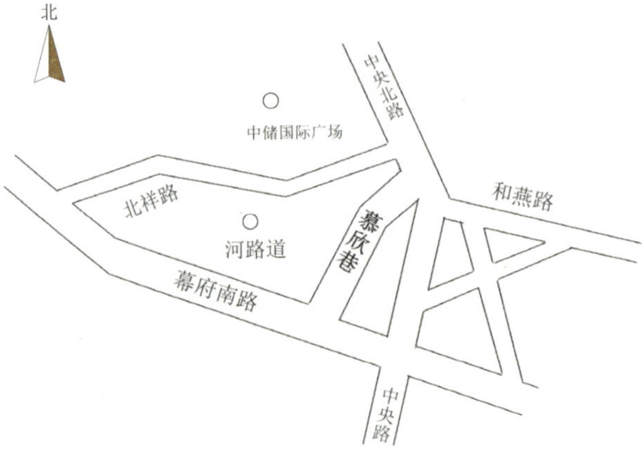

街巷链接

小市教堂的过去和未来

基督教小市教堂发端于上个世纪80年代初的家庭信徒聚会，1985年，获批建设教堂，历时两年建成，地址在小市新村16-1号。2015年，教堂签订动迁协议，新堂地址在北祥路与张蔡路交叉路口，用地面积约800平方米，建筑面积约1912平方米，功能为教堂及配套用房等。

幕云路

位于幕燕风景区以南，西起白云雅居小区南门，东至幕旭西路，长550米，宽8米。以起止地名简称命名。

街巷链接

幕燕风景区

上个世纪50年代起，为发展国民经济，南京市决定在幕府山江边开设矿场，采石取矿，成立“南京白云石矿”。几十年的开采对幕燕地区生态环境造成了极大破坏，山体裸露，植被破损。到了新世纪，生态环境越来越受到重视，从2001年起，南京市加大了滨江绿化带和主城外围大环境建设，下令白云石矿停采。至2003年，幕府山生态恢复基本完成，新的幕燕风景区对外开放。

云武巷

位于幕府东路北侧，北起黄方村42号院，南至幕府东路，长400米，宽8米。因附近有云谷山庄小区和部队驻地而得名。

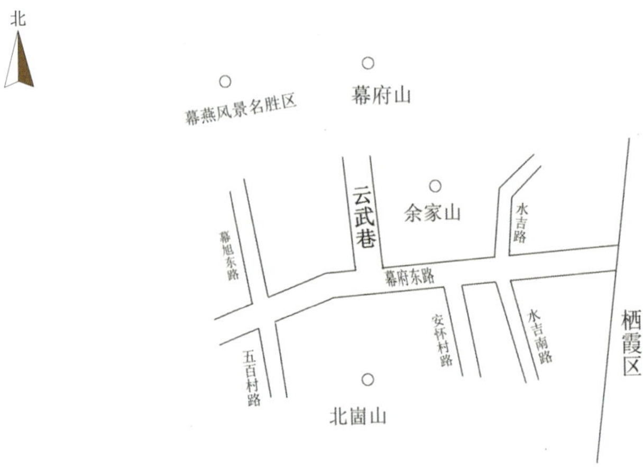

街巷链接

核工业二七二地质大队

云武巷东侧驻有江苏省核工业二七二地质大队（核工业南京建设集团有限公司），其前身由基建工程兵1984年集体转业后组建而成。这支专业部队是我国核工程、核电工程建设的一支生力军，承担过许多重大核工程、核设施的建设。目前已发展成为具有市政公用工程施工总承包一级资质的大型建筑业企业。

幕盛路

位于五塘新村二段小区以东，北起幕府东路，向南折至五百村，长680米，宽8米。以起点幕府东路的“幕”字，加兴盛之意的“盛”字组合命路名。

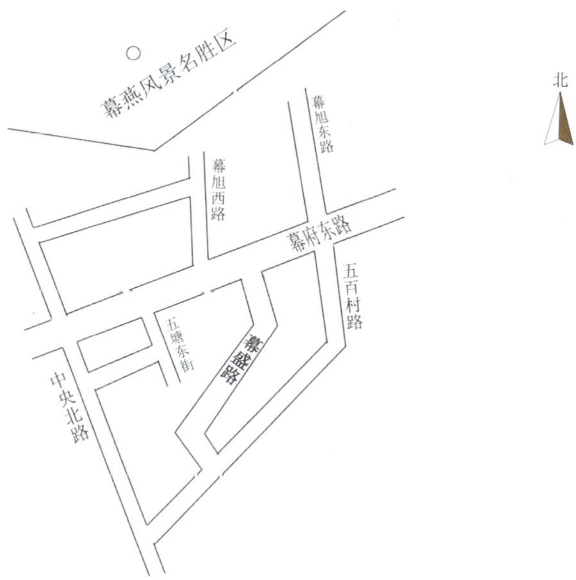

街巷链接

居民信服的“小巷总理”

五塘新村二段社区老书记杨秀兰扎根基层，用一颗炽热的心服务居民群众，在社区工作期间，她带领社工和热心居民，努力改善小区基础设施配套，提升环境质量，大力开展社区居民自治，组织各种各样的社区居民活动，让大家从不熟悉变成了一家人。2008年，杨秀兰被授予“中国小巷总理之星”称号，2010年，又被全国妇联授予“全国维护妇女儿童权益先进个人”。

幕旭东路

位于幕府山以南，南起幕府东路，北至旭日景城小区东北，长330米，宽20米。因处幕府东路与旭日景城之间，且处旭日景城小区以东而得名。

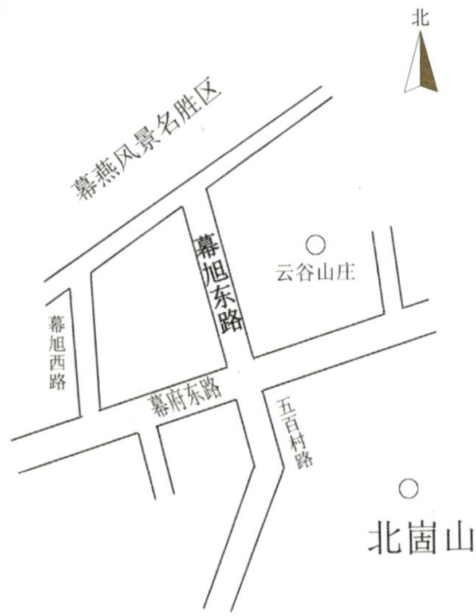

街巷链接

两晋接续之地

位于幕府山北麓长江边的五马渡是西晋东晋接续之所。相传西晋末年“八王之乱”，引来五胡乱华，中原大地战火连绵，琅琊王司马睿等五家西晋王室成员为避祸迁居江南，在此处渡江登岸后司马睿所乘坐骑顿时化龙飞去，成为其称帝前之“吉兆”。公元317年，司马睿果然登基称帝，创建东晋，后有歌谣“五马浮渡江，一马化为龙”传颂至今。

幕旭西路

位于旭日景城小区以西，南起幕府东路，北至幕燕风景名胜区南侧，长400米，宽36米。因处幕府东路与旭日景城之间，且处旭日景城小区以西而得名，与长江观音景区隔山相望。

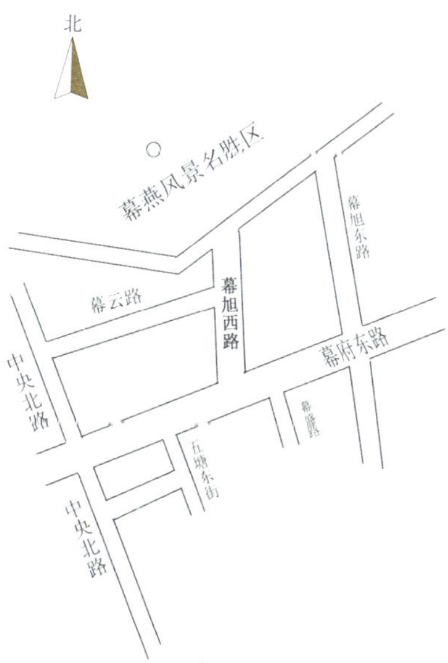

街巷链接

长江观音景区

长江观音景区地处幕府山和长江之间的狭长地块上，紧邻长江，东西方向呈线形布局，著名景点有观音阁、头台洞、二台洞和三台洞。景区全长1.5公里，占地面积约12万平方米，是中国长江沿线第一个以观音文化为主题的景区。观音阁建于1368年（明洪武元年间），因为山中绝壁上有仿唐代吴道子的观音石刻，僧人因选此址建阁而得名观音阁。

云载巷

位于云南北路东南侧，西北起青云巷、厚载巷交叉口，东南至车站东巷，长200米，宽6米。2003年青云巷南北向段和厚载巷南北向段合并，取两地名中各一字组合命名。

街巷链接

新民族建筑的典范

云载巷向西不远就是国民政府外交部旧址，始建于1934年，由赵深、童寯、陈植三人设计，采用现代派经济实用的形式，结合中国传统建筑特点，是中国新民族建筑的典范。国民政府外交部成立于1927年，1928年，国民政府实行五院制，外交部隶属于行政院，其主要职能是办理国际交涉，管理国外华侨及居留在中国外侨的一切事务，同时还管理驻外使领馆。民国时，除沦陷期间被冈村宁次霸占为中国派遣军总司令部外，其余都是国民政府外交部在此办公。1991年，国家建设部、国家文物局将其评为近代优秀建筑。1992年，被列为南京市文物保护单位。2001年，国民政府外交部旧址被国务院列为全国重点文物保护单位；2018年，入选“第三批中国20世纪建筑遗产项目”。

清江路

位于扬子江大道以东，南起汉中门大街，北至清凉门大街，长780米，宽18米。2003年因路西侧为清河新寓且西临长江，故以“清”和“江”组合命名，金陵汇文学校即在清江路和扬子江大道之间。

街巷链接

长江之滨的示范学校

金陵汇文学校是一所高起点、高标准的九年制公办学校。该校2008年由金陵中学、拉萨路小学“汇”而“和”成，得名于金陵中学的前身美国基督教会美以美会在1888年创办的汇文书院。学校秉承金陵中学“为学生一生奠基，对民族未来负责”的办学理念，以建设人文化、数字化、国际化的现代化示范学校为目标，成就发展全面、个性凸显、具有国际视野、具备整合创新能力的国家栋梁之材。

清江南路

位于燕山路以西，北起汉中门大街，南至集庆门大街，长1100米，宽26米。2009年，因该路北接清江路，而以“清江”二字加方位“南”字命名。

街巷链接

连创全省三个第一的南大苏富特

位于清江南路19号的南大苏富特公司成立于1998年，由南京大学、省教育厅、省电子厅联合发起设立，是一家依托南京大学计算机系、产学研一体化的高新技术企业和软件企业。2001年，公司在香港联交所创业板挂牌上市，成为江苏省首家软件上市企业、首家在香港创业板上市的软件企业、首家高校上市的企业。公司依托南京大学，以IT技术和人才优势为核心竞争力，通过不断细分市场需求，深挖专业技术，积累了一批行业自主知识产权，已成为具有较强市场影响力的高科技集团。

金埂路

位于金川河东侧，南堡公园以南，北起回龙桥苗圃，南至幕府西路，长800米，宽6米。

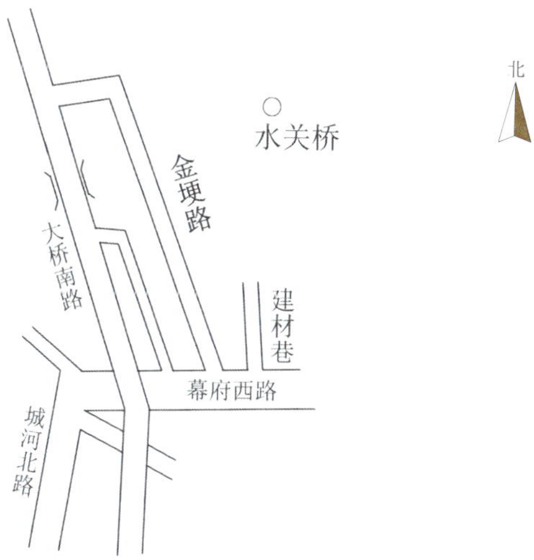

街巷链接

跟着时代前进的大桥公园

南堡公园1970年由南京市城市建设局筹建，1971年，竣工并划归上海铁路局南京长江大桥管理处领导。南堡公园绿化布置以大、小堡联线为中轴，两侧花坛、喷水池对称布局，公园周边与主干道两侧植雪松、紫薇700余株，3号路至金川河两侧植悬铃木、蜀桧、龙柏、广玉兰等1500株，公园绿化覆盖率达50%以上，有乔灌木13580株，绿篱6528米，盆景、盆花25000盆。1986年，南堡公园建4000平方米旱冰场；1989年，再建14000平方米儿童乐园，园内设传统游乐设施及现代化电动游乐设施。1990年，大桥公路桥面安装泛光灯1024盏，使公园更为生辉。

金宝街

位于老虎山西南，西起金燕路，东至金陵村68号大院南门，长240米，宽10米。

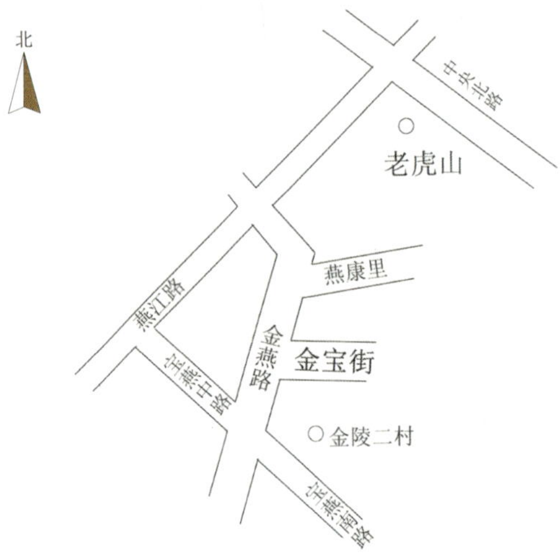

街巷链接

传说中的埋金之所

老虎山原名金陵岗，位于南京挹江门外东北，距下关车站东约3公里，与城内的狮子山遥遥相望，南距新民门约2公里，北临大江。东晋时老虎山像一个横过来的马蹄，中部的凹地据说与掘金有关。相传楚威王或秦始皇于此埋金镇王气，后来有人想发财在此挖金，久而久之就形成了马蹄型地貌。有无埋金无人可知，但这里的风水应该是极被认可的，周边分布有琅琊王氏先人墓葬200多个，都是历史上的知名人士。

郑淮路

位于秦淮河入江段以南，东起定淮门桥，西北至郑和中路南端，长1020米，宽17米。2005年取起止点各一字命名，2010年，西延至长江边，紧靠三汊河河口闸。

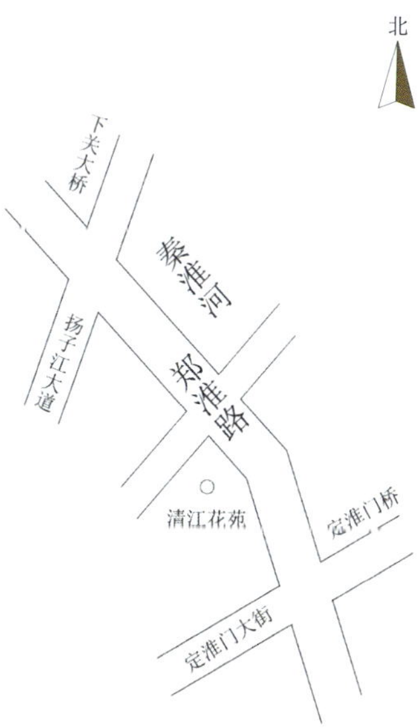

街巷链接

这里的河闸亚洲唯一

走到郑淮路西头，亚洲唯一的大型“双孔护镜门”闸——三汊河闸近在咫尺，它造型新颖，雄伟壮观，宛如一道瑰丽的彩虹横跨秦淮河入江口两岸。护镜闸不仅在结构形式、制造工艺等方面有质的超越，而且成为外秦淮河“引江换水、截污清水”工程的重要组成部分，提高了外秦淮河纳污能力，净化了河道水质，改善了南京水环境和城市水循环系统。2008年，三汊河闸荣膺中国水利建设工程最高奖——大禹奖，也是外秦淮河水利风景区的核心工程和主体景观。

汉北街

位于莫愁新寓中部北侧，西起北圩路，向东再折向东南至汉中门大街，长720米，宽8米。1989年，因处汉中门大街之北而得名。

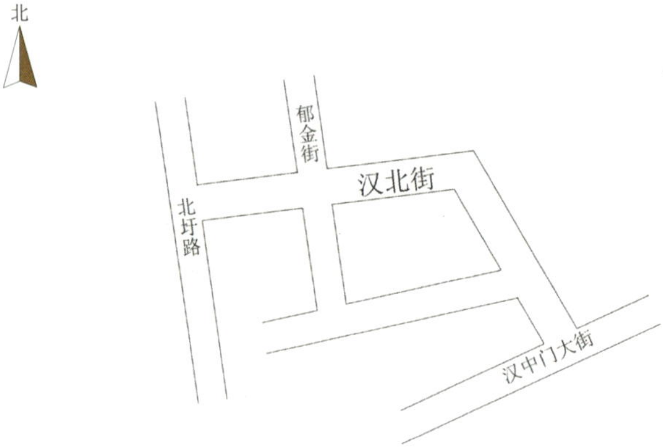

街巷链接

小小净水站解决大问题

汉北街以北的凤凰二村往年一到雨季，一楼家中必漫水，最严重时水能没过小腿，甚至晴天都出现污水漫溢出下水管道的情况。为了解决居民群众多年受淹的大问题，2019年10月，汉北街净水站正式建成并交付使用，项目占地约1450平方米，日均污水排量达1万吨。有了净水站，雨水和居民生活污水得以在高效净化后排入秦淮河，防污防淹双管齐下。2020年，市防汛指挥部启动全市防汛I级应急响应，往年最容易内涝的凤凰二村却没有丝毫泡水迹象，小小净水站发挥了大作用。

虹龙巷

位于华江饭店以北，西起中山北路，东至西流湾，长240，宽15米。因附近有虹桥、龙吟广场而得名。

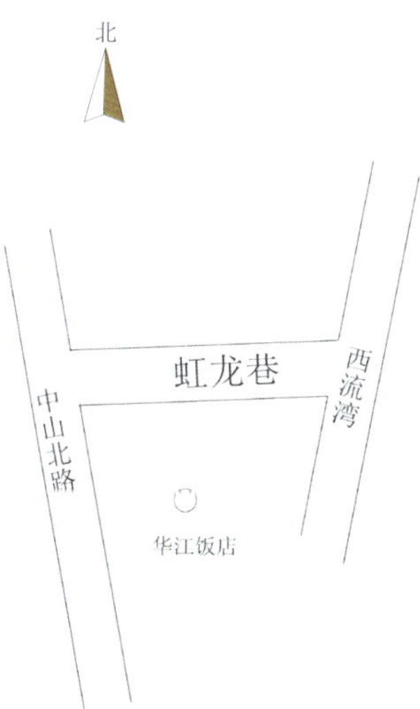

街巷链接

曾经的首都饭店

华江饭店原为民国时期的首都饭店，是当时南京最豪华的宾馆，为军政要员及外宾常下榻之处。1932年始建，1933年竣工。该建筑主体4层，是钢筋混凝土结构，占地面积1376平方米，建筑面积926平方米。建筑为现代派西式风格，根据功能和地形特点，平面设计为不对称的“7字形”。前有椭圆形广场，中设花坛，后有两个标准网球场。大楼主体立面采用对称式构图，中为4层厅楼，两翼各3层，面砖及水泥砂浆饰面，坡屋顶，外观简洁明快。饭店有客房50余间，均设浴室。2018年首都饭店旧址被列为第三批中国20世纪建筑遗产。

南惠路

位于世贸滨江以东，东起热河南路，西至原惠民路（今改郑和中路），长290米，宽7米。2003年取起止点路名中各一字组合得名。西侧原有一条老街“宝善街”，现已拆迁改造为世贸滨江项目住宅区和配套学校。

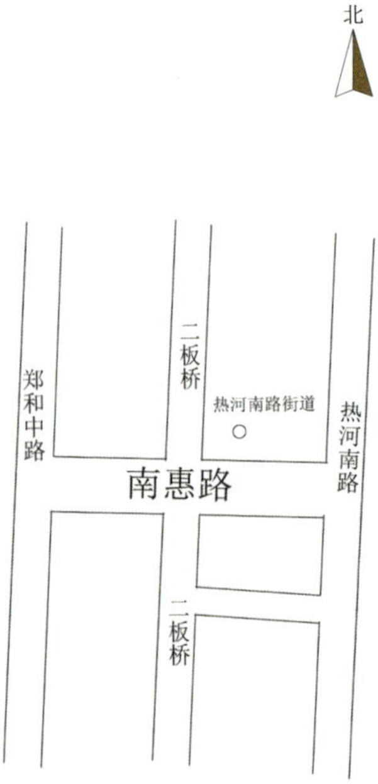

街巷链接

又一条百年老街消失了

宝善街北起美孚栈街，南至卜家圩，长约500米，宽4米，弹石路面。1913年，大同面粉厂经理卞宝洲在此建宅，后形成街面。街取卞宝洲名中的“宝”字加“善”字得名，卞宅所在地称“宝善里”。宝善街因与美孚栈街相接，故店铺林立，烟酒、杂货、酱菜、小百货、浴室等类目一应俱全，另外还有“美华”、“海心”两家照相馆，一家小剧场新中国成立后改成街道文化站。著名的和记洋行最初就设在宝善街，街内还有一家“新中和钱庄”和一家“永骏机器厂”。也许是老街废弃时间还不长，在前几年的地图和交通标示牌中还能找到街名。

姜圩路

位于郑和中路以东，东起姜家园路，西至热河南路，长260米，宽13米。1958年，因靠近姜家园、姜家圩而得名。

街巷链接

姜家的故事

姜家祖籍原为江西农村，明朝初年因修城墙全村迁往南京。姜、郭、李等姓氏的壮丁被分配修建煤炭港和小桃园一带城墙，女人和老人便在护城河对岸开垦荒地，种植粮食与蔬菜，因姜姓人最多，周边就叫作姜家园。在明城墙修建期间，姜家的人口不断繁衍，姜家先人们在此地建起了姜家祠堂，供奉着菩萨和祖宗牌位，同时开办家族私塾学堂。清朝民国期间，随着下关地区的发展，姜家人开店经商，人口增多，经济实力增强，逐步成为这一带的大户人家。姜家祠堂在新中国成立后被改为姜家园幼儿园。

玉宁路

位于玉桥商业广场北侧，东起金盛百货西侧，西至环玉路，长180米，宽6米。因靠近玉桥市场、建宁路10号小区而得名。

街巷链接

玉桥市场

地处中央门商贸圈核心的玉桥市场1999年建成运营，是城北地区规模较大的综合性城市生活广场，总建筑面积达14万平方米，包括A、B、C座商业楼。20多年来，玉桥市场以“玉”为姓，持续加强诚信市场建设，率先提出“不满意退换货”、“先行赔付”等十多项诚信措施，大力倡导“诚信报价”、“优质服务”等经营理念，先后荣获国家、省、市多项荣誉，赢得了较好的社会信誉。

龙云路

位于草场门大街以南，东起龙园东路，西至龙园西路，长600米，宽15米。2003年，因附近有龙江花园城白云园小区而得名，龙江体育馆位于该路西首。

街巷链接

龙江体育馆

龙江体育馆成立于1995年，自开馆以来，承办、举办了一系列国际国内大型赛事，多次被国家体育总局、省体育局评为“最佳场馆”“最佳赛区”。多项赛事的成功举办大大提高了体育馆的知名度及影响力，该馆抓住这一契机，于2003年成功拍卖了冠名权。此举不仅开创了江苏省体育场馆冠名权拍卖的先河，在全国也不多见。体育馆经营收入年年创新高，是名副其实的体育产业大户，2009年，成为南京第一家“江苏省体育产业示范基地”。

龙树路

位于草场门大街以南，北起龙园中路，向南再折向西南至龙翔街，长410米，宽6米。2003年因处龙江花园城地区，其街名以“龙”字为首字系列，且在碧树园东侧，取“树”命名。芳草园小学位于该路的东北方向。

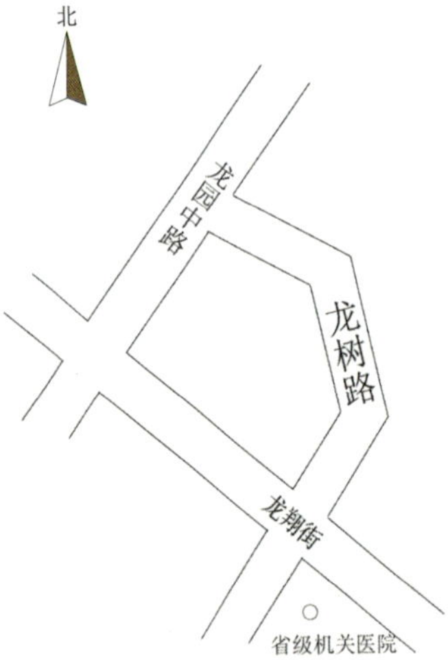

街巷链接

源于名校　再创名校

芳草园小学原名琅琊路小学分校，1999年开始招生，2006年，独立为芳草园小学，2010年，成立了芳草园小学教育集团，携手白云园小学和姜家园小学。学校坚持走“质量立校，文化兴校，科研强校”之路，以“阳光儿童教育”为办学特色，以“孩子的笑脸是学校阳光”为办学理念，确立阳光儿童核心素养特质，实施素质教育，重视学生的全面发展。因学生成绩优异，学校的教育教学质量获得社会各界的一致认可。

水吉路

位于幕府山以东，东北起栖霞区吉祥庵，西南至幕府东路，长3000米，宽15米。因原路西至水关桥而得名。该路原为水吉路（水关桥至吉祥庵）之一段，幕府创新小镇位于路东段。

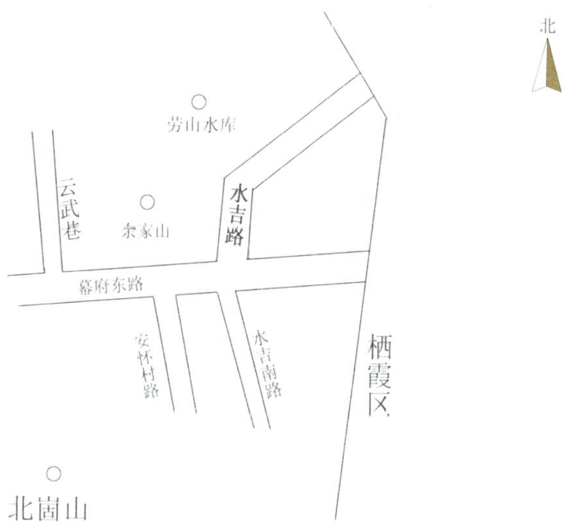

街巷链接

“绿色+”发展理念的沃土

幕府创新小镇位于幕府山下，长江之滨，主城区东北，环境独特，交通便利，“绿色+”的发展理念在小镇建设管理中得到充分体现。小镇总规划面积约327万平方米，其中绿地和广场就占规划总用地比例的63.51%。小镇依托环山依城的独特生态景观建设了一批低空度、园林式建筑，全力打造孵化服务、研发转化、休闲配套与人才公寓四个主体功能区，实现就业、生活、休闲三种城市功能的集聚，重点发展三大产业，即信息技术、节能环保和文化创意。

水吉南路

位于绿景路东侧，北起幕府东路，南至复地新都小区北区北侧，长900米，宽10米。因处水吉路以南而得名，与窑上村隔幕府东路相望。

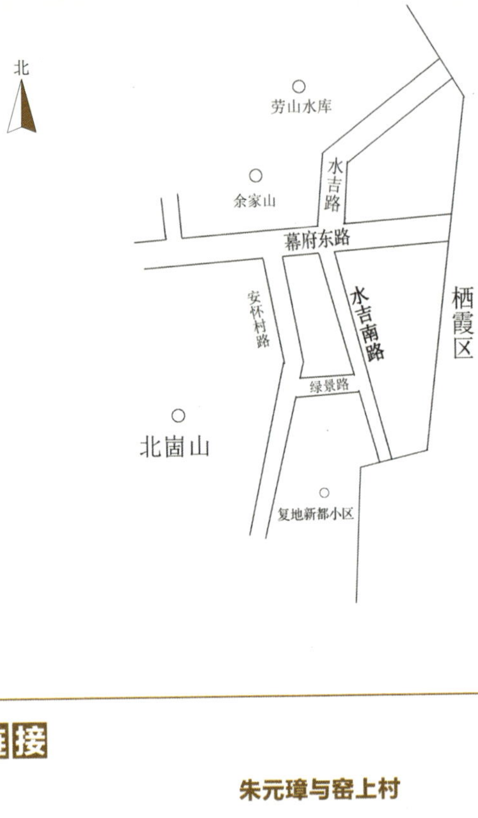

街巷链接

朱元璋与窑上村

窑上村位于幕府东路北侧，传明代即有村，以村建在砖窑上得名。传说，明洪武时期，建造南京需要大量的城砖，朱元璋征集13省民工烧制，经巡视发现这里烧制的砖质量最好，民工最卖力。朱元璋看后很高兴，当即给衙役民工赏银、赏酒。趁着皇帝高兴，一个民工代表向皇帝诉求：这里无地名，无法与家人通信，请皇上赐名。朱元璋认为讲得有道理，于是说：“这里是上等窑厂，就叫窑上村吧。”

宝燕中路

位于金陵船厂以东，东南起金燕路，接宝燕南路，西北至燕江路，长430米，宽15米。因处宝塔桥地区，周边有燕江园小区而得名。

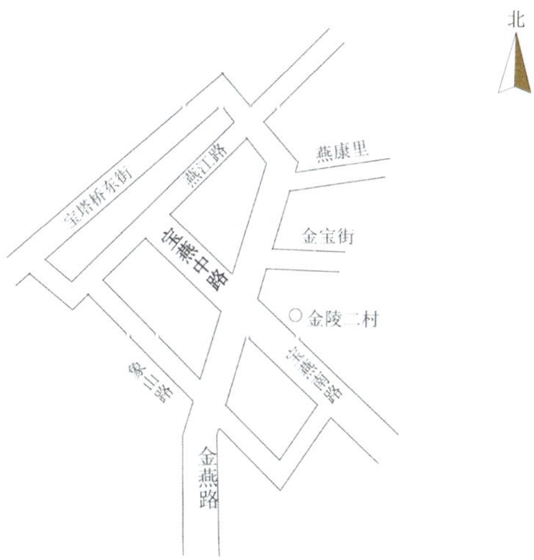

街巷链接

即将别去的老船厂

金陵船厂创建于1952年，屹立在城北长江边上，占地约30万平方米，拥有岸线870米。该厂从修船起家，到造驳船、客货轮，再到造集装箱船、液货船、滚装船。世界上第一艘装载空客飞机部件专用滚装船，能装6700辆汽车的滚装船，3800车位国内首艘智能型汽车运输船，可以装5000标箱的集装箱船，单船横向下水船舶自重为世界最重……都是金陵船厂的成绩单，创造了中国乃至世界船舶工业的多个"第一"。随着城市发展、经济重心的转移，船厂逐渐变成了城市"旧改"路上的"老大难"，船厂搬迁、转型升级在所难免，老厂房将变身工业遗产。

宝燕南路

位于金燕路东侧，东南起幕府西路，西北至金燕路，接宝燕中路，长690米，宽22米。因在宝燕中路以南而得名。

街巷链接

二仙沟整治出效果

位于宝燕南路西侧的二仙沟又名老虎山沟，曾是有名的臭水沟，横穿金陵小区的一村、二村、三村、四村等居民区，收纳周边约8000户、2.5万人的生活污水。二仙沟既是汛期的行洪通道，也是日常的排污通道，再加上没有清水补给，河水常年又黑又臭，污染十分严重。经过源头截污、河道清淤、拆违清理等综合整治，二仙沟环境彻底改善，河水干净，岸边还建起了仿木护栏，成了市民休闲的好去处。

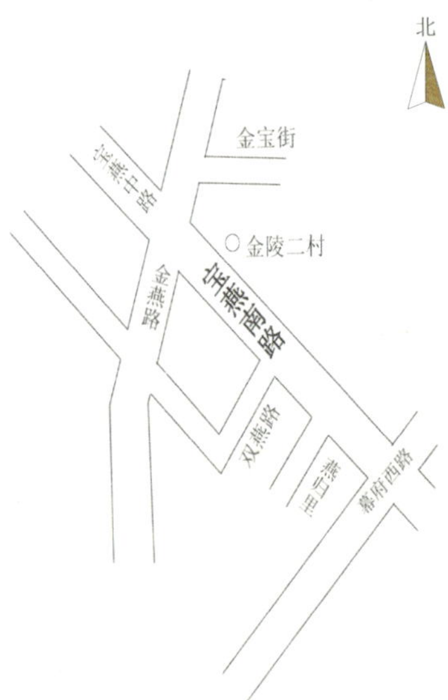

祁佐巷

位于模范中路以南，东起祁家桥，西至水佐岗，长275米，宽6米。以起止地名简称命名。

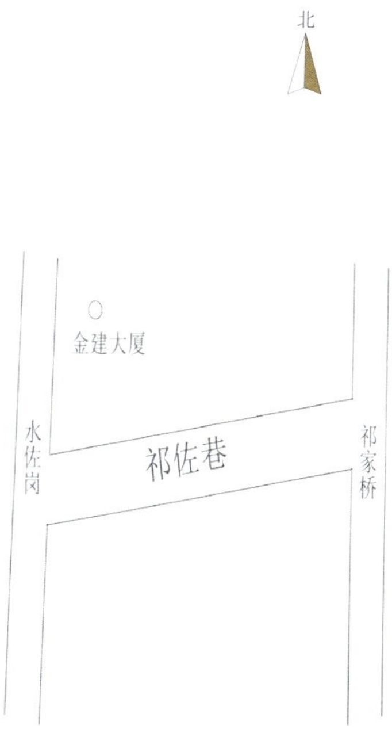

街巷链接

全省党的教育最高学府

从祁佐巷西头出来就是江苏省委党校的北门。省委党校的前身最早可追溯至创办于1925年的中共江浙区委党校。1949年以后，江苏境内先后成立中共苏南区委党校、中共苏北区委党校、南京市干部学校。江苏建省后，1953年，苏南区委党校、苏北区委党校合并成立江苏省委党校，校址确定在建邺路的南京市干部学校原址。2000年，省级机关工委党校、省级机关管理干部学院、省青年管理干部学院（江苏省团校）并入省委党校。2011年，省委党校由原址（建邺路168号）搬迁到新址，新校区正式投入使用。

金象路

位于燕江路以东，东起金燕路，跨宝燕中路，西至象山路，长920米，宽10米。因起止道路简称而得名。周边分布着金陵新村等多个住宅小区，居住人群密集。

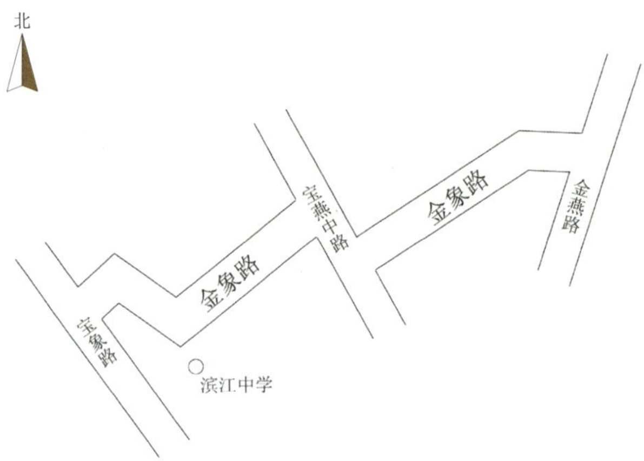

街巷链接

城北最大的安置房小区

金陵新村住宅区始建于1984年，历时十五年，于1999年全部结束，共建成金陵新一村至新九村9个小区，多层住宅及公用配套用房210幢，总建设面积52.3万平方米，常住人口达3万多人。初衷是为了解决下放回宁人员住房和旧城改造拆迁居民的安置问题，因此在金陵村周边征用土地开发建设。

绿景路

位于文景花园北侧，西起安怀村路，东至水吉南路，长280米，宽10米。因附近绿苑小区和文景花园小区而得名。

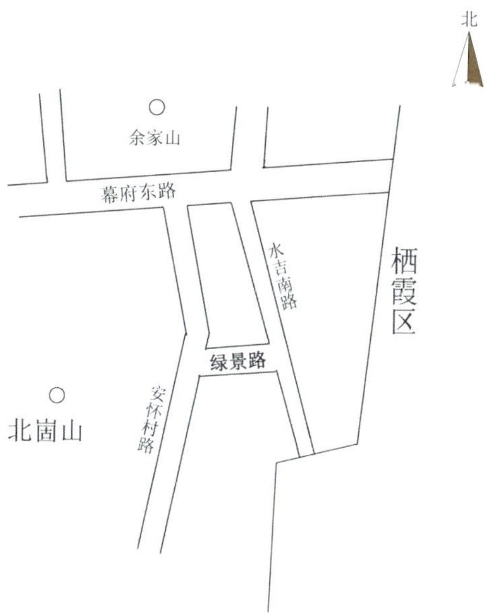

街巷链接

让陈友谅上当的谍中谍

在安怀村附近葬有明初大将康茂才。康茂才其人以都元帅降朱元璋，屡立战功。龙湾之战假降陈友谅，诱其上当，为朱元璋取胜立下大功。洪武三年康茂才从徐达征陕西，回师途中去世，追封蕲国公。1967年，开始对其墓进行清理发掘，出土墓志分上下合，上合志盖刻“明故荣禄大夫同知大都督府事赠推忠翊运宣力怀远功臣光禄大夫湖广等处行中书省平章政事柱国追封国公谥武义康公墓”53字。

宁颐巷

位于西康路以西，北起宁夏路，南至西康新村小区道路，长130米，宽4米。因临近宁夏路、颐和路而得名，紧邻省委省政府大院。

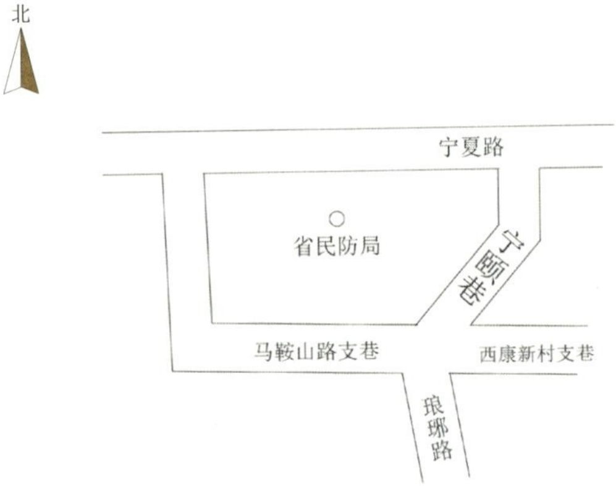

街巷链接

省委书记、省长参加人口普查现场登记

2020年11月2日，省委书记娄勤俭、省长吴政隆在省委省政府参加了第七次人口普查现场登记。登记过程中，两位领导按照普查登记要求，回答了普查员的询问，并对录入的登记信息核对签名确认。第七次人口普查是在中国特色社会主义进入新时代开展的重大国情国力调查，搞好人口普查，准确掌握人口信息，将为我们科学制定“十四五”规划、推动高质量发展提供重要信息支撑。

金铁巷

位于幕燕路东侧，北起幕府西路，折向东，止于上海铁路局南京铁路园林公司，长300米，宽6米。水泥路面。周边有森林湾花园小区、金达花园小区，故以“金”、“铁”命名。

街巷链接

森林湾花园小区

走进森林湾花园小区，简洁的轮廓、干练的线条、轻盈的立体造型、时尚的色彩，令建筑与环境恰如其分地融合在一起，成为赏心悦目的亮丽风景。小区内绿光水色，生态园林匠心营造出精致和谐的自然风情。该小区占地面积38573平方米，由8幢多层住宅、4幢小高层及商业用房组成，建成后的小区总建筑面积约58000平方米。

16 附 录

附录一：南京市鼓楼区政区图

南京市鼓楼区政区图

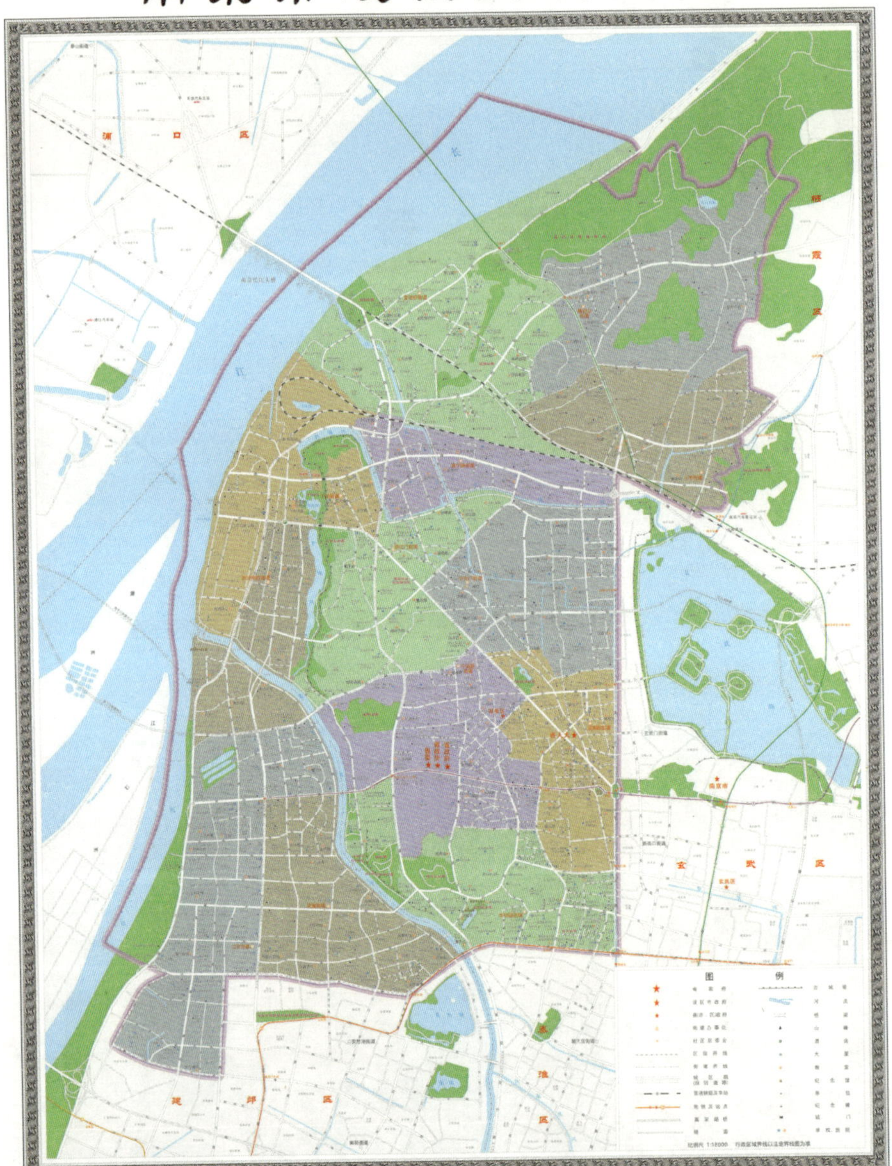

附录二：各街道道路街巷名录

华侨路街道（39）

北京西路	中山路	虎踞路	宁海路	汉口西路
上海路	广州路	石头城路	汉中路	石城巷
画苑巷	龙蟠里	虎踞关	峨嵋岭	百步坡
拉萨路	牌楼巷	永庆巷	体育馆路	南东瓜市
北东瓜市	麻家巷	豆菜巷	豆菜桥	干河沿前街
干河沿后街	干河沿北街	盔头巷	华侨路	慈悲社
管家桥	高家酒馆	平家巷	明华新村	大锏银巷
清新巷	清凉山	沈举人巷	沈举人巷后街	

宁海路街道（57）

虎踞北路	模范中路	模范西路	虎踞路	北京西路
云南路	上海路	汉口西路	宁海路	江苏路
中山北路	山西路	石头城路	三步两桥	西康路
天目路	玉泉路	钱塘路	武夷路	苏州路
扬州路	石钟路	仙霞路	虎丘路	剑阁路
山阴路	匡庐路	南阴阳营	北阴阳营	三省里
莫干路	鼓楼新村	牯岭路	琅琊路	天竺路
普陀路	颐和路	灵隐路	珞珈路	赤壁路
祁家桥	北四卫头	人和街	老菜市	四卫头
宁夏路	马鞍山路	水佐岗	水佑岗路	水佐岗48巷
童家山	康藏路	虎踞里	祁佐巷	宁颐巷
福润巷	西桥			

湖南路街道（51）

中山路	中山北路	北京西路	上海路	广州路
中央路	虹桥	马台街	司背后街	龙仓巷
童家巷	丁家桥	山西路	江苏路	云南路

平安里　虹龙巷　西流湾　湖南路　狮子桥步行街
湖北路　乐业村　新泉里　云南北路　文云巷
青云巷　傅厚岗　高云岭　厚载巷　云载巷
车站东巷　傅佐路　大方巷　渊声巷　鼓楼街
金银街　南秀村　青岛路　陶谷新村　汉口路
小粉桥　天津路　裴家桥　平仓巷　鼓楼头条巷
鼓楼二条巷　鼓楼三条巷　鼓楼四条巷　鼓楼五条巷　鼓楼二条巷一巷
鼓楼二条巷二巷

中央门街道（32）

福建路　钟阜路　金贸大街　中央路　中山北路
虹桥　丁家桥　童家巷　龙仓巷　司背后街
马台街　模范马路　新模范马路　四川路　许府巷
江西路　南昌路　紫竹林路　马家街　马家街43巷
芦席营　南瑞路　铁路南街　狗耳巷　和会街
广东路　三牌楼大街　颂德里　东瓜圃桥　西瓜圃桥
黑龙江路　黑龙江路二巷

挹江门街道（27）

中山北路　察哈尔路　福建路　钟阜路　虎踞北路
大桥南路　模范中路　模范西路　淮滨路　南祖师庵
归云堂巷　戴家巷　双门楼　金城路　镇江路
古平岗　校门口　回龙桥　萨家湾　东妙峰庵
西妙峰庵　龙池庵　铁路北街　洪庙巷　洪庙一巷
橡胶厂路　护城河南路

江东街道（31）

江东北路　定淮门大街　清凉门大街　扬子江大道　汉中门大街
龙园东路　龙园中路　行健路　草场门大街　龙园西路
龙园北路　龙鼎街　龙腾街　龙津街　漓江路
川江街　沅江路　中保街　银城街　闽江路
湘江路　集贤路　东宝路　浦江路　锦江路

清江路　清江南路　集庆门大街　燕山路　清河路
润江路

凤凰街道（32）

汉中门大街　草场门大街　清凉门大街　江东北路　龙园中路
龙园西路　龙园东路　行健路　龙园南路　龙树路
龙翔街　龙云街　凤凰街　凤凰东街　凤凰西街
嫩江路　湛江路　裕盛路　汉江路　凤羽街
凤熙路　丽江街　郁金街　郁金东街　郁金西街
汉北街　迎春街　胜棋街　荷花街　北圩路
涌泉街　涌泉北街

热河南路街道（24）

中山北路　郑和中路　定淮门大街　察哈尔路　淮滨路
复兴街　梅家塘路　二板桥　南惠路　关爱路
热河南路　白云亭路　江海巷　姜家巷　姜家圩
姜家园路　姜圩路　高鼓村路　渡江路　树人路
郑和南路　有恒路　郑淮路　惠悦巷

下关街道（31）

淮滨路　城河北路　大桥南路　建宁路　江边路
中山北路　郑和中路　郑和北路　新民门路　多伦路
于家巷　驴子巷　北祖师庵　盐仓桥　盐仓桥东街
盐仓桥西街　黄土山　承德路　热河路　永宁街
正丰街　公共路　哈尔滨路　大马路　龙江路
兴安路　江边南路　唐山路　花家桥　九家圩路
南通路

建宁路街道（22）

大桥南路　城河北路　金贸大街　中央路　建宁路
钟阜路　城河南路　四平路　四平中路　义民路
鲁民路　新民路　工农新村　金川门外街　金川门外小街

民生街　铁院路　环玉路　玉宁路　金川河北路
金川河东路　金川河西路

宝塔桥街道（32）

孙家洼路　江边路　大桥南路　城河北路　中央北路
幕府南路　戎军路　宝塔桥东街　宝塔桥西街　方家营路
幕府西路　桥洞路　金埂路　建材巷　金燕路
燕江路　宝燕中路　宝燕南路　金宝街　金象路
青年路　双燕路　象山路　幕燕路　金达路
金铁巷　建行街　翠亭路　翠平路　永佳路
老道口巷　永济大道

小市街道（23）

安怀东路　中央北路　幕府南路　孙家洼路　北崮山路
金碧路　和燕路　安怀路　复昌路　复昌中路
东井亭路　燕亭路　金宁新路　红山南路　黄家圩路
百灵街　东门街　东门前街　郭家山路　北祥路
幕欣巷　小市街　安燕街

幕府山街道（17）

北崮山路　安怀东路　中央北路　孙家洼路　戎军路
幕旭东路　幕旭西路　幕云路　云武巷　幕府东路
五百村路　水吉路　水吉南路　安怀村路　绿景路
张王庙路　幕盛路

注：道路街巷总计357条，加下划线的为跨越两个或两个以上街道的道路街巷。

附录三：废弃街巷名录

原鼓楼废弃道路：

豆菜园	傅德桥	蓝家桥	张家桥	北乐村
普安里	随家仓	三友里	兴乐里	门楼上
福寿岗	龙　园	公教二村	古松里	东门街
紫金村	合兴里	公教三村	安乐里	长庚里
正华里	通海里	敦睦里	新生里	宁波路
望粮桥	党部后	龙家新村	勤　园	国华村
岳家巷	吴家巷	筹市口	鼓楼南	东门街14巷
公城东村	公城南村	公城新村	和会街37巷	和会街63巷
四川路	宁静里	公明里	马家街66巷	校门口5号巷
明德里	马台里	吉如里	东堂子巷	汉中路66巷
建新里	陈家巷	十字街	芦席营37巷	人和街15巷
下午所	新福里	铁路中街	西藏路	模范马路135巷
忠信里	同仁里	华安里	扬州村	西妙峰庵4巷
合兴里	永乐村	永庆里	吉林路	剑阁路31巷
明诚里	明德里	笃义里	世德里	鼓楼五条巷4巷
铁路桥北	悟　村	海宁村	散居部	和会街69巷
通海巷	狗耳巷15巷	狗耳巷21巷	狗耳巷22巷	狗耳巷29巷
普安里	望粮桥	金银新村	广州路65巷	四卫头64巷
敦睦里	谦丰坊	新疆路	勤　园	西瓜圃桥12巷
新生里	福寿岗	福音里	中央新村	山阴路一号巷
万松林	北乐村	斜　桥	中央路14巷	东门街25巷
广东新村	安徽路	火药集	东门街39巷	四卫头117巷
鼓楼南	翠微村	太谷宅	随家仓	四卫头139巷
新福里	建安村	铁路桥南	镇江路45村	楼子巷143巷

原下关废弃道路：

迎宾路	外金川门街	成河埂正街	头发巷	河西大街
牛边街	天宝路后	寿昌里	兴安里	利源里
三多里	富润里	惠新里	祥泰里	惠临里
安全里	乙兴里	甲兴里	石梁柱大埂	利达里
毓善里	庆康里	升安里	福陵里	商埠西街
商埠街后	二马路	公庆里	三马路	天寿里
升和里	升顺里	兴和里	北安里	家兴里
恕明里	郭家巷北	三多里	邓府巷后	徐家巷
恕德里	董家巷	祖师庵后	三叉河大街	敦厚里
凤凰东街	鲜鱼巷	宝善街		

附录四：街巷名称变更情况一览表

序号	现地名	曾用名	备　注
1	中山路	人民路	
2	中山北路	人民北路	
3	中央路	子午路、大庆路	
4	观音巷	大庆巷	
5	观音里	大庆里	
6	干河沿前街	干河沿街	
7	萨家湾	太平桥	
8	北京西路	北平路	
9	北京里	北平里	
10	西庙峰庵	西庙峰巷	
11	东庙峰庵	东庙峰巷	
12	古平岗	红卫岗	
13	南阴阳营	向阳南巷	
14	北阴阳营	向阳北巷	
15	狗耳巷	沟儿巷	
16	双门楼	武陵里	
17	慈悲社	春风巷	
18	童家巷	党部后	
19	高云岭	高门楼	
20	和会街	荷花街	
21	南祖师庵	群英南街	

序号	现地名	曾用名	备　注
22	北祖师庵	群英北街	
23	三牌楼	篮子铺	
24	永宁街	永红街	
25	复兴街	立新街	
26	淮滨路	晏公庙东、晏公庙西	
27	大马路	河西	
28	兴安路	邓府巷	
29	宝塔桥东街	二仙桥	
30	驴子巷	当铺巷	
31	郑和南路	城河路、京市路旁	
32	郑和中路	惠民路	
33	热河路	黄泥路	
34	唐山路	塘山路	
35	公共路	荷花塘、湖南路	
36	金燕路	下燕路	
37	中央北路	和上公路、大庆北路	
38	新民路	前街	

主要参考文献

1.政协建宁路街道:《南京建宁路》,江苏人民出版社2020年版。

2.南京市鼓楼区地方办等:《鼓楼民国建筑》中国文史出版社2006年版。

3.政协南京市鼓楼区委会:《鼓楼街巷史话》中国文史出版社2017年版。

4.南京市鼓楼区地方办:《2019鼓楼年鉴》中国文史出版社2019年版。

5.南京市鼓楼区地方办:《鼓楼区志》中华书局2006年版。

6.《南京地名大全》编委会:《南京地名大全》南京出版社2012年出版。

7.南京市下关区地方办:《下关区志》方志出版社2005年版。

后　记

编写《鼓楼街巷录》最早起源于十年前，当时的区文化部门和南京艺术学院即有意编写一本反映原鼓楼区道路街巷现状沿革以及相关人物、建筑、单位和史实传说的书，并组织人员进行资料收集、实地访查和文字汇编，2013年区划调整后又将原下关区道路街巷纳入编写范围，这就为编写本书打下了良好的基础。2020年上半年，鼓楼区档案馆（地方志办）在向多位专家学者征求地情书籍编写主题时，了解到前期道路街巷的编写情况，并征集了相关文稿。在各位专家学者的指导和鼓励下，鼓楼区档案馆（地方志办）启动了鼓楼区道路街巷地情书编写。

按照南京市地方志编纂委员会办公室和专家学者的意见建议，综合考虑编写时限、编写能力、利用效果等因素，我们决定以工具书的体例进行编写，编写范围、编写原则、编写格式也都逐一明确。在五个月的编写过程中，我们对之前的资料进行消化、核实和补充，购买收集了大量相关资料。这期间，得到了区领导重视关心，专门听取了工作汇报，提出了具体要求，各部门、街道、社区给予积极支持和帮助，尤其是区政协、区地名办、建宁路街道、幕府山街道提供了翔实丰富的文史资料，为编写工作提供了极大便利。

此次参与编写的人员以鼓楼区档案馆（地方志办）工作人员和南京艺术学院的研究生为主，大家按照文字采编、图文制作、照片拍摄等分工合作，齐头并进，在保证质量的前提下终于按照进度完成了各项工作。由于编者水平有限，时间仓促，资料收集查询存在不足，难免有谬误之处，敬请广大读者批评指正。

编　者

2020年12月